Poética da prosa

FUNDAÇÃO EDITORA DA UNESP

Presidente do Conselho Curador
Mário Sérgio Vasconcelos

Diretor-Presidente
Jézio Hernani Bomfim Gutierre

Superintendente Administrativo e Financeiro
William de Souza Agostinho

Conselho Editorial Acadêmico
Danilo Rothberg
João Luís Cardoso Tápias Ceccantini
Luiz Fernando Ayerbe
Marcelo Takeshi Yamashita
Maria Cristina Pereira Lima
Milton Terumitsu Sogabe
Newton La Scala Júnior
Pedro Angelo Pagni
Renata Junqueira de Souza
Rosa Maria Feiteiro Cavalari

Editores-Adjuntos
Anderson Nobara
Leandro Rodrigues

Tzvetan Todorov

Poética da prosa

Tradução
Valéria Pereira da Silva

© 1971 Éditions du Seuil
© 2019 Editora Unesp

Título original: *Poétique de la prose*

Direitos de publicação reservados à:
Fundação Editora da Unesp (FEU)
Praça da Sé, 108
01001-900 – São Paulo – SP
Tel.: (0xx11) 3242-7171
Fax: (0xx11) 3242-7172
www.editoraunesp.com.br
www.livrariaunesp.com.br
feu@editora.unesp.br

Dados Internacionais de Catalogação na Publicação (CIP) de acordo com ISBD
Elaborado por Vagner Rodolfo da Silva - CRB-8/9410

T639p
    Todorov, Tzvetan
        Poética da prosa / Tzvetan Todorov; traduzido por Valéria Pereira da Silva. – São Paulo: Editora Unesp, 2018.

        Tradução de: *Poétique de la prose*
        Inclui bibliografia.
        ISBN 978-85-393-0778-4

        1. Literatura. 2. Linguagem. 3. Crítica literária. 4. Todorov, Tzvetan. I. Silva, Valéria Pereira da. II. Título.

2018-1858
                                            CDD: 800
                                            CDU: 8

Editora afiliada:

Sumário

Nota introdutória   7

1. A herança metodológica do formalismo   9
2. Linguagem e literatura   41
3. Poética e crítica   55
4. Tipologia do romance policial   73
5. A narrativa primitiva   89
6. Os homens-narrativa   105
7. Introdução ao verossímil   125
8. A fala segundo Constant   137
9. A gramática da narrativa   165
10. A busca da narrativa   181
11. O segredo da narrativa   213
12. Os fantasmas de Henry James   261
13. O número, a letra, a palavra   277
14. A arte segundo Artaud   297
15. As transformações narrativas   317
16. Como ler?   339

Referências bibliográficas   355

Nota introdutória

Os textos aqui reunidos foram escritos entre 1964 e 1969; alguns vêm à luz pela primeira vez. Eles não foram modificados; apenas atualizei as referências e, por vezes, corrigi certos detalhes de estilo. Uma correção substancial teria ocasionado o desaparecimento do livro, pois cada um destes estudos, em minha opinião, nada mais é do que uma versão daquele ou daqueles que o antecederam (em vez de explorar novos temas, sempre retornamos, como o assassino aos locais do crime, aos passos já percorridos). Se foram incluídos nesta compilação, é precisamente pelo que eles têm de *incorrigível*.

Segundo a sentença de Pascal, o resultado de uma pesquisa nos leva a conhecer seus fundamentos. Estes textos representam uma série de tentativas (no mínimo, duas) que eu seria incapaz de substituir por uma explanação sistemática, por uma síntese organizadora. Não nos arrependeremos se aceitarmos em toda pesquisa e, por conseguinte, em poética, a lei que Schiller formulou para certo tipo de poesia: "O propósito do poeta épico encontra-se já em cada ponto de seu movimento; é por isso que não nos apressamos, impacientes, até um objetivo, e sim nos delongamos, amorosamente, a cada passo".

1
A herança metodológica do formalismo

1.1. O método estrutural, desenvolvido a princípio pela Linguística, encontra seguidores cada vez mais numerosos em todas as ciências humanas, inclusive no estudo da literatura. Essa evolução parece ainda mais bem justificada pelo fato de que, entre as relações da língua com as diferentes formas de expressão, as que a unem à literatura são profundas e numerosas. A propósito, não é a primeira vez que se faz essa aproximação. O Círculo Linguístico de Praga, uma das primeiras escolas de Linguística Estrutural, se originou de uma corrente de estudos literários desenvolvida na Rússia entre 1915 e 1930, que se tornou conhecida sob o nome de "formalismo russo". A relação entre ambos é incontestável, e se estabeleceu tanto pela intermediação daqueles que participaram, simultânea ou sucessivamente, dos dois grupos (Roman Jakobson, Boris Tomachevski, Petr Bogatyrev) quanto pelas publicações dos formalistas, que não eram ignoradas pelo Círculo de Praga. Seria exagerado afirmar que o estruturalismo linguístico serviu-se das ideias do formalismo, visto que os campos de estudo e os objetivos das duas escolas não são os mesmos; entretanto, encontramos entre os estruturalistas traços de uma influência "formalista" tanto nos princípios gerais como em certas técnicas de análise. Por isso é natural e necessário recordar hoje, quando se nota um interesse pelo estudo estrutural da literatura, as principais conquistas metodológicas devidas aos formalistas, e compará-las às da Linguística contemporânea.

1.2.1. Antes de iniciar essa comparação, é necessário especificar alguns princípios básicos da doutrina formalista. Geralmente se fala de "método formal", apesar de a expressão ser imprecisa, sendo possível contestar tanto a escolha do substantivo quanto do adjetivo. O método, longe de ser único, engloba uma série de procedimentos e técnicas úteis tanto para a descrição da obra literária como para investigações científicas muito diferentes. Em síntese, diríamos apenas que, sobretudo, é preciso considerar a obra em si, o texto literário, como um sistema imanente, o que evidentemente é apenas um ponto de partida e não a exposição detalhada de um método. Quanto ao termo "formal", trata-se mais de um rótulo que se tornou conveniente do que uma denominação precisa, e os próprios formalistas o evitam. A forma, para eles, abrange todos os aspectos, todas as partes da obra, mas ela só existe como uma relação dos elementos entre si, dos elementos com toda a obra, da obra com a literatura nacional etc. Em suma, é um conjunto de funções. O estudo estritamente literário, que hoje chamamos de estrutural, caracteriza-se pelo ponto de vista escolhido pelo observador e não por seu objeto, o qual, de uma perspectiva diversa, poderia adequar-se a uma análise psicológica, psicanalítica, linguística etc. A fórmula de Jakobson: "O objeto da ciência literária não é a literatura, mas a literariedade (*literaturnost'*), isto é, o que faz de uma determinada obra uma obra literária",[1] deve ser interpretada no que diz respeito à investigação e não ao objeto.

1.2.2. Todo estudo que pretenda ser científico enfrenta problemas de terminologia. Contudo, a maioria dos pesquisadores nega aos estudos literários o direito a uma terminologia bem definida e precisa, sob o pretexto de que o recorte dos fenômenos literários muda de acordo com as épocas e os países. O fato de que forma e função, as duas faces do signo, possam variar independentemente uma da outra, impede qualquer classificação absoluta. Toda classificação estática deve manter uma dessas faces idêntica, sejam quais forem as variações da outra. Daí, segue-se que: *a)* cada termo deve ser definido em relação aos outros e não em relação aos fenômenos (obras literárias) que ele designa; *b)* todo sistema de termos vale para um determinado corte sincrônico, cujos limites, postulados, são arbitrários. Yuri Tynianov levanta o problema no prefácio da coletânea *La prose russe* [A prosa russa] (1926) e ilustra-o através da classificação dos gêneros em seus artigos "Le fait littéraire" [O fato literário] e "De l'évolution littéraire" [Da evolução literária].[2] Em suas próprias palavras, "o estudo dos gêneros isolados é impossível fora do sistema no qual e com o qual eles estão correlacionados".[3] As definições estáticas dos gêneros, que em geral empregamos, consideram apenas o significante. Um romance contemporâneo, por exemplo, deveria ser relacionado, do ponto de vista de sua

---

1 Citado a partir da coletânea *Théorie de la littérature, textes des formalistes russes*, p.37. Todas as referências a essa coletânea serão a partir de agora apresentadas pela abreviação *TL*, seguida do número da página.

2 Traduzido em *TL*, p.120-37.

3 *TL*, p.128.

função, à antiga poesia épica; mas nós o associamos ao romance grego por causa da forma prosaica que têm em comum. "O que foi o traço distintivo do 'poema' no século XVIII deixou de sê-lo no século XIX. Do mesmo modo, sendo a função da literatura correlata das outras séries culturais da mesma época, o mesmo fenômeno pode ser fato literário ou extraliterário".[4]

1.2.3. O objetivo da investigação é a descrição do funcionamento do sistema literário, a análise de seus elementos constitutivos e a evidenciação de suas leis, ou, em um sentido mais estrito, a descrição científica de um texto literário e, a partir daí, o estabelecimento de relações entre seus elementos. A principal dificuldade advém do caráter heterogêneo e estratificado da obra literária. Para descrever exaustivamente um poema, temos de avaliar os diferentes níveis – fônico, fonológico, métrico, entonacional, morfológico, sintático, léxico, simbólico... – e considerar suas relações de interdependência. Por outro lado, o código literário, ao contrário do código linguístico, não tem um caráter estritamente coercivo, e somos obrigados a deduzi-lo de cada texto específico, ou pelo menos a corrigir, a cada vez, sua formulação anterior. É necessário, pois, efetuar certo número de transformações para obter o único modelo que irá permitir uma análise estrutural. No entanto, ao contrário do estudo mitológico, por exemplo, nossa atenção deve visar tanto ao caráter dessas operações quanto, ou mais ainda, a seu resultado, já que nossas regras de decodificação são análogas às regras de codificação utilizadas pelo autor. De outro modo, arriscaríamos reduzir ao mesmo modelo obras totalmente diferentes, que perderiam assim seu caráter específico.

---

4 *Russkaja proza*, p.10.

Poética da prosa

1.3.1. O exame crítico dos métodos utilizados exige a explicitação de algumas proposições fundamentais, subentendidas nos trabalhos formalistas. As mesmas são reconhecidas *a priori* e sua discussão não pertence ao domínio dos estudos literários.

1.3.2. A literatura é um sistema de signos, um código, análogo aos outros sistemas significativos, tais como a língua articulada, as artes, as mitologias, as representações oníricas etc. Por sua vez, à diferença das outras artes, ela se constrói com a ajuda de uma estrutura, ou seja, a língua; por conseguinte, ela é um sistema significativo de segundo grau ou, em outras palavras, um sistema conotativo. Ao mesmo tempo, a língua, que serve de matéria à formação das unidades do sistema literário e que pertence, segundo a terminologia de Hjelmslev, ao plano da expressão, não perde sua significação própria, seu conteúdo. Também é necessário considerar as diversas funções possíveis de uma mensagem, e não reduzir seu sentido a suas funções referencial e emotiva. A noção de função poética ou estética, referente à própria mensagem, introduzida por Jakubinski, desenvolvida por Jakobson[5] e Mukařovsky e integrada no sistema nocional da linguística por Jakobson,[6] intervém tanto no sistema da literatura quanto no da língua e cria um equilíbrio complexo das funções. Notemos que os dois sistemas, muitas vezes análogos, nem por isso são idênticos; além do mais, a literatura utiliza códigos sociais cuja análise não concerne a um estudo literário.

1.3.3. Todo elemento presente na obra traz consigo uma significação que pode ser interpretada segundo o código literário. Para Chklovski, "a obra é inteiramente construída. Toda a

---

5 Jakobson, *Novejshaja russkaja poezija*, 1921; Id., *O cheshskom stikhe*, 1923.

6 Id., *Essais de linguistique générale*, 1963.

sua matéria é organizada".[7] A organização é inerente ao sistema literário e não está relacionada ao referente. Assim, Eikhenbaum escreve: "Nenhuma frase da obra literária *pode ser,* por si só, uma 'expressão' direta dos sentimentos pessoais do autor, mas ela é sempre construção e jogo...".[8] É preciso também considerar as diferentes funções da mensagem, pois a "organização" pode se manifestar em vários planos diferentes. Essa observação permite distinguir de modo claro literatura e folclore; o folclore admite uma independência dos elementos muito maior.

O caráter sistemático das relações entre os elementos decorre da própria essência da linguagem. Tais relações constituem o objeto de investigação literária propriamente dita. Tynianov[9] enunciou assim essas ideias, fundamentais em Linguística Estrutural: "A obra representa um sistema de fatores correlativos. A correlação de cada fator com os outros é sua função em relação ao sistema".[10] "O sistema não é uma cooperação fundada na igualdade de todos os elementos; ele supõe a preeminência de um grupo de elementos ('dominante') e a deformação dos outros."[11] Uma observação de Eikhenbaum nos dá um exemplo: quando as descrições são substituídas pelas intervenções do autor, "é principalmente o diálogo que torna manifestos o argumento e o estilo".[12] Isolar um elemento no decorrer da análise nada mais é que um procedimento de trabalho: sua significação está em suas relações com os demais.

---

7 Chklovski, *Tretja fabrika*, p.99.

8 *TL*, p.228.

9 Tynianov, *Arkhaisty i novatory*, 1929.

10 *TL*, p.49.

11 *TL*, p.130.

12 Eikhenbaum, *Literatura*, p.192.

Poética da prosa

1.3.4. A desigualdade dos elementos constitutivos impõe outra regra: um elemento não se liga diretamente a qualquer outro, a relação se estabelece em função de uma hierarquia de planos (ou estratos) e de níveis (ou categorias), segundo o eixo das substituições e o eixo dos encadeamentos. Como notou Tynianov,[13] "o elemento entra ao mesmo tempo em relação: com a série de elementos semelhantes pertencente a outras obras--sistemas, ou mesmo a outras séries e, por outro lado, com os outros elementos do mesmo sistema (função autônoma e função sínoma)".[14] Os diferentes *níveis* são definidos pelas dimensões de suas partes. O problema da menor unidade significativa será discutido mais adiante; quanto à maior, esta é, no quadro dos estudos literários, toda a literatura. O número desses níveis é teoricamente ilimitado, mas, na prática, são considerados três: o dos elementos constitutivos, o da obra, o de uma literatura nacional. Isso não impede, em certos casos, que se coloque em primeiro plano um nível intermediário, um ciclo de poemas, por exemplo, ou as obras de um gênero ou de um dado período. A distinção de diferentes *planos* exige maior rigor lógico e é essa nossa primeira tarefa. O trabalho dos formalistas centrou-se essencialmente na análise de poemas, pela qual eles distinguiram os planos fônico e fonológico, métrico, entonacional e prosódico, morfológico e sintático etc. Para sua classificação, a distinção hjelmsleviana entre forma e substância pode ser muito útil. Chklovski mostrou, em relação aos textos em prosa, que essa distinção é válida também no plano da narrativa, no qual os procedimentos de composição podem ser separados do conteúdo relativo aos acontecimentos.

---

13 Tynianov, op. cit.

14 *TL*, p.123.

É evidente que a ordem de sucessão dos níveis e dos planos no texto não deve obrigatoriamente coincidir com a da análise; é por isso que esta frequentemente aborda a obra como um todo: é ali que as relações estruturais se manifestam com maior clareza.

2.1.1 Examinemos primeiro alguns métodos, já sugeridos pelos trabalhos dos formalistas, mas desde então bastante aperfeiçoados pelos linguistas. Por exemplo, a análise por traços distintivos: ela aparece de maneira clara, em fonética, nos escritos iniciais dos formalistas, os de Jakubinski e Brik. Mais tarde, alguns formalistas participaram dos esforços dos estruturalistas de Praga para definir a noção de fonema, traço distintivo, traço redundante etc. (veja, entre outros, os estudos de Bernstein). A importância dessas noções para a análise literária foi indicada por Brik, a propósito da descrição de um poema, em que a distribuição dos fonemas e dos traços distintivos serviria para formar ou reforçar sua estrutura. Brik define o par de repetição mais simples como "aquele no qual não se distingue o caráter palatalizado ou não palatalizado das consoantes, mas onde as surdas e as sonoras são representadas como sons diferentes".[15]

2.1.2. A validade desse tipo de análise é confirmada tanto por seu sucesso na fonologia atual quanto por sua base teórica, que reside nos princípios previamente mencionados: a definição relacional é a única válida, pois as noções não se definem com relação a uma matéria que lhes é estranha. Como notou Tynianov, "a função de cada obra está em sua correlação com as demais [...] Ela é um signo diferencial".[16] Mas a aplicação desse método pode ser consideravelmente expandida, se nos basearmos na

15 Brik, Zvukovye povtory, *Poetika*, p.60.
16 *Russkaja proza,* p.9.

hipótese da analogia profunda entre as faces do signo. Desse modo, o mesmo Tynianov[17] tentou analisar a significação de uma "palavra", do mesmo modo que se analisa sua face significante ("a noção de traço fundamental em semântica é análoga à noção de fonema em fonética")[18] decompondo-a em elementos constitutivos: "Não se deve partir da palavra como de um elemento indivisível da arte literária, tratá-la como o tijolo com o qual se constrói o edifício. Ela é divisível em 'elementos verbais' bem menores".[19] Essa analogia não foi, à época, desenvolvida e matizada, em virtude da definição psicológica do fonema então predominante. Hoje, porém, esse princípio é cada vez mais aplicado nos estudos de semântica estrutural.

2.1.3. Por fim, pode-se tentar aplicar esse método à análise das unidades significativas do sistema literário, isto é, ao conteúdo do sistema conotativo. O primeiro passo nessa direção consistiria em estudar as personagens de uma narrativa e suas relações. As numerosas indicações dos autores, ou mesmo um olhar superficial sobre qualquer narrativa, mostram que certa personagem se opõe a outra. Contudo, uma oposição imediata das personagens simplificaria essas relações, sem nos aproximar de nosso objetivo. Seria melhor decompor cada imagem em traços distintivos e colocá-los em relação de oposição ou de identidade com os traços distintivos das outras personagens da mesma narrativa. Obter-se-ia, assim, um número reduzido de eixos de oposição, cujas diversas combinações reagrupariam tais traços em feixes representativos das personagens. O mesmo método

---

17 Tynianov, *Problema stikhotvornogo jazyka*, 1924.

18 Ibid., p.134.

19 Ibid., p.35.

definiria o campo semântico característico da obra em questão. No início, a denominação desses eixos dependeria essencialmente da intuição pessoal do investigador, mas a comparação de várias análises análogas permitiria estabelecer quadros mais ou menos "objetivos" para um autor, ou mesmo para um dado período de uma literatura nacional.

2.2. Esse mesmo período engendra outro procedimento, de extensiva aplicação em Linguística Descritiva: a definição de um elemento pelas possibilidades de sua distribuição. Tomachevski[20] utilizou esse processo para caracterizar os diferentes tipos de esquema métrico, e via nele uma definição por substituição: "deve-se chamar de iambo de quatro medidas qualquer combinação capaz de substituir, em um poema, qualquer verso iâmbico de quatro medidas".[21] O mesmo procedimento foi utilizado por Propp em uma análise semântica do enunciado.

2.3. O método de análise em constituintes imediatos é encontrado também na Linguística Descritiva e foi muitas vezes aplicado pelos formalistas. Tomachevski[22] discute-o a propósito da noção de "tema":

> A obra inteira pode ter seu tema e, ao mesmo tempo, cada parte da obra possui seu tema [...] Com a ajuda dessa decomposição da obra em unidades temáticas, chegamos enfim às partes *indecomponíveis*, às menores partículas do material temático [...] O tema dessa parte indecomponível da obra se chama *motivo*. No fundo, cada frase possui seu próprio motivo.[23]

---

20 Tomachevski, *O stikhe*, 1929.
21 *TL*, p.164.
22 Tomachevski, op. cit.
23 *TL*, p.268.

Poética da prosa

Se a utilidade de tal princípio parece evidente, sua aplicação concreta levanta alguns problemas. Antes de mais nada, é preciso se abster de identificar motivo e oração, pois as duas categorias derivam de séries nocionais diferentes. A semântica contemporânea esquiva-se da dificuldade ao introduzir duas noções distintas: lexema (ou morfema) e semema. Como Propp notou, uma frase pode conter mais de um motivo (seu exemplo contém quatro); é igualmente fácil encontrar exemplos do caso inverso. Propp mesmo manifesta uma atitude mais prudente e nuançada. Cada motivo comporta várias funções, que existem ao nível constitutivo e cuja significação não é imediata na obra; seu sentido depende mais da possibilidade de serem integradas ao nível superior. "Por função entendemos a ação de uma personagem, definida do ponto de vista de sua significação para o desenrolar do enredo".[24] A exigência de significação funcional é importante também aqui, pois os mesmos atos muitas vezes têm um papel diferente nas diversas narrativas. Para Propp, essas funções são constantes, em número limitado (31 para os contos de fadas russos), e podem ser definidas *a priori*. Sem discutir aqui a validade para sua análise do material folclórico, podemos dizer que uma definição *a priori* não é útil para a análise literária. Parece que para esta, assim como para a Linguística, o sucesso da decomposição depende da ordem adotada no procedimento. Mas sua formalização acarreta, para a análise literária, problemas ainda mais complexos, pois a correspondência entre significante e significado é mais difícil de apreender do que em Linguística. As dimensões verbais de um "motivo" não definem o nível no qual ele está ligado aos outros motivos. Sendo assim,

---

24 Propp, *Morphologie du conte*, p.31.

um capítulo pode ser constituído tanto por várias páginas como por uma única frase. Por conseguinte, a delimitação de níveis semânticos, nos quais aparecem as significações dos motivos, constitui a premissa indispensável a essa análise. Por outro lado, está claro que essa unidade mínima pode ser analisada em seus constituintes,[25] mas estes não pertencem mais ao código conotativo: a dupla articulação é evidente, tanto aqui como em Linguística.

2.4.1. A diversidade do material pode ser bastante reduzida graças a operações de transformação. Propp introduz essa noção de transformação procedendo à comparação das classes paradigmáticas. Após decompor os contos em partes e funções, fica claro que as partes que têm o mesmo papel sintático podem ser consideradas como derivadas de um mesmo protótipo, mediante uma regra de transformação aplicada à forma primária. Essa comparação paradigmática (ou por "rubricas verticais") mostra que sua função comum permite aproximar formas aparentemente muito distintas.

> Tomam-se muitas vezes formações secundárias por objetos novos; no entanto, tais temas derivam dos antigos e são o resultado de certa transformação, de certa metamorfose [...] ao agrupar os dados de cada rubrica, podemos determinar todos os tipos, ou mais exatamente todas as espécies da transformação [...] Não são

---

25 É o que propõe, por exemplo, Ch. Hockett: "Um romance inteiro, é preciso admitir, possui uma espécie de estrutura determinada de constituintes imediatos; esses constituintes imediatos consistem, por sua vez, em constituintes menores e assim por diante, até chegarmos aos morfemas individuais". Hockett, *A Course in Modern Linguistics*, p.557.

apenas os elementos atributivos aqueles submetidos às leis da transformação; as funções também estão.[26]

Assim, Propp supõe que seja possível remontar ao conto primário, do qual os outros derivam.

Duas observações preliminares se impõem. Ao aplicar as técnicas de Propp à literatura, é preciso considerar as diferenças entre criação folclórica e criação individual.[27] A especificidade do material literário exige que a atenção se volte para as regras de transformação e para a ordem de sua aplicação, e não para o resultado obtido. Por outro lado, em análise literária, a investigação de um esquema genético primário não é justificada. A forma mais simples, tanto no eixo dos encadeamentos como no das substituições, fornece à comparação a medida que permite descrever o caráter da transformação.

2.4.2. Propp explicitou essa ideia e propôs uma classificação das transformações, em um artigo intitulado "As transformações dos contos maravilhosos". As transformações são divididas em três grandes grupos: mudanças, substituições e assimilações, sendo estas definidas como "uma substituição incompleta de uma forma por outra, de maneira que ocorre uma fusão das duas formas em uma só".[28] Para agrupar essas transformações no interior de cada um dos grandes tipos, Propp procede de duas maneiras diferentes.

---

26 Propp, op. cit., p.108.

27 Cf. a esse respeito o artigo de Petr Bogatyrev e Roman Jakobson, Die Folklore als eine besondere Form des Schaffens, *Donum Natalicium Schrijnen*.

28 Propp, op. cit., p.193.

No primeiro grupo, ele segue certas figuras retóricas e enumera as seguintes mudanças:

1) redução,
2) amplificação,
3) corrupção,
4) inversão (substituição pelo inverso),
5) intensificação,
6) enfraquecimento.

Os dois últimos modos de mudança concernem sobretudo às ações.

Nos dois outros grupos, a origem do elemento novo fornece o critério de classificação. Assim, as assimilações podem ser:

15) internas (ao conto),[29]
16) derivadas da vida (conto + realidade),
17) confessionais (seguem as modificações da religião),
18) decorrentes de superstições,
19) literárias,
20) arcaicas.

O número total das transformações é limitado por Propp a vinte. Elas são aplicáveis a todos os níveis da narrativa. "O que diz respeito aos elementos particulares do conto concerne aos contos em geral. Se acrescentarmos um elemento supérfluo, teremos uma amplificação e, no caso contrário, uma redução" etc.[30]

---

29 A numeração segue o original do autor. [N. E.]
30 Ibid., p.195.

Assim, o problema da transformação, crucial tanto para a Linguística contemporânea como para os outros ramos da Antropologia Social, também se verifica na análise literária; a analogia permanece incompleta, é claro. Como a tentativa de Propp não foi seguida por outros ensaios do mesmo gênero, não é possível discutir sobre as regras de transformação, sua definição, seu número e sua utilidade; parece, contudo, que um agrupamento em figuras retóricas, cuja definição deveria ser retomada de um ponto de vista lógico, propiciaria melhores resultados.

3.1.1. O problema da classificação tipológica das obras literárias suscita, por sua vez, dificuldades que encontramos também em Linguística. Uma análise elementar de várias obras literárias revela imediatamente um grande número de semelhanças e traços comuns. Foi uma constatação análoga que deu existência ao estudo científico das línguas; é ela, também, que está na origem do estudo formal da literatura, como testemunham os trabalhos de Alexander Nikolayevich Veselovski, eminente precursor dos formalistas. Do mesmo modo, na Alemanha, a tipologia de Wölfflin em história da arte sugeriu a ideia de uma tipologia das formas literárias.[31] O valor e o alcance da descoberta, porém, não foram percebidos. Os formalistas abordam esse problema a partir de dois princípios diferentes, o que não é fácil coordenar. Por um lado, eles encontram os mesmos elementos, os mesmos procedimentos ao longo da história literária universal, e veem nessa recorrência uma confirmação de sua tese, segundo a qual a literatura é "pura forma", não tem nenhuma (ou quase nenhuma) relação com a realidade extraliterária e pode, portanto, ser considerada como uma "série" que tira

---

31 Cf., por exemplo, os trabalhos de Oskar Walzel, Fritz Strich, Théophile Spoerri.

suas formas de si mesma. Por outro lado, os formalistas sabem que a significação de cada forma é funcional, que uma mesma forma pode ter funções diversas, as únicas que importam para a compreensão das obras, e que, por conseguinte, discernir a semelhança entre as formas, longe de fazer progredir o conhecimento da obra literária, não levaria a lugar algum. A coexistência desses dois princípios entre os formalistas provém, por um lado, da ausência de uma terminologia única e precisa e, por outro, do fato de eles não serem utilizados simultaneamente pelos mesmos autores: o primeiro princípio é desenvolvido e defendido sobretudo por Chklovski, enquanto o segundo é fundamentado nos trabalhos de Tynianov e de Vinogradov. Estes se empenham muito mais em descobrir a motivação, a justificação interna de determinado elemento em uma obra, do que a observar sua recorrência em outra parte. Assim, Tynianov escreve:

> Rejeito categoricamente o método de comparação por citações, que nos leva a crer em uma *tradição* que passa de um escritor a outro. Segundo esse método, os termos constitutivos são abstraídos de suas funções, e finalmente nos confrontamos com unidades incomensuráveis. A coincidência, as convergências existem sem dúvida em literatura, mas elas concernem às funções dos elementos, às relações funcionais de um elemento determinado.[32]

É evidente, de fato, que as semelhanças estruturais devem ser procuradas no nível das funções; contudo, em literatura, a ligação entre forma e função não é fortuita nem arbitrária, já que a forma é igualmente significativa – em outro sistema, o da língua.

---

32 Tynianov, *Russkaja proza*, p.10-1.

Portanto, o estudo das formas permite conhecer as relações funcionais.

3.1.2. Ao mesmo tempo, o estudo das obras isoladas, consideradas como sistemas fechados, não é suficiente. As mudanças que o código literário sofre de uma obra para outra não significa que todo texto literário tenha seu código próprio. Devemos evitar duas posições extremas: acreditar que exista um código comum a toda a literatura e afirmar que cada obra engendra um código diferente. A descrição exaustiva de um fenômeno, sem recorrer ao sistema geral que o integra, é impossível. A linguística contemporânea sabe bem disso: "É tão contraditório descrever os sistemas isolados sem fazer sua taxonomia quanto elaborar uma taxonomia na ausência de descrições de sistemas particulares: as duas tarefas implicam-se mutuamente".[33] Apenas a inclusão do sistema das relações internas que caracterizam uma obra no sistema mais geral do gênero ou da época, no quadro de uma literatura nacional, permite estabelecer os diferentes níveis de abstração desse código (os diferentes níveis de "forma" e "substância", de acordo com a terminologia hjelmsleviana). Muitas vezes, sua decifração depende diretamente de fatores externos: assim, as novelas "sem conclusão" de Maupassant só tomam sentido no contexto da literatura da época, observa Chklovski. Tal confronto permite também descrever melhor o funcionamento do código em suas diferentes manifestações. Ainda assim, a descrição exata de uma obra particular é uma premissa indispensável. Como notou Vinogradov: "Conhecer o estilo individual do escritor, independentemente de toda tradição, de toda outra obra contemporânea e em sua totalidade como

---

33 Jakobson, *Essais de linguistique general*, p.70.

sistema linguístico, conhecer a organização estética, é a tarefa que deve preceder qualquer pesquisa histórica".[34]

3.1.3. A experiência das tentativas de classificação em Linguística e em história literária leva a estabelecer alguns princípios básicos. Primeiro, a classificação deve ser tipológica e não genética, as semelhanças estruturais não devem ser procuradas na "influência" direta de uma obra sobre outra. Esse princípio, aliás, foi discutido por Vinogradov em seu artigo "Sobre os ciclos literários".[35] Em seguida, é preciso considerar o caráter estratificado da obra literária. A principal falha das tipologias propostas em história literária, sob a influência da história da arte, é que, construídas a partir de um único e mesmo plano, são ainda assim aplicadas a obras e até mesmo a períodos inteiros.[36] Pelo contrário, a tipologia linguística confronta os sistemas fonológico, morfológico ou sintático sem que os diferentes recortes necessariamente coincidam. A classificação deve, portanto, seguir a estratificação do sistema em planos e não em níveis (obras). E, por fim, a estrutura pode se manifestar tanto nas relações entre as personagens quanto nos diferentes estilos de narrativa, ou no ritmo... É assim que, em *O capote*, de Gogol, a oposição é efetivada pelo jogo dos dois pontos de vista diferentes, adotados sucessivamente pelo autor, que se refletem nas diferenças lexicais, sintáticas etc.[37] A condição atual dos estudos

---

34 *TL,* p.109.

35 Vinogradov, *Evoljucija russkogo naturalizma.*

36 As exceções aparentes, como a de Petersen, que propõe dez oposições binárias sobre sete estratos superpostos, perdem seu valor por causa do caráter intuitivo dessas oposições – por exemplo: objetivo-subjetivo, claro-ambíguo, plástico-musical etc.

37 Eikhenbaum, *TL*, p.212-33.

Poética da prosa

linguísticos sobre a classificação oferece numerosas sugestões sobre esse processo de comparação e generalização.

3.2.1. Consideremos agora a tipologia das formas narrativas simples, como foi esboçada por Chklovski e, em parte, por Eikhenbaum. Essas formas estão representadas sobretudo na novela; o romance só se distingue por sua maior complexidade. No entanto, as dimensões do romance (seu aspecto sintagmático) relacionam-se com os processos que ele utiliza (seu aspecto paradigmático). Eikhenbaum observa que o desfecho do romance e o da novela seguem leis diferentes.

> O fim do romance é um momento de atenuação, e não de intensificação; o ponto culminante da ação principal deve estar em algum lugar antes do fim [...] Por isso, é natural que um fim inesperado seja um fenômeno tão raro no romance [...] enquanto a novela tende precisamente para o inesperado do final, em que culmina o que veio antes. No romance, um certo declínio deve suceder ao clímax, enquanto na novela é mais natural que se pare quando se alcançou o ápice.[38]

Essas considerações só concernem, é claro, ao "enredo", a sequência de acontecimentos tal como ela é apresentada na obra. Chklovski supõe que todo enredo responde a determinadas condições gerais, fora das quais uma narrativa não tem enredo propriamente dito. "Não basta uma simples imagem, um simples paralelo, nem mesmo a simples descrição de um evento para que tenhamos a impressão de estar diante de um conto".[39] "Se não há

---

38 *TL*, p.203.
39 Ibid., p.170.

desenlace, não temos a impressão de estar diante de um conto."[40] Para construir um enredo, é preciso que o final apresente os mesmos termos do início, se bem que em uma relação modificada. Todas essas análises, que visam identificar a relação estrutural, remetem apenas, não nos esqueçamos, ao modelo construído e não à narrativa como tal.

3.2.2. As observações de Chklovski sobre as diferentes maneiras de construir o enredo de uma novela levam a distinguir duas formas que, de fato, coexistem na maioria das narrativas: a construção escalonada e a construção em ciclos, ou circular. A construção escalonada é uma forma aberta $(A_1 + A_2 + A_3 + ... A_4)$, em que os termos enumerados apresentam sempre um traço comum; tal como os feitos análogos de três irmãos nos contos, ou a sucessão de aventuras de uma mesma personagem. A construção circular é uma forma fechada $(A_1 + R_1 + A_2) ... (A_1 + R_2 + A_2)$[41] que repousa sobre uma oposição. Por exemplo, o relato começa com um presságio que no final se realiza, apesar dos esforços das personagens. Ou ainda, o pai aspira ao amor de sua filha, mas só se dá conta disso no final da narrativa. Essas duas formas se engastam uma na outra conforme várias combinações; em geral, a novela toda apresenta uma forma fechada, daí a sensação de acabamento que ela suscita nos leitores. A forma aberta ocorre segundo dois tipos principais: um deles é encontrado nas novelas e romances de mistério (Dickens) e nos romances policiais, e o outro consiste no desenvolvimento de um paralelismo, como por exemplo em Tolstoi. A narrativa de mistério e a narrativa com

---

40 Ibid., p.174.

41 A_1, A_2 ... designam as unidades paradigmáticas; R_1, R_2 ..., as relações entre elas.

Poética da prosa

desenvolvimentos paralelos são em certo sentido opostas, embora possam coexistir na mesma narrativa: a primeira desmascara as semelhanças ilusórias, mostra a diferença entre dois fenômenos aparentemente símiles. A segunda, ao contrário, descobre a semelhança entre dois fenômenos diferentes e à primeira vista independentes. Essa esquematização sem dúvida empobrece as elegantes observações de Chklovski, que nunca se preocupou em sistematizá-las ou evitar suas contradições. O material que ele reúne para embasar suas teses é considerável, recolhido tanto na literatura clássica quanto na literatura moderna; contudo, o nível de abstração é tão grande que é difícil ser convencido. Tal trabalho deveria ser empreendido, pelo menos no início, dentro dos limites de uma única literatura nacional e de um determinado período. É outro campo de investigação que permanece virgem.

4.1.1. Um problema que sempre preocupou os teóricos da literatura é o das relações entre a realidade literária e a realidade à qual a literatura se refere. Os formalistas fizeram um esforço considerável para elucidá-lo. Esse problema, que surge em todos os campos do conhecimento, é fundamental para o estudo semiológico, porque põe em primeiro plano as questões de sentido. Recordemos sua formulação em Linguística, em que ele é o próprio objeto da semântica. Conforme a definição de Peirce, o sentido de um símbolo é sua tradução em outros símbolos. Essa tradução pode ocorrer em três estágios diferentes: pode permanecer intralingual, quando o sentido de um termo é formulado com o auxílio de outros termos da mesma língua – nesse caso, deve-se estudar o eixo das substituições de uma língua;[42] pode

---

42 Cf. a esse respeito as reflexões de Jakobson, *Essais de linguistique générale*, pp.41-2, 78-9.

ser interlingual, e Hjelmslev nos dá exemplos quando compara termos que designam os sistemas de parentesco ou de cores em diferentes línguas; e, por fim, pode ser intersemiótica, quando a operação linguística é comparada à operação efetuada por um dos outros sistemas de signos (no sentido amplo do termo). "A descrição semântica deve portanto consistir, antes de qualquer coisa, em aproximar a língua das outras instituições sociais, e garantir o contato entre a Linguística e os outros ramos da Antropologia Social".[43] As "coisas" designadas não intervêm em nenhum dos três níveis. Por exemplo, a significação linguística da palavra *jaune* (amarelo) não é estabelecida com referência aos objetos amarelos, mas por oposição às palavras *rouge* (vermelho), *vert* (verde), *blanc* (branco) etc., no sistema linguístico francês; ou então com referência às palavras *yellow*, *gelb*, *zholtyj* etc., ou ainda com referência à escala dos comprimentos de ondas da luz, definida pela Física, que também representa um sistema de signos convencionais.

4.1.2. A sintaxe, conforme a definição dos lógicos, deveria tratar das relações entre os signos. De fato, ela limitou seu campo ao eixo sintagmático (eixo dos encadeamentos) da linguagem. Na maioria das vezes, a semântica estuda as relações entre a língua e os sistemas de signos não linguísticos. O estudo da paradigmática, ou do eixo das substituições, foi negligenciado. Por outro lado, a existência de signos cuja principal função é sintática vem complicar o problema. Na língua articulada, eles servem unicamente para estabelecer relações entre outros signos, como certas preposições, os pronomes possessivos, relativos, a

---

43 Hjelmslev, *Essais linguistiques*, p.109.

cópula.[44] É claro que eles também existem em literatura; possibilitam o acordo, a ligação entre os diferentes episódios ou fragmentos. Essa distinção de ordem lógica não deve ser confundida com a distinção linguística entre significação gramatical e significação lexical, entre forma e substância do conteúdo, embora muitas vezes elas coincidam. Na língua, por exemplo, a flexão de número muitas vezes depende da "significação gramatical", mas sua função é semântica. Assim, em literatura, os signos com função sintática não dependem necessariamente das regras de composição, que correspondem à gramática (à forma do conteúdo) de uma língua articulada. A exposição de uma narrativa não está situada necessariamente no início, nem o desfecho, no fim.

4.2.1. As interseções entre relações e funções são bastante complexas. Os formalistas observaram-nas sobretudo nas transições, nas quais seu papel aparece de maneira mais evidente. Para eles, um dos fatores principais da evolução literária está no fato de que certos procedimentos ou certas situações passam a aparecer automaticamente, perdendo assim sua função "semântica", para representar apenas um papel de ligação. Em uma substituição — fenômeno frequente no folclore —, o novo signo pode desempenhar o mesmo papel sintático, sem precisar ter qualquer relação com a "verossimilhança" do relato; explica-se assim a presença, nas canções populares, por exemplo, de certos elementos cujo "sentido" é totalmente estranho ao resto. De modo inverso, os elementos com função dominante semântica podem ser modificados sem que mudem os signos sintáticos

---

44 Distinção formulada por E. Benveniste em seu curso no Collège de France, 1963-4.

da narrativa. Skaftymov, que se preocupou com esse problema em seu estudo sobre as bilinas (as canções épicas russas), dá exemplos convincentes: "Mesmo nos casos em que, devido às mudanças ocorridas nas outras partes da canção épica, o disfarce não é necessário e até contradiz a situação criada, ele é conservado, a despeito de todos os inconvenientes e absurdos que engendra".[45]

4.2.2. O problema que mais chamou a atenção dos formalistas foi a relação entre as coerções impostas à narrativa por suas necessidades internas (paradigmáticas) e aquelas decorrentes do acordo exigido com o que os outros sistemas de signos nos informam sobre o mesmo tema. A presença deste ou daquele elemento na obra se justifica pelo que eles chamam de "sua motivação". Tomachevski distingue três tipos de motivação: composicional, que corresponde aos signos essencialmente sintáticos; realista, que se refere às relações com as outras linguagens; e estética, que torna manifesto o pertencimento de todos os elementos ao mesmo sistema paradigmático. As duas primeiras motivações quase sempre são incompatíveis, enquanto a terceira concerne a todos os signos da obra. A relação entre as duas últimas é ainda mais interessante, já que suas exigências não estão no mesmo nível e não se contradizem. Skaftymov propõe caracterizar esse fenômeno da seguinte maneira:

> Mesmo no caso de uma orientação direta para a realidade, o campo de realidade considerado, ainda que limitado a um fato, possui um enquadramento e um ponto focal dos quais recebe sua organização [...] A realidade efetiva é exposta em linhas gerais, o

---

45 Skaftymov, *Poetika i genezis bilin*, p.77.

Poética da prosa

acontecimento inscreve-se exclusivamente na trama do esquema principal, e apenas na medida em que seja necessário para a reprodução da situação psicológica fundamental. Embora a realidade efetiva seja retransmitida como uma mera aproximação, é ela que representa o objeto imediato e direto do interesse estético, ou seja, da expressão, da reprodução e da interpretação; e a consciência do cantor está subordinada a ela. As substituições concretas no corpo da narrativa não lhe são indiferentes, pois elas são regidas não só pela expressividade emocional geral, como também pelas exigências do objeto da canção, ou seja, por critérios de reprodução e semelhança.[46]

Tomachevski vê as relações entre as duas motivações em uma perspectiva quase estatística.

> Exigimos de cada obra uma *ilusão* elementar... Nesse sentido, cada motivo deve ser introduzido como um motivo *provável* para tal situação. Mas, como as leis de composição do tema nada têm a ver com a probabilidade, cada introdução de motivos é um compromisso entre essa probabilidade objetiva e a tradição literária.[47]

4.2.3. Os formalistas procuraram analisar essencialmente a motivação estética, sem ignorar, no entanto, a motivação "realista". O estudo da primeira é ainda mais justificado por não termos, em geral, qualquer meio de estabelecer a segunda. Nossa abordagem habitual, que restabelece a realidade de acordo com a obra e tenta uma explicação da obra por essa realidade restituída,

---

46 Ibid., p.101.
47 *TL*, p.284-5.

constitui, de fato, um círculo vicioso. É verdade que o recorte literário pode às vezes ser comparado com outros recortes fornecidos tanto pelo próprio autor como por outros documentos relativos à mesma época ou às mesmas personagens, quando se trata de personagens históricos. É o caso das canções épicas russas, que refletem uma realidade histórica já conhecida; as personagens muitas vezes são príncipes ou senhores russos. Ao estudar essas relações, Skaftymov escreve:

> O fim trágico da canção épica é provavelmente sugerido por sua fonte histórica ou lendária, mas a motivação da desgraça de Soukhomanti [...] não é justificada por qualquer realidade histórica. Também não há qualquer tendência moral em jogo. Resta unicamente a orientação estética, só ela dá sentido à origem desse quadro e o justifica.[48]

Ao comparar as diferentes personagens das canções e as personagens reais, Skaftymov chega à seguinte conclusão:

> O grau de realismo dos diferentes elementos da canção épica varia de acordo com sua importância na organização geral do conjunto [...] A relação entre as personagens da canção épica e seus protótipos históricos é determinada por sua função na concepção geral da narrativa.[49]

5.1. Como os linguistas utilizam cada vez mais os processos matemáticos, convém lembrar que os formalistas foram os

---

48 Skaftymov, op. cit., p.108.
49 Ibid., p.127.

Poética da prosa

primeiros a tentar fazê-lo: Tomachevski aplicou a teoria das cadeias de Markoff ao estudo da prosódia. Esse esforço merece nossa atenção em um momento no qual as matemáticas "qualitativas" passam a ser aplicadas em larga escala na Linguística. Tomachevski deixou não só um estudo precioso sobre o ritmo de Púchkin, como foi capaz de perceber também que o ponto de vista quantitativo não devia ser abandonado quando a natureza dos fatos o justifica, sobretudo quando ela, de fato, depende de leis estatísticas. Em resposta às múltiplas objeções suscitadas por seu estudo, Tomachevski escreveu:

> Não se deve proibir à ciência a utilização de um método, seja qual for [...] O número, a fórmula, a curva são símbolos do pensamento tanto quanto as palavras e são compreensíveis apenas para aqueles que dominam esse sistema de símbolos [...] O número não decide nada, ele não interpreta, é apenas uma maneira de estabelecer e descrever os fatos. Embora se abuse dos números e gráficos, nem por isso o método se tornou vicioso: o culpado é quem abusa, não o objeto desse abuso.[50]

Os abusos são bem mais frequentes do que as tentativas bem-sucedidas, e Tomachevski nos adverte contra as simplificações prematuras:

> Com frequência, os cálculos têm por objetivo estabelecer um coeficiente apto a autorizar de imediato um juízo sobre a qualidade do fato submetido à prova [...] Todos esses "coeficientes" são extremamente nefastos por causa de uma "estatística" filológica

---

50 Tomachevski, *O stikhe*, p.275-6.

[...] Deve-se ter em conta que, mesmo no caso de um cálculo correto, o número obtido caracteriza exclusivamente a frequência de aparecimento de um fenômeno, mas quase nunca nos esclarece sobre sua qualidade.[51]

5.2. Tomachevski aplica os procedimentos estatísticos ao estudo do verso de Púchkin. Como ele próprio afirmou, "toda estatística deve ser precedida de um estudo que investigue a diferenciação real dos fenômenos".[52] Esse estudo leva-o a distinguir, para abordar o estudo do metro, três níveis diferentes; por um lado, um esquema de caráter obrigatório que, entretanto, não especifica as qualidades do verso (por exemplo, o verso iâmbico de cinco pés); por outro, o "uso", ou seja, o verso particular. Entre os dois se situa o impulso rítmico, ou norma (o "modelo de execução", na terminologia de Jakobson).[53] Essa norma pode ser estabelecida para uma obra ou para um autor, e o método estatístico é aplicado ao conjunto escolhido. Assim, o último tempo forte em Púchkin é acentuado em 100% dos casos, o primeiro em 85%, o penúltimo em 40% etc.

Vemos, mais uma vez, as noções da análise literária se aproximarem dos conceitos da Linguística. De fato, lembremos que para Hjelmslev, que estabelece uma distinção entre uso, norma e esquema na linguagem, "norma é apenas uma abstração extraída do uso por um artifício de método. No máximo, ela constitui um corolário conveniente para poder estabelecer os quadros da descrição do uso".[54] O estudo da norma se reduz, para Tomachevski,

---

51 Ibid., p.35-6.
52 Ibid., p.36.
53 Jakobson, *Essais de linguistique générale*, p.232.
54 Hjelmslev, op. cit., p.80.

Poética da prosa

à observação das variantes típicas dentro dos limites das obras unidas pela identidade da forma rítmica (por exemplo: o troqueu de Púchkin em seus contos dos anos 1830); ao estabelecimento de seu grau de frequência; à observação dos desvios do tipo; à observação do sistema de organização dos diferentes aspectos sonoros do fenômeno estudado (os supostos traços secundários do verso);[55] à definição das funções construtivas desses desvios (as figuras rítmicas) e à interpretação das observações.[56]

Esse vasto programa é ilustrado por análises exaustivas do iambo de quatro e cinco pés de Púchkin, confrontado ao mesmo tempo com as normas de outros poetas ou de outras obras de Púchkin.

Esse método aplica-se melhor ainda a domínios nos quais o quadro obrigatório não é definido com precisão. É o caso do verso livre e sobretudo da prosa, em que nenhum esquema existe. Dessa forma, para o verso livre, "que é construído como uma violação da tradição, é inútil procurar uma lei rigorosa que não admita exceções. Deve-se procurar apenas a norma média, e estudar a amplitude dos desvios em relação a ela".[57] Também para a prosa, "a forma média e a amplitude das oscilações são os únicos objetos de investigação [...] O ritmo da prosa deve, por princípio, ser estudado com a ajuda de um método estatístico".[58]

5.3.1. A conclusão é que não se deve aplicar esses métodos nem ao estudo de um exemplo em particular, isto é, à interpretação de uma obra, nem ao estudo das leis e das regularidades

---

55 Tais como a sonoridade, o léxico, a sintaxe etc.

56 Tomachevski, *O stikhe*, p.58.

57 Ibid., p.61.

58 Ibid., p.275.

que regem as grandes unidades do sistema literário. Pode-se deduzir daí que a distribuição das unidades literárias (do sistema conotativo) não segue nenhuma lei estatística, mas que a distribuição dos elementos linguísticos (do sistema denotativo) no interior dessas unidades obedece a uma norma de probabilidade. Assim se justificariam os numerosos e brilhantes estudos estilísticos dos formalistas[59] que observam o acúmulo de certas formas sintáticas ou de diferentes estratos do léxico em torno das unidades paradigmáticas (por exemplo, as personagens) ou sintagmáticas (os episódios) do sistema literário. É evidente que aqui se trata de norma, e não de regra obrigatória. As relações entre essas grandes unidades se mantêm puramente "qualitativas", e são geradoras de uma estrutura cujo estudo é inacessível por métodos estatísticos, o que explica o maior ou menor êxito desses métodos quando são aplicados ao estudo do estilo, isto é, à distribuição das formas linguísticas em uma obra. A falha fundamental desses estudos é ignorar a existência de dois sistemas diferentes de significação (denotativo e conotativo) e tentar interpretar a obra diretamente a partir do sistema linguístico.

5.3.2. Esta conclusão poderia, sem dúvida, ser estendida a sistemas literários de maiores dimensões. A evolução formal de uma literatura nacional, por exemplo, obedece a leis não mecânicas. Ela passa, segundo Tynianov,[60] pelas seguintes etapas: "1º) o princípio de construção automatizada evoca dialeticamente o princípio de construção oposto; 2º) este encontra sua aplicação sob sua forma mais fácil; 3º) ele se estende à maior parte dos

---

59 Por exemplo, Skaftymov, *Poetika i genezis bylin*, e Vinogradov, *Evoljucija russkogo naturalizma*.

60 Tynianov, *Arkhaisty i novatory*.

Poética da prosa

fenômenos; 4º) ele se automatiza e evoca por sua vez princípios de construção opostos".[61] Essas etapas só poderão ser delimitadas e definidas em termos de acumulação estatística, o que corresponde às exigências gerais da epistemologia, a qual nos ensina que apenas os estados temporários dos fenômenos obedecem às leis probabilísticas. Dessa maneira se fundamentaria, melhor do que se fez até agora, a aplicação de certos procedimentos matemáticos aos estudos literários.

1964

---

61 Ibid., p.17.

2
Linguagem e literatura

Meu objetivo pode ser resumido por esta frase de Valéry, que ele tentou, ao mesmo tempo, explicitar e ilustrar: "A literatura é e não pode ser nada além de uma espécie de extensão e de aplicação de certas propriedades da linguagem".

O que nos permite afirmar a existência dessa ligação? O próprio fato de que a obra literária é uma "obra de arte verbal" vem, há muito tempo, incitando os pesquisadores a falar do "grande papel" da linguagem na literatura; toda uma disciplina, a estilística, foi criada nos limites entre os estudos literários e a Linguística; numerosas teses foram escritas sobre a "língua" desse ou daquele escritor. A linguagem é definida, aí, como a matéria do poeta ou da obra.

Essa aproximação, demasiado óbvia, está longe de esgotar a multiplicidade de relações entre linguagem e literatura. Talvez, na frase de Valéry, não se trate da linguagem enquanto matéria, mas enquanto modelo. A linguagem cumpre essa função em muitos casos exteriores à literatura. O homem se constituiu a partir da linguagem – o que já foi bastante repetido pelos filósofos de nosso século – e reencontramos seu esquema em toda atividade social. Ou, para retomar as palavras de Benveniste, "a configuração da linguagem determina todos os sistemas semióticos". Sendo a arte um desses sistemas semióticos, decerto descobriremos nela a marca das formas abstratas da linguagem.

A literatura desfruta, como se vê, de um estatuto particularmente privilegiado entre as atividades semióticas. Ela tem a linguagem ao mesmo tempo como ponto de partida e como ponto de chegada; ela lhe fornece tanto sua configuração abstrata quanto sua matéria perceptível, é ao mesmo tempo mediadora e mediada. A literatura se revela, portanto, não só como o primeiro campo que se pode estudar a partir da linguagem, mas também como o primeiro cujo conhecimento pode lançar uma nova luz sobre as propriedades da própria linguagem.

Essa posição particular da literatura determina nossa relação com a Linguística. É evidente que, ao tratar da linguagem, não temos o direito de ignorar o saber acumulado por essa ciência, assim como, aliás, por qualquer outra investigação sobre a linguagem. No entanto, como toda ciência, a Linguística procede muitas vezes por redução e por simplificação de seu objeto, para poder manejá-lo com mais facilidade; ela exclui ou ignora provisoriamente determinados traços da linguagem, a fim de estabelecer a homogeneidade dos outros e deixar transparecer sua lógica. Abordagem, sem dúvida, justificada na evolução interna dessa ciência, mas da qual devem se acautelar aqueles que extrapolam seus resultados e métodos: os traços negligenciados talvez sejam precisamente os que têm a maior importância em algum outro "sistema semiótico". A unidade das ciências humanas reside menos nos métodos elaborados pela Linguística, que começam a ser utilizados em outras áreas, do que no objeto comum a todas, ou seja, a linguagem. A imagem que hoje temos dela, derivada de certos estudos dos linguistas, será enriquecida das lições adquiridas com essas outras ciências.

Se essa perspectiva for adotada, fica evidente que todo conhecimento da literatura seguirá uma via paralela à do conhecimento da linguagem. Mais ainda: essas duas vias tenderão a se confundir. Um campo imenso se abre a essa investigação; só uma parte reduzida foi explorada até agora, nos trabalhos cujo brilhante pioneiro é Roman Jakobson. Esses estudos enfocaram a poesia e tentam demonstrar a existência de uma estrutura formada pela distribuição dos elementos linguísticos no interior de um poema. Proponho-me a indicar aqui, desta vez a propósito da prosa literária, alguns pontos em que a aproximação entre linguagem e literatura parece particularmente fácil. Nem é preciso dizer que, devido ao estado atual de nossos conhecimentos nesse domínio, irei me limitar a observações de caráter geral, sem ter a menor pretensão de "esgotar o tema".

Para falar a verdade, já tentamos fazer essa comparação e tirar proveito dela. Os formalistas russos, que foram pioneiros em várias áreas, já haviam procurado explicar essa analogia. Eles a situavam, mais precisamente, entre os processos de estilo e os processos de organização da narrativa; inclusive um dos primeiros artigos de Chklovski intitulava-se "A relação entre os processos de composição e os processos estilísticos gerais". O autor aí observou que "a construção em etapas se encontrava na mesma série das repetições de sons, da tautologia, do paralelismo tautológico, das repetições".[1] Os três golpes dados por Rolando

---

1 *TL*, p.48.

na pedra eram, para ele, da mesma natureza que as repetições ternárias lexicais na poesia folclórica.

Não quero fazer um estudo histórico e irei me contentar em recordar brevemente alguns outros resultados das investigações formalistas, dando-lhes a forma que possa nos servir aqui. Em seus estudos sobre a tipologia das narrativas, Chklovski chegou a distinguir dois grandes tipos de combinação entre as histórias: existiria, por um lado, uma forma aberta, à qual sempre é possível adicionar novas peripécias no final, por exemplo as aventuras de um herói qualquer, como Rocambole; e por outro, uma forma fechada, que começa e termina pelo mesmo motivo, enquanto no interior nos são contadas outras histórias, por exemplo a história de Édipo: no início um presságio, no final sua realização e, entre ambos, as tentativas de evitá-lo. Não obstante, Chklovski não percebeu que essas duas formas representam a projeção rigorosa de duas figuras sintáticas fundamentais, que servem à combinação de duas orações entre si: a coordenação e a subordinação. Notemos que, na Linguística, essa segunda operação é hoje denominada com um termo tomado da antiga poética: engaste [*enchâssement*].

Na passagem citada anteriormente, tratava-se de *paralelismo*; esse procedimento é apenas um dentre aqueles salientados por Chklovski. Ao analisar *Guerra e paz*, ele identifica, por exemplo, a *antítese* formada pelos pares de personagens: "1. Napoleão/Kutuzov; 2. Pierre Bezhukov/André Bolkonski, e, ao mesmo tempo, Nicolau Rostov, que serve de eixo de referência para ambos".[2] Encontramos também a *gradação*: vários membros de uma família apresentam os mesmos traços de caráter, mas em

---

2 *TL*, p.187.

Poética da prosa

diferentes graus. Assim, em *Anna Kariênina*, "Stiva situa-se em um patamar inferior em relação à sua irmã".[3]

Mas o paralelismo, a antítese, a gradação, a repetição são todas figuras retóricas. Podemos então formular assim a tese subjacente às observações de Chklovski: existem figuras da narrativa que são projeções das figuras retóricas. A partir dessa suposição, poderíamos verificar quais são as formas assumidas por outras figuras de retórica, menos conhecidas, no nível da narrativa.

Tomemos, por exemplo, a *associação*, figura que remete ao emprego de uma pessoa inadequada do verbo. Eis um exemplo linguístico, esta frase que um professor poderia dirigir a seus alunos: "O que temos para hoje?". Lembramo-nos, certamente, da demonstração sobre os empregos dessa figura em literatura, dada por Michel Butor a propósito de Descartes. Lembramo-nos, também, que ele mesmo a empregou em seu livro *A modificação*.

Eis outra figura que teríamos tomado por uma definição do romance policial, se não a tivéssemos pegado de empréstimo à retórica de Fontanier, escrita no início do século XIX. É a *sustentação*, que "consiste em manter, por muito tempo, o leitor ou ouvinte em suspense, e em surpreendê-lo em seguida com algo que ele estava longe de esperar". A figura pode, assim, se transformar em gênero literário.

Mikhail Mikhailovich Bakhtin, o grande crítico literário soviético, demonstrou a utilização particular feita por Dostoiévski de outra figura, a *ocupação*, assim definida por Fontanier: "ela consiste em prevenir ou rejeitar com antecedência uma objeção passível de se receber". Toda palavra das personagens

---

3 Ibid., p.188.

45

de Dostoiévski engloba, implicitamente, a de seu interlocutor, imaginário ou real. O monólogo é sempre um diálogo dissimulado, o que determina, precisamente, a profunda ambiguidade das personagens de Dostoiévski.

Por último, recordarei algumas figuras fundadas sobre uma das propriedades essenciais da linguagem: a ausência de relação biunívoca entre os sons e o sentido; ela dá origem a dois fenômenos linguísticos bem conhecidos, a sinonímia e a polissemia. A sinonímia, base dos trocadilhos no uso linguístico, assume a forma de um procedimento literário denominado "reconhecimento". O fato de a mesma personagem poder ter duas aparências, ou, em outras palavras, a existência de duas formas para o mesmo conteúdo, lembra o fenômeno resultante da aproximação de dois sinônimos.

A polissemia origina várias figuras retóricas, das quais reterei apenas uma: a silepse. Um exemplo notório de silepse está contido neste verso de Racine: *"Brûlé de plus de feux que je n'en allumai"*.[4] Do que procede essa figura? Do fato de a palavra *feux*, que faz parte de ambas as proposições, assumir em cada uma delas dois significados diferentes. Os *feux* da primeira proposição são imaginários, queimam a alma da personagem, enquanto os *feux* da segunda correspondem a incêndios bem reais.

Essa figura foi largamente difundida na narrativa; podemos vê-la exemplificada em uma novela de Boccaccio. Ali se conta que um monge fora à casa de sua amante, mulher de um burguês da cidade. De repente, o marido chega: o que fazer? O monge e a mulher, que tinham se fechado no quarto da criança, fingem tratar dela, que está doente, dizem eles. O marido reconfortado

---

4 "Queimado por mais fogos do que aqueles que ateei." (N. T.)

Poética da prosa

agradece-lhes calorosamente. O movimento da narrativa segue, como se vê, exatamente a mesma forma da silepse. O mesmo fato – o monge e a mulher no quarto de dormir – recebe uma interpretação na parte do relato que o precede e outra naquela que o sucede; segundo a parte precedente, é um encontro amoroso; segundo a seguinte, cuidam da criança doente. Essa figura é bastante frequente em Boccaccio: pensemos nas histórias do rouxinol, do tonel etc.

Até aqui nossa comparação, de acordo com a abordagem dos formalistas dos quais partimos, justapunha manifestações da linguagem a manifestações literárias; em outras palavras, apenas observamos formas. Gostaria de esboçar agora outra abordagem alternativa, que questionaria as categorias subjacentes a esses dois universos, o universo da fala e o universo da literatura. Para isso, é preciso deixar o nível das formas para ter acesso ao das estruturas. Isso nos afastaria da literatura e nos aproximaria desse discurso sobre a literatura que é a crítica.

Os problemas de significação puderam ser abordados de forma, se não feliz, pelo menos promissora, a partir do momento em que a noção de sentido foi definida com mais exatidão. A Linguística negligenciou durante muito tempo esse fenômeno, por isso não será nela que encontraremos nossas categorias, e sim entre os lógicos. Podemos tomar como ponto de partida a divisão tripartite de Frege: um signo teria uma referência, um sentido e uma imagem associada (*Bedeutung, Sinn, Vorstellung*). Apenas o sentido se deixa apreender com a ajuda dos métodos linguísticos rigorosos, pois é o único a depender apenas da linguagem e a ser controlado pela força do uso, dos hábitos linguísticos. O que é o sentido? É, segundo Benveniste, a capacidade que uma unidade linguística tem de integrar uma unidade de nível superior. O sentido de uma palavra é delimitado pelas combinações nas quais ela pode cumprir sua função linguística. O sentido de uma palavra é o conjunto de suas relações possíveis com outras palavras.

´ Isolar o sentido no conjunto das significações é um procedimento que poderia ser de grande ajuda no trabalho de descrição, em estudos literários. No discurso literário, assim como no discurso cotidiano, o sentido pode ser isolado de um conjunto de outras significações, às quais se poderia dar o nome de interpretações. Entretanto, o problema do sentido é aqui mais complexo: enquanto, na palavra, a integração das unidades não ultrapassa o nível da frase, em literatura as frases se integram de novo em enunciados, e os enunciados, por sua vez, em unidades de dimensões maiores, até a obra inteira. O sentido de um monólogo ou de uma descrição é apreendido e verificado por suas relações com os outros elementos da obra: estes podem ser a caracterização de uma personagem, a preparação de uma reviravolta no enredo, um adiamento. Por outro lado, as interpretações de cada unidade são inúmeras, pois dependem do sistema em que ela será incluída para ser compreendida. Dependendo do tipo de discurso no qual se projeta o elemento da obra, teremos uma crítica sociológica, psicanalítica ou filosófica. Mas será sempre uma interpretação da literatura em outro tipo de discurso, ao passo que a busca do sentido não nos conduz ao exterior do discurso literário em si. Talvez seja aí que se deve estabelecer o limite entre essas duas atividades aparentadas e, apesar disso, distintas, que são a poética e a crítica.

Passemos agora a outro par de categorias fundamentais. Elas foram formuladas por Émile Benveniste em suas pesquisas sobre os tempos do verbo. Benveniste demonstrou a existência, na linguagem, de dois planos distintos de enunciação: o do discurso e o da história. Esses planos de enunciação se referem à integração do sujeito da enunciação no enunciado. No caso da história, nos diz ele, "trata-se da apresentação dos fatos ocorridos em um certo momento do tempo sem qualquer intervenção do locutor na narrativa". O discurso, em contraste, é definido como "toda enunciação que supõe um locutor e um ouvinte, tendo o primeiro a intenção de influenciar o outro de algum modo". Cada língua possui certo número de elementos destinados a nos informar unicamente sobre o ato e o sujeito da enunciação, e que realizam a conversão da linguagem em discurso; os outros são destinados apenas à "apresentação dos fatos ocorridos".

Será preciso, portanto, fazer uma primeira divisão na matéria literária de acordo com o plano de enunciação que nela se manifesta. Tomemos estas frases de Proust: "Prodigou-me uma amabilidade que era tão superior à de Saint-Loup como esta estava acima da afabilidade de um pequeno-burguês. Ao lado da amabilidade de um grande artista, a de um grande senhor, por mais encantadora que seja, tem o ar de um desempenho de ator, de uma simulação". Nesse texto, apenas a primeira oração (até "amabilidade") insere-se no plano da história. A comparação seguinte, bem como a reflexão geral contida na segunda frase, pertencem ao plano do discurso, o que é marcado por indicadores linguísticos precisos (por exemplo, a mudança de tempo). Mas a primeira oração também está ligada ao discurso, pois o sujeito da enunciação está aí indicado pelo pronome pessoal. Há, assim, uma confrontação de meios para indicar o pertencimento ao discurso: eles podem ser externos (estilo direto ou indireto) ou internos, isto é, o caso em que a palavra não remete a uma realidade exterior. A dosagem dos dois planos de enunciação determina o grau de opacidade da linguagem literária: todo enunciado pertencente ao discurso tem uma autonomia superior, pois assume toda a sua significação a partir de si mesmo, sem o intermédio de uma referência imaginária. O fato de Elstir ter prodigado sua amabilidade remete a uma representação exterior, a dos dois personagens e de um ato; mas a comparação e a reflexão que se seguem são representações em si mesmas, remetem apenas ao sujeito da enunciação e afirmam, desse modo, a presença da própria linguagem.

A interpenetração dessas duas categorias é, podemos perceber, ampla, e por si só já aponta inúmeros problemas que ainda não foram abordados. A situação se complica ainda mais se entendermos que essa não é a única forma sob a qual tais categorias tomam corpo em literatura. A possibilidade de considerar toda palavra como sendo, sobretudo, um relato sobre a realidade ou como enunciação subjetiva nos conduz a outra constatação importante. Podemos ver aí não só as características de dois tipos de palavras, como também dois aspectos complementares de toda palavra, literária ou não. Em todo enunciado, é possível separar provisoriamente esses dois aspectos: trata-se, por um lado, de um ato da parte do locutor, de um ordenamento linguístico; por outro, da evocação de certa realidade; e esta não tem, no caso da literatura, nenhuma outra existência além daquela conferida pelo próprio enunciado.

Os formalistas russos tinham, ainda aqui, assinalado a oposição, sem todavia poder demonstrar suas bases linguísticas. Em toda narrativa, eles distinguiam a *fábula*, isto é, a sequência dos acontecimentos representados como teriam ocorrido na vida, da *trama*, ordenação particular dada a esses acontecimentos pelo autor. As inversões temporais eram seu exemplo favorito: é evidente que a relação de um acontecimento posterior com um

Poética da prosa

anterior revela a intervenção do autor, isto é, do sujeito da enunciação. Entendemos, agora, que essa oposição não corresponde a uma dicotomia entre o livro e a vida representada, mas a dois aspectos, sempre presentes, de um enunciado, à sua natureza dupla de enunciado e de enunciação. Esses dois aspectos dão vida a duas realidades, uma e outra linguísticas: a das personagens e a do par narrador-leitor.

A distinção entre discurso e história permite determinar melhor outro problema da teoria literária, o das "visões" ou "pontos de vista". De fato, trata-se aí das transformações que a noção de pessoa sofreu na narrativa literária. Esse problema, uma vez levantado por Henry James, foi tratado muitas vezes desde então; especialmente na França, por Jean Pouillon, Claude-Edmonde Magny e Georges Blin. Tais estudos, que não levavam em conta a natureza linguística do fenômeno, não conseguiram explicitar de todo sua natureza, embora tenham descrito seus aspectos mais importantes.

A narrativa literária, que é uma palavra mediada e não imediata, e que além disso sofre as coerções da ficção, só conhece uma categoria "pessoal", que é a terceira pessoa: ou seja, a impessoalidade. Aquele que diz *eu* no romance não é o *eu* do discurso, em outras palavras, o sujeito da enunciação; é apenas uma personagem, e o estatuto de suas palavras (o estilo direto) confere a elas uma objetividade máxima, em vez de aproximá-las do verdadeiro sujeito da enunciação. Mas existe um outro *eu*, um *eu* a maior parte do tempo invisível, que se refere ao narrador, essa "personalidade poética" que aprendemos através do discurso. Existe, portanto, uma dialética da pessoalidade e da impessoalidade, entre o *eu* do narrador (implícito) e o *ele* da personagem (que pode ser um *eu* explícito), entre o discurso e a história.

Todo o problema das "visões" aí está: no grau de transparência dos *eles* impessoais da história em relação ao *eu* do discurso.

É fácil ver, nessa perspectiva, qual a classificação das "visões" que podemos adotar; ela corresponde mais ou menos à que Jean Pouillon tinha proposto em seu livro *Temps et roman* [Tempo e romance]:

- ou o *eu* do narrador aparece constantemente através do *ele* do herói, como no caso da narrativa clássica, com um narrador onisciente; é o discurso que suplanta a história;
- ou o *eu* do narrador fica completamente apagado por trás do *ele* do herói; temos então a famosa "narração objetiva", tipo de narrativa praticada sobretudo pelos autores americanos entre as duas guerras: nesse caso, o narrador ignora tudo sobre sua personagem, de quem vê apenas os movimentos, os gestos, ouve suas palavras; é, pois, a história que suplanta o discurso;
- ou, enfim, o *eu* do narrador está em pé de igualdade com o *ele* do herói, ambos estão informados do mesmo modo sobre o desenvolvimento da ação; é o tipo de narrativa que, tendo surgido no século XVIII, domina atualmente a produção literária; o narrador prende-se a uma das personagens e observa tudo através de seus olhos; chega-se assim, nesse tipo de narrativa precisamente, à fusão do *eu* e do *ele* em um *eu* que relata, o que torna a presença do verdadeiro *eu*, o do narrador, ainda mais difícil de apreender.

Temos aí apenas uma primeira repartição aproximada; toda narrativa combina várias "visões" ao mesmo tempo; por outro lado, existem múltiplas formas intermediárias. A personagem pode trapacear consigo mesma ao contar, e também pode confessar tudo o que sabe sobre a história; pode analisá-la nos mínimos detalhes ou satisfazer-se com a aparência das coisas; pode nos apresentar uma dissecação de sua consciência (o "monólogo interior") ou um discurso articulado: todas essas variedades fazem parte da visão que põe em pé de igualdade narrador e personagem. Análises fundamentadas em categorias linguísticas poderão captar melhor essas sutilezas.

Tentei delimitar as manifestações mais evidentes de uma categoria linguística na narrativa literária. Outras categorias esperam sua vez: um dia será preciso descobrir o que aconteceu com o tempo, a pessoa, o aspecto, a voz em literatura, pois elas com certeza estarão bem presentes se a literatura for, como acreditava Valéry, nada mais do que uma "extensão e aplicação de certas propriedades da linguagem".

1966

3
Poética e crítica[1]

Eis aqui dois livros cujo confronto promete ser instrutivo. Possuem traços comuns o suficiente para que a oposição perfeita formada por seus outros aspectos não seja arbitrária, mas carregada de um sentido que deve ser revelado.

Essa oposição concerne a diferentes aspectos dos dois livros. O primeiro tema: *Estrutura da linguagem poética* é um estudo das propriedades comuns a todas as obras literárias; *Figuras* dedica-se à descrição de sistemas poéticos particulares: o de Étienne Binet, o de Proust, o de *L'Astrée*. O objetivo do primeiro é fundamentar a poética; o do segundo, reconstituir *certas* poéticas. Um visa à poesia, o outro, à obra poética.

A oposição chega às propriedades formais. A escrita de Cohen é sintética e seu livro pretende ser transparente. Os textos de Genette são, ao contrário, analíticos, descritivos e de certa

---

1 Escrito a propósito de dois livros: Gérard Genette, *Figures*; Jean Cohen, *Structure du langage poétique*.

maneira opacos: não remetem a um sentido independente deles, a forma escolhida é a única possível. Não por acaso, à exposição coerente de Cohen se opõe uma coletânea de artigos cuja unidade é difícil de captar. E mesmo o singular da *Estrutura* se opõe de modo significativo ao plural das *Figuras*.

No entanto, não teríamos razão para assinalar essas oposições se os dois livros não atestassem, ao mesmo tempo, uma unidade igualmente significativa. Digamos que essa unidade reside na abordagem imanente da literatura, praticada tanto por um quanto por outro. A explicação imanente dos fatos é um lema que hoje se tornou banal; mas, no que concerne à reflexão sobre a literatura, acreditamos estar aqui diante das duas primeiras tentativas sérias (na França) de tratar da literatura a partir dela mesma e por ela mesma. Esse princípio seria suficiente para operar uma aproximação entre o método deles e uma corrente de ideias atual; outra particularidade vem se somar a essa e reforça a primeira impressão: o objetivo preciso de ambos os livros é descrever as *estruturas* literárias. A análise estrutural da literatura teria nascido, enfim? Se sim, como ela pode se materializar ao mesmo tempo em dois livros tão diferentes?

Para responder a essas questões, podemos partir de um dos artigos de Genette, intitulado "Estruturalismo e crítica literária". Ao problema colocado por esse título, Genette dá quatro respostas sucessivas: todo crítico é, independentemente de suas intenções, "estruturalista", porque, como um *bricoleur*,[2] usa os elementos das estruturas existentes (as obras literárias)

---

2 *Bricoleur*, alguém que exerce um ofício ou atividade como um amador; um termo aproximativo, mas não completo, em português, seria "faz-tudo". (N. T.)

para forjar novas (a própria obra crítica); os aspectos da obra que reclamam, ao mesmo tempo, a análise literária e linguística devem ser estudados com a ajuda dos métodos elaborados pela Linguística Estrutural; o estruturalista é impotente diante da obra particular, sobretudo se o crítico lhe atribui um sentido, o que é sempre o caso quando essa obra nos é suficientemente próxima; a história literária, em contrapartida, pode e deve se tornar estrutural, estudando os gêneros e sua evolução. Para resumir, pode-se dizer que, na concepção de Genette, o campo da literatura deveria ser separado em dois, cada uma das partes prestando-se a um tipo diferente de análise: o estudo da obra específica não pode ser feito com a ajuda de métodos estruturais, mas estes continuam pertinentes no que concerne à outra parte do campo.

Podemos nos perguntar se o vocabulário da partilha territorial é o mais apropriado para caracterizar essa diferença essencial. Estaríamos mais tentados a falar de um grau de generalidade. A análise estrutural, não devemos esquecer, foi criada no interior de uma ciência; estava destinada a descrever o sistema fonológico de uma língua, não um som, o sistema de parentesco em uma sociedade, não um parente. É um método científico e, ao aplicá-lo, fazemos ciência. Ora, o que pode fazer a ciência diante do objeto particular que é um livro? No máximo, pode tentar descrevê-lo; mas a descrição em si mesma não é ciência, ela só se torna ciência a partir do momento em que tende a se inscrever em uma teoria geral. Assim, a descrição da obra pode ser ciência (e, portanto, aceitar a aplicação dos métodos estruturais) apenas com a condição de que nos faça descobrir as propriedades de todo o sistema de expressão literária, ou então de suas variedades sincrônicas e diacrônicas.

Reconhecemos aqui as direções prescritas por Genette à "crítica estrutural": a descrição das propriedades do discurso literário e a história literária. A obra particular fica fora do objeto de estudo dos estruturalistas, menos por causa da atribuição de sentido que ocorre durante a leitura do que pela força de seu próprio estatuto de objeto singular. Se a "crítica estruturalista" só existe, há muito tempo já, no modo optativo, é porque esse rótulo contém uma contradição de termos: é a ciência que pode ser estrutural, não a crítica.

A história literária estrutural também não existe, por enquanto. Por outro lado, eis que o livro de Jean Cohen nos dá uma imagem do que pode ser essa investigação das propriedades do discurso literário, à qual convém melhor, parece-nos, o nome de *poética*. Cohen deliberadamente toma um partido, desde sua "Introdução": por um lado, quer emitir hipóteses científicas, verificáveis e refutáveis, sem temer o sacrilégio que é falar de uma "ciência da poesia"; por outro, considera a poesia, acima de tudo, como uma forma particular da linguagem, e assim limita seu trabalho ao estudo das "formas poéticas da linguagem e somente da linguagem".[3] O objetivo a que ele se propõe é o seguinte: descobrir e descrever as formas da linguagem, próprias da poesia, em oposição à prosa; pois "a diferença entre prosa e poesia é de natureza linguística, ou seja, formal".[4] Eis que a poética enfim toma o lugar que lhe convém, ao lado da Linguística. É claro que estamos longe do crítico cujo objetivo seria caracterizar uma obra específica: o que interessa a Cohen é um "invariante que

---

3 Cohen, *Structure du langage poétique*, p.8.
4 Ibid., p.199.

permaneça ao longo das variações individuais" e que exista "na linguagem de todos os poetas".[5]

Mas se a "crítica estruturalista" é uma contradição nos termos, o que seria o "estruturalismo" de Genette? Uma leitura atenta nos revelará que as estruturas literárias são sim o objeto de seu estudo; mas não no mesmo sentido do termo para Cohen, que estuda a "estrutura da linguagem poética". A *estrutura* de Cohen é uma relação abstrata que se manifesta na obra particular sob formas muito variadas. Ela se assemelha aqui à lei, à regra, e se encontra em um nível de generalidade diferente daquele das formas pelas quais se realiza. Tal não é o caso, de forma alguma, das *estruturas* de Genette. Essa palavra deve ser entendida aqui em um sentido puramente espacial, como se pode falar, por exemplo, das estruturas gráficas em um quadro. A estrutura é a disposição particular de duas formas, uma em relação à outra. Em um de seus textos, "L'or tombe sous le fer" [O ouro cai sobre o ferro], Genette chegou a desenhar, no sentido próprio da palavra, a estrutura formada pelos "elementos", os metais, as pedras, no universo da poesia barroca. Não se trata aqui de um princípio logicamente anterior às formas, mas do espaço particular que separa e reúne duas ou várias formas.

Assim, isso nos leva ao próprio centro da visão crítica de Genette. Pode-se dizer que o único objetivo de suas pesquisas é preencher, ponto a ponto, todos os cantos de um vasto espaço abstrato; ele se mostra fascinado diante desse quadro imenso em que simetrias dissimuladas aguardam, imóveis, que um olhar atento venha destacá-las. Revelar as estruturas não passa de um meio de ter acesso a essa imagem que se torna a cada instante

---

5 Ibid., p.14.

mais rica, mas cujo desenho de conjunto também se mantém sempre incerto.

Pode-se ver que nenhum ponto da doutrina postula a existência obrigatória dessas estruturas na obra literária. Sem declarar de modo explícito, Genette dá a entender que o escritor goza de certa liberdade que lhe permite submeter ou não o universo de seu livro às leis estruturais. Embora as preferências pessoais de Genette recaiam nos autores que organizam esse universo segundo um desenho preestabelecido, nada nos diz que outros não teriam escrito ignorando esse modo de pensar. Os autores que Genette escolhe são "técnicos" – poetas barrocos, Robbe-Grillet e outros; ao contrário, como se vê, da crítica psicológica, que se deleitava com os autores "espontâneos" e "inspirados".

Não ficaremos mais surpresos ao ver metade da coletânea de Genette dedicada à obra dos críticos: como ele mesmo explicou, a crítica é uma vitrine de estruturas particularmente rica. É esse aspecto da crítica que o atrai, a crítica-objeto, e não a crítica como método; seria inútil procurar nesse livro de crítica, dedicado em grande parte à crítica, pelo menos dez linhas sobre o método próprio do autor! Mesmo a respeito dos críticos, Genette se satisfaz com uma explicitação e não apõe a ela a construção de um sistema crítico transcendente; não é Genette sobre Valéry, Genette sobre Borges que lemos; os próprios Valéry e Borges vieram aqui nos apresentar, cada um, um texto-síntese de todos os seus textos. Genette realiza aí uma verdadeira proeza: lemos páginas que, ao mesmo tempo, lhe pertencem e fazem parte da obra de um outro.

Qual é, então, esse método fugidio de Genette? Podemos dizer, em todo caso, que ele não adota o princípio do estruturalismo de que o método deve ser formulado à imagem do objeto

Poética da prosa

(se não for o objeto que se adapta à imagem do método). A abordagem de Genette está mais relacionada àquele comentário que abraça as formas do objeto para fazê-las suas, que não abandona a obra a não ser para reproduzi-la em outro lugar.

Voltemos à nossa antítese inicial. O espaço circunscrito por essas duas abordagens, contrárias e vizinhas, é aquele que separa a poética da crítica: pois a análise de Genette merece absolutamente o nome de crítica literária. Ambos os livros incorporam, de modo exemplar, as duas principais atitudes que a leitura provoca: crítica e ciência, crítica e poética. Tentemos agora precisar as possibilidades e os limites de cada uma.

Primeiro a poética: o que ela estuda não é a poesia ou a literatura, mas a "poeticidade" e a "literalidade". A obra singular não é para ela um fim último; quando se detém em uma obra e não em outra, é porque esta deixa transparecer com mais clareza as propriedades do discurso literário. A poética irá estudar não as formas literárias já existentes, mas, partindo delas, um conjunto de formas virtuais: o que a literatura *pode* ser, mais do que o que ela *é*. A poética é ao mesmo tempo menos e mais exigente do que a crítica: não pretende nomear o sentido de uma obra, mas julga ser, ela mesma, muito mais rigorosa do que a meditação crítica.

Os defensores da ideia de "analisar a obra pelo que ela é, não pelo que ela exprime", portanto, nada terão a ganhar com a poética. Sempre reclamamos, de fato, das interpretações de uma crítica psicológica ou sociológica: ela analisa a obra não como um fim em si mesma, mas como um meio de chegar a outra coisa, como o efeito de uma causa. Mas é que a psicanálise ou a sociologia se consideram ciências; por essa razão, a crítica que nelas se inspira está condenada a não poder se ater à obra em si mesma. Assim que os estudos literários se constituem em ciência, como hoje ocorre com a poética, volta-se a sobrepujar a obra: esta é considerada, mais uma vez, como um efeito; agora, porém, ela é o efeito de sua própria forma. A única diferença, portanto – embora importante – é que, em vez de transpor a obra para outro tipo de discurso, estudam-se as propriedades subjacentes do próprio discurso literário.

Essa impossibilidade de permanecer no particular escapa à atenção de Cohen em suas declarações explícitas. Assim, ele acusa os críticos de se interessarem mais pelo poeta do que pelo poema[6] e diz, a respeito de seu trabalho, que "a análise literária do poema enquanto tal nada mais pode ser senão a atualização desses mecanismos de transfiguração da linguagem através da interação entre as figuras".[7] Evidentemente, ao se dedicar a descrever esses "mecanismos de transfiguração", ele deixa de analisar o "poema enquanto tal", pois isso é impossível; Cohen estuda precisamente um mecanismo geral e não menciona nenhum poema em todo o livro, salvo a título de exemplo.

Esta não chega a ser uma confusão grave, pois se limita a algumas declarações isoladas, e o conjunto do livro se situa na perspectiva da poética, que não estuda o poema enquanto tal, e sim como manifestação da poeticidade. Outra redução, no entanto, pode ser prejudicial aos resultados obtidos, e mostra bem que tipos de perigo a poética terá de temer, onde está a fronteira que ela não deve transpor. Trata-se da excessiva generalização que Cohen consuma, ao tomar ao pé da letra um dos princípios do estruturalismo: estudar não os fenômenos, mas

---

6 Ibid., p.40.
7 Ibid., p.198.

sua diferença. A única tarefa da poética, ele nos diz, é estudar em que a poesia difere da prosa. O único aspecto da figura que destacaremos é aquele em que a expressão poética difere da expressão "natural". Mas, para definir a poesia, não basta dizer em que ela é diferente da prosa, pois ambas têm algo em comum, que é a literatura. Da "linguagem poética" Cohen retém apenas o adjetivo, esquecendo-se de que também há um substantivo. A figura é não só uma expressão diferente de outra, mas também uma expressão em si. Esquecê-lo e isolar as duas partes seria considerar a figura – ou a poesia – do ponto de vista de outra coisa, e não em si mesma. Aqui, mais um vez, infringe-se o princípio de imanência que Cohen, aliás, proclama, mas dessa vez com consequências mais graves, pois o autor realmente tem a tendência a considerar a poesia pelo que ela difere da prosa, e não como um fenômeno integral.

O extremo que a poética deve evitar é a generalização demasiada, a excessiva redução do objeto poético: a grade que ela utiliza corre o risco de perder o fenômeno poético. Podemos adivinhar, pela descrição que fizemos do método de Genette, onde está o limite que ele deve cuidar, por sua vez, de não ultrapassar. Sua crítica funde se de tal forma com a obra-objeto que corre o risco de desaparecer nela. A longa e frequente citação não é uma casualidade nos textos de Genette, e sim um dos traços mais característicos de seu método: o poeta pode exprimir seu pensamento tão bem quanto Genette, do mesmo modo que ele fala como o poeta. Um passo a mais e essa crítica deixará de ser uma explicação para se tornar apenas uma reprise, uma repetição. A melhor descrição – e é justamente de uma descrição que se trata nos textos de Genette – é aquela que continua não sendo até o final, aquela que explicita reproduzindo.

Ambas as atitudes se beneficiariam, pois, de uma convergência mútua. Um dos mais belos textos de *Figuras*, "Silences de Flaubert" [Silêncios de Flaubert], nos permite entrever, embora com imprecisão, as possibilidades assim oferecidas. Nesse texto, Genette procura apreender "a escrita de Flaubert no que ela tem de mais específico");[8] simplificando muito, poderíamos dizer que se trata da função particular que Flaubert atribui à descrição, do papel tão importante que ela desempenha em seus romances. Somos apresentados a noções da poética que parecem bem esclarecedoras; mas é apenas um antegozo que só faz aumentar o desejo. Pois fala-se da descrição como se ela fosse óbvia; mas na verdade de que se trata? Por que ela se opõe à narração, se ambas parecem pertencer ao discurso do narrador por oposição ao das personagens? O que ela se opõe é simplesmente a substituição de um movimento por uma parada? Serão estas as únicas noções desse nível de generalização, ou existirão outras? Não podemos mais confiar nas definições das poéticas clássicas, as quais, além disso, já esquecemos; mas temos de forjar novas. Como é que a descrição se encontra entre as figuras retóricas? E há alteração no modo de expressão apenas ou também na posição do narrador em relação às personagens (passagem da visão "com" para a visão "por trás") nesta frase deslumbrante de *Madame Bovary* que surge em meio a um "furor de locomoção": "velhos de roupas pretas passeiam ao sol ao longo de um terraço todo verdejante de heras..."?[9] São questões para as quais a poética poderia dar, se não uma resposta, pelo menos os meios para encontrá-la.

---

8 Genette, *Figures*, p.242.
9 Ibid., p.239.

Poética da prosa

Assim, não há uma parede entre poética e crítica; e a prova está presente não só no projeto que acabamos de esboçar, mas também no fato de que esse crítico puro e esse poeticista puro encontraram um terreno comum e trataram, ambos, de um mesmo problema: as figuras da retórica. A escolha desse local de encontro já é significativa (entre outras coisas, pela influência real de Valéry sobre o pensamento crítico atual): trata-se efetivamente de uma reabilitação da retórica. Eles não resgatam, é verdade, todas as afirmações dos retóricos clássicos; mas doravante está claro que não se pode mais resolver de modo sumário o problema das figuras, problema real, importante e complexo.

Nossos dois autores desenvolvem duas teorias diferentes sobre a figura retórica, que examinaremos brevemente aqui. Para isso, vamos nos deter em um único ponto essencial, que é a definição de figura. Segundo Genette, para que exista a figura, é preciso que haja também dois meios de dizer a mesma coisa; a figura existe apenas por oposição a uma expressão literal. "A existência e o caráter da figura são absolutamente determinados pela existência e pelo caráter dos signos virtuais aos quais comparo os signos reais, estabelecendo sua equivalência semântica".[10] A figura é o espaço que existe entre as duas expressões.

Segundo Cohen, a figura também se define em relação a outra coisa, que está fora dela. Mas não se trata de outra expressão, é uma regra que pertence ao código da linguagem. Ao mesmo tempo, ele restringe as variedades de relação entre a figura e a regra: a relação em questão é uma transgressão, a figura se funda em uma não obediência à regra ("cada uma das figuras se especifica como infração a uma das regras que

---

10 Ibid., p.210.

compõem esse código")[11] O corpo do livro de Cohen representa o desenvolvimento e a verificação dessa hipótese, com o exemplo de algumas figuras representativas. Deve ser dito de pronto que esse desenvolvimento e essa verificação são, com poucas exceções insignificantes, impecáveis, e que elas provam de fato que as figuras consideradas representam infrações a uma regra linguística qualquer.

Mesmo assim, o problema da figura ainda não está resolvido. O denominador comum das quatro ou cinco figuras examinadas por Cohen precisa ser encontrado em todas as outras para que seja uma condição necessária do fenômeno "figura". De outro modo, há duas possibilidades a considerar (o mesmo se aplica à definição de Genette): pode-se declarar que o que não tiver esse denominador não é uma figura. Mas então essa definição é puramente tautológica ou ela é induzida a partir dos fenômenos escolhidos usando um critério que é fornecido pela própria definição. Ou, então, declara-se que a definição é insatisfatória e procura-se outro denominador comum das figuras selecionadas de acordo com um critério independente.

Tomemos uma figura tão comum como a antítese. "O céu está em seus olhos, o inferno em seu coração": qual é a expressão literal que desenha o espaço da linguagem? Qual é a regra linguística infringida?

A confusão tem causas diferentes em cada uma das duas concepções. Genette quase formula a sua quando trata da descrição. É sim uma figura, mas por quê? Porque, ele nos diz, a exemplo de Fontanier, "Terâmenes [...] diz em quatro versos o que poderia ter dito em duas palavras, e assim a descrição substitui (isto é,

---

11 Cohen, op. cit., p.51.

poderia ser substituída por) uma simples designação: essa é a figura".[12] Porém, se a descrição estivesse ausente, não haveria mais o mesmo *sentido*; a única coisa que permaneceria a mesma é o objeto evocado, o *referente*. Fontanier e Genette resvalam aqui da oposição entre duas formas de um sentido para a oposição entre dois sentidos que remetem a um referente; porém, não é mais um espaço linguístico que eles circunscrevem, é um espaço psicológico: descrever ou não descrever. A descrição, como a antítese, a gradação e inúmeras outras figuras, não se refere a uma expressão literal. O espaço da linguagem não está mais aí.

O raciocínio de Cohen não é incorreto, mas incompleto. É verdade que as figuras que ele examina são infrações; mas muitas outras não são. A aliteração, Cohen nos diz, é uma figura porque ela se opõe ao paralelismo fonossemântico que reina na linguagem: nesse caso, os sons semelhantes não correspondem a sentidos semelhantes.

Pode ser; mas que figura é então a *derivação* ou mesmo a simples *repetição*, em que a associação de sons semelhantes de fato equivale a uma associação de sentidos semelhantes? Se o provarmos, é porque dispomos de um método "dialético" que, como se sabe, sempre vence. Nem toda figura é uma anomalia, e é preciso encontrar outro critério que não seja a transgressão.

No entanto, a boa definição já estava presente na retórica de Du Marsais (cujo fracasso é constatado um pouco rápido demais por Genette): "As formas de falar", escrevia ele, "que exprimem não só pensamentos, mas também pensamentos enunciados de um modo particular que lhes dá um caráter próprio, estes, digo, são chamados figuras." Figura é o que dá

---

12 Genette, op. cit., p.214.

ao discurso "um caráter próprio", o que o torna perceptível; o discurso figurado é um discurso opaco, o discurso sem figuras é transparente. Chamar o navio de "navio" é utilizar a linguagem apenas como um mediador de significação, é matar ao mesmo tempo o objeto e a palavra. Chamá-lo de "vela" é fixar nosso olhar sobre a palavra, dar um valor próprio à linguagem e uma chance de sobreviver no mundo.

Mas não é necessário, para isso, que exista outra expressão para dizer a mesma coisa, nem uma regra linguística infringida. Basta que exista uma forma, uma disposição particular da linguagem (Du Marsais dissera: "uma forma particular"), para que possamos perceber essa mesma linguagem. É figura o que se deixa descrever, o que é institucionalizado como tal. A gradação é uma figura, pois notamos a sucessão de três nomes da mesma espécie: o olhar dá vida à figura assim como mata Eurídice. Se não houvesse figuras, talvez ainda ignorássemos a existência da linguagem: não esqueçamos que os sofistas, os primeiros a falar dela, foram os criadores da retórica.

As figuras são o tema de um único capítulo em Genette; mas encontram-se no centro das atenções de Cohen, e sua interpretação abusiva ameaça ainda mais a construção do conjunto. As figuras enquanto infrações são a própria base de sua teoria: elas desaceleram o funcionamento normal da linguagem, deixando passar apenas a mensagem poética. Mas as figuras são apenas uma presença da própria linguagem; necessariamente não há destruição da linguagem comum. Assim, como essa "outra" mensagem é capaz de passar?

Acreditamos que a "outra" mensagem não passa porque ela nunca existiu, pelo menos não sob a forma que Cohen lhe atribui. E como não é em sua argumentação que queremos procurar

Poética da prosa

uma falha, será preciso, para identificar as causas de uma nova confusão, voltar às premissas lógico-linguísticas de onde partiu seu raciocínio.

A face significada do signo linguístico se separa, para Cohen, em duas partes: forma e substância. Essa dupla de termos, emprestada de Hjelmslev, experimenta certa imprecisão no uso, e nos interessa fixar seu sentido desde o princípio.

"A forma é o estilo",[13] é o que se perde em uma tradução, são as particularidades expressivas e estilísticas no sentido mais estrito do termo. A substância é a "coisa existente em si e independentemente de toda expressão verbal ou não verbal".[14] A partir dessas bases, a teoria poética de Cohen desenvolve-se do seguinte modo: a substância (os objetos) não pode ser poética em si; portanto, a poesia provém unicamente da forma. Para que ela se realize, é necessário impedir o funcionamento normal da linguagem, que em geral transmite as substâncias, não as formas: este é o papel das figuras.

Quando a mensagem denotativa é confusa, é possível perceber a forma, que se transmuda em pura afetividade. Nesse momento, "não se trata mais da própria mensagem como sistema de signos, mas do efeito subjetivo produzido no receptor";[15] o efeito da poesia está nas emoções e seu estudo é do domínio da psicologia, não da semântica. E Cohen cita esta frase significativa de Carnap, que "exprime muito bem nossa concepção": "A finalidade de um poema [...] é [...] exprimir certas emoções do poeta e excitar em nós emoções análogas".[16]

---

13 Cohen, op. cit., p.35.
14 Ibid., p.33.
15 Ibid., p.203.
16 Ibid., p.205.

Comecemos pelas premissas. O que impressiona nessa teoria da significação – e é paradoxal – é o fato de que as palavras não têm sentido: têm apenas um referente (a substância) e um valor estilístico e emocional (a forma). Ora, a lógica e a linguística afirmam, há muito tempo, que além desses dois elementos existe um terceiro, o mais importante, que chamamos de *sentido* ou *compreensão*.

"O satélite da Terra" e "essa foice de ouro", Cohen nos diz, se opõem apenas por sua forma: a primeira expressão não contém qualquer figura e é afetivamente neutra, a segunda é imagética e emocional. "A lua é poética como 'rainha das noites' ou como 'essa foice de ouro' [...]; permanece prosaica como 'o satélite da Terra'".[17] Ora, não é só o valor estilístico que difere nessas duas expressões, é também o sentido; o que elas têm em comum é um referente, não uma significação; mas esta é interior à linguagem. A diferença essencial não está na reação emocional que elas provocam no receptor (e elas o fazem?), mas no sentido que possuem.

"*Le Lac* de Lamartine, a *Tristesse d'Olympio* de Hugo, o *Souvenir* de Musset dizem a mesma coisa, mas cada um o diz de uma maneira nova", afirma Cohen;[18] ou ainda: o valor estético do poema não reside no que ele diz, mas no modo como diz.[19] Ora, não há duas maneiras de dizer a mesma coisa; só o referente pode permanecer idêntico; as duas "maneiras" criam duas significações diferentes.

Não há, portanto, nenhuma prova de que a poesia resida no que Cohen denomina a "forma": se ele pudesse provar que ela não está no referente, não nos teria dito nada no que concerne ao sentido.

---

17 Ibid., p.39.
18 Ibid., p.42.
19 Ibid., p.40.

Existem, por outro lado, muitos argumentos contra a redução do poema a um complexo de emoções. Jakobson já nos advertia há mais de quarenta anos:

> A poesia pode utilizar os meios da linguagem emocional, mas sempre com desígnios que lhe são próprios. Essa similitude entre os dois sistemas linguísticos, bem como a utilização que a linguagem poética faz de meios próprios da linguagem emocional, muitas vezes provoca a identificação de ambos. Essa identificação é errônea, pois não leva em conta a diferença funcional fundamental entre os dois sistemas linguísticos.

Reduzir a poesia a um "sentimento" análogo no poeta e em seu leitor, como quer Carnap, é regredir a concepções psicológicas há muito obsoletas. A poesia não é uma questão de sentimentos, mas de significação.

O abismo escavado por Cohen entre dois tipos opostos de significação, dos quais apenas um é esteticamente válido, vem restabelecer, em toda a sua antiga grandeza, o par "forma" e "conteúdo". O perigo dessa concepção (que o próprio Valéry não evitou de todo) não está no primado atribuído ao conteúdo à custa da forma: dizer o contrário também seria falso; mas na própria existência dessa dicotomia. Se o estruturalismo deu um passo adiante desde o formalismo, foi precisamente por ter cessado de isolar uma forma, a única válida, e de se desinteressar pelos conteúdos. A obra literária não tem uma forma e um conteúdo, mas uma estrutura de significações, cujas relações internas é preciso conhecer.

A concepção reducionista de Cohen choca-se, mais uma vez, com os fatos: muitas vezes a poética não é explicável como infração aos princípios da linguagem. Mas "a estética clássica é uma estética antipoética", assegura-nos Cohen.[20] Não; é que a poética é uma categoria mais ampla do que aquela que ele nos apresenta; e a estética dos clássicos encontra aí seu devido lugar.

Os comentários críticos que acabamos de formular não devem induzir em erro quanto à importância do trabalho de Cohen. Grande parte de suas análises continua a representar uma contribuição incontestável, e se as premissas e as conclusões se prestam à discussão, este talvez seja um mérito adicional: porque já era hora de começar a discutir os problemas da poética.

1966

---

20 Ibid., p.20.

4
Tipologia do romance policial

O gênero policial não se subdivide em espécies. Ele apresenta apenas formas historicamente diferentes.

Boileau e Narcejac[1]

Se ponho essas palavras como epígrafe de um artigo que trata precisamente das "espécies" no gênero "romance policial", não é para salientar meu desacordo com os autores em questão, mas porque essa atitude é muito difundida; é, pois, a primeira em relação à qual é preciso se posicionar. O romance policial nada tem a ver com isso: há quase dois séculos se faz sentir nos estudos literários uma reação forte que contesta a própria noção de gênero. Ora se escreve sobre a literatura em geral, ora sobre uma obra; e há uma convenção tácita segundo a qual classificar várias obras dentro de um gênero é desvalorizá-las. Essa atitude tem uma boa explicação histórica: a reflexão literária

---

1 Boileau; Narcejac, *Le Roman policier*, p.185.

da época clássica, que se dedicava mais aos gêneros do que às obras, manifestava também uma tendência punitiva: a obra era julgada ruim se não se conformasse suficientemente às regras do gênero. Assim, essa crítica procurava não apenas descrever os gêneros, mas também prescrevê-los; a classificação dos gêneros precedia a criação literária, em vez de segui-la.

A reação foi radical: os românticos e seus descendentes recusaram-se não somente a se conformar às regras dos gêneros (o que era seu direito), mas também a reconhecer a própria existência da noção. Desse modo, a teoria dos gêneros recebeu singularmente pouca atenção até nossos dias. No entanto, no momento atual, haveria uma tendência de procurar um intermediário entre a noção demasiado geral da literatura e esses objetos particulares que são as obras. O atraso advém sem dúvida do que a tipologia implica e é implicada pela descrição dessas obras particulares; mas essa última tarefa está longe de ter encontrado soluções satisfatórias: enquanto não se souber descrever a estrutura da obra, será preciso contentar-se em comparar os elementos que se sabe medir, como o metro. A despeito da atualidade de uma investigação sobre os gêneros (como havia sublinhado Thibaudet, é do problema dos universais que se trata), não se pode iniciá-la sem antes avançar a descrição estrutural: apenas a crítica do classicismo podia se permitir deduzir os gêneros a partir de esquemas lógicos abstratos.

Uma dificuldade adicional vem se somar ao estudo dos gêneros, relacionada ao caráter específico de toda norma estética. A grande obra cria, de certa forma, um novo gênero, e ao mesmo tempo transgride as regras do gênero antes válidas. O gênero da *Cartuxa de Parma*, ou seja, a norma à qual o romance se refere, não é apenas o romance francês do começo do século XIX; é o gênero "romance stendhaliano" que é criado precisamente por essa obra e por algumas outras. Poderia ser dito que todo grande livro estabelece a existência de dois gêneros, a realidade de duas normas: a do gênero que ele transgride, que predominava na literatura anterior; e a do gênero que ele cria.

Há, no entanto, um campo onde felizmente essa contradição dialética entre a obra e seu gênero não existe: o da literatura de massa. A obra-prima literária habitual não se enquadra em nenhum gênero a não ser o seu próprio; mas a obra-prima da literatura de massa é precisamente o livro que melhor se inscreve em seu gênero. O romance policial tem suas normas; fazer "melhor" do que aquilo que elas exigem é ao mesmo tempo fazer pior: quem deseja "embelezar" o romance policial faz "literatura", não romance policial. O romance policial por excelência não é aquele que transgride as regras do gênero, mas aquele que se conforma a elas: *Não enviem orquídeas para Miss Blandish* é uma encarnação do gênero, não uma superação. Se os gêneros da literatura popular fossem bem descritos, não haveria mais lugar para se falar de suas obras-primas: seria a mesma coisa; o melhor romance será aquele sobre o qual nada se tem a dizer. É um fato muito pouco notado e cujas consequências afetam todas as categorias estéticas: estamos hoje em presença de um corte entre suas duas manifestações essenciais; não há uma única norma estética em nossa sociedade, mas duas; não se pode medir com as mesmas medidas a "grande" arte e a arte "popular".

Evidenciar os gêneros no interior do romance policial promete, assim, ser relativamente fácil. Mas, para tanto, é preciso começar pela descrição das "espécies", o que quer dizer começar também por sua delimitação. Tomamos como ponto de partida o romance policial clássico, que conheceu seu momento de glória entre as duas guerras e que podemos chamar de romance de enigma. Já houve várias tentativas de precisar as regras desse gênero (voltaremos mais tarde às vinte regras de Van Dine); mas a melhor característica global nos parece ser aquela que Michel Butor apresenta em seu romance *Inventário do tempo*. George Burton, autor de diversos romances policiais, explica ao narrador que "todo romance policial é construído sobre dois assassinatos, sendo o primeiro, cometido pelo assassino, apenas o pretexto do segundo, no qual ele é a vítima do assassino puro e impune, do detetive", e que "a narrativa [...] superpõe duas séries temporais: os dias de investigação que começam com o crime e os dias do drama que levam a ele".

Na base do romance de enigma encontra-se uma dualidade, e é ela que vai nos guiar a fim de descrevê-lo. Esse romance não contém uma, mas duas histórias: a história do crime e a história da investigação. Em sua forma mais pura, essas duas histórias não têm nenhum ponto em comum. Eis as primeiras linhas de um romance "puro":

> Num pequeno cartão verde, leem-se as linhas datilografadas:
> Odell Margaret
> 184, 71º Rua Oeste. Assassinato. Estrangulada por volta das 23h. Apartamento revirado. Joias roubadas. Corpo descoberto por Amy Gibson, camareira.[2]

A primeira história, aquela do crime, termina antes que comece a segunda. Mas o que acontece na segunda? Poucas coisas. As personagens da segunda história, a história da investigação, não

---

2 Van Dine, *A morte da Canária*.

Poética da prosa

agem, elas descobrem. Nada pode acontecer com elas: uma regra do gênero postula a imunidade do detetive. Não se pode imaginar Hercule Poirot ou Philo Vance ameaçados por algum perigo, atacados, feridos e muito menos mortos. As 150 páginas que separam a descoberta do crime da revelação do culpado são dedicadas a um lento aprendizado: examina-se indício após indício, pista após pista. O romance de enigma tende, assim, para uma arquitetura puramente geométrica: *Assassinato no Expresso Oriente* (A. Christie), por exemplo, apresenta doze personagens suspeitas; o livro consiste em doze, e mais uma vez doze interrogatórios, prólogo e epílogo (isto é, descoberta do crime e descoberta do culpado).

Essa segunda história, a história da investigação, goza pois de um estatuto muito particular. Não por acaso ela é muitas vezes contada por um amigo do detetive, que reconhece explicitamente estar escrevendo um livro: ela consiste, enfim, em explicar como a própria narrativa veio a surgir, como o próprio livro pôde ser escrito. A primeira história ignora inteiramente o livro, ou seja, ela jamais se confessa livresca (nenhum autor de romances policiais se permitiria indicar ele próprio o caráter imaginário da história, como ocorre na "literatura".) Por outro lado, a segunda história é encarregada não apenas de levar em conta a realidade do livro, mas de ser, precisamente, a própria história desse livro.

Pode-se ainda caracterizar essas duas histórias dizendo que a primeira, a do crime, conta "o que efetivamente aconteceu", enquanto a segunda, a da investigação, explica "como o leitor (ou o narrador) tomou conhecimento disso". Contudo, tais definições não são mais as das duas histórias no romance policial, e sim de dois aspectos de toda obra literária, que os formalistas russos haviam revelado há quarenta anos. Eles distinguiam, com efeito, a fábula e o tema de uma narrativa: a fábula é o que acontenceu na vida; o tema, a maneira como o autor apresenta essa fábula. A primeira noção corresponde à realidade evocada, a acontecimentos semelhantes àqueles que ocorrem em nossa vida; a segunda, ao próprio livro, à narrativa, aos procedimentos literários utilizados pelo autor. Na fábula, não há inversão no tempo, as ações seguem sua ordem natural; no tema, o autor pode nos apresentar os resultados antes das causas, o final antes do começo. Essas duas noções não caracterizam duas partes da história ou duas histórias diferentes, mas dois aspectos de uma mesma história, são dois pontos de vista sobre a mesma coisa. Como então o romance policial consegue tornar os dois presentes, colocá-los lado a lado?

Para explicar esse paradoxo, é preciso primeiro lembrar do estatuto particular das duas histórias. A primeira, a do crime, é na verdade a história de uma ausência: sua característica mais importante é que ela não pode estar imediatamente presente no livro. Em outras palavras, o narrador não pode nos transmitir diretamente as réplicas das personagens nela envolvidas nem nos descrever seus gestos: para fazê-lo, ele tem de passar pela intermediação de uma outra (ou da mesma) personagem que relatará, na segunda história, as palavras escutadas ou os atos observados. O estatuto da segunda é, como visto, igualmente excessivo: é uma história que não tem nenhuma importância em si mesma, que serve apenas como mediador entre o leitor e a história do crime. Os teóricos do romance policial sempre concordaram em dizer que o estilo, nesse tipo de literatura, deve ser perfeitamente transparente, inexistente; a única exigência à qual ele obedece é ser simples, claro, direto. Tentou-se mesmo — o que é significativo — suprimir inteiramente essa segunda história: uma editora havia publicado verdadeiros dossiês, compostos de

Poética da prosa

relatórios de polícia, interrogatórios, fotos, impressões digitais e até mechas de cabelo; esses documentos "autênticos" deveriam levar o leitor à descoberta do culpado (em caso de fracasso, um envelope fechado, colado na última página, dava as respostas do jogo: o veredito do juiz, por exemplo).

Trata-se, pois, no romance de enigma, de duas histórias, sendo uma ausente mas real, e a outra presente, mas insignificante. Essa presença e essa ausência explicam a existência de ambas na continuidade da narrativa. A primeira comporta tantas convenções e procedimentos literários (que nada mais são do que o aspecto "tema" da narrativa), que o autor não pode deixá-los sem explicação. Notemos que esses procedimentos são essencialmente de dois tipos, inversões temporais e "visões" particulares: o teor de cada informação é determinado pela pessoa que a transmite, não existe observação sem observador; o autor não pode, por definição, ser onisciente, como era no romance clássico. A segunda história aparece, portanto, como um lugar onde se justificam e "naturalizam" todos esses procedimentos: para lhes dar um ar "natural", o autor deve explicar que ele está escrevendo um livro! E é por receio de que essa segunda história se torne ela mesma opaca, de que lance uma sombra inútil sobre a primeira, que tanto se recomendou manter o estilo neutro e simples, de torná-lo imperceptível.

Examinemos agora um outro gênero no interior do romance policial, aquele criado nos Estados Unidos pouco antes e sobretudo após a Segunda Guerra, e que é publicado na França na "série noire"; pode-se chamá-lo de romance *noir*, embora essa expressão tenha também outra significação. O romance *noir* é um romance policial que funde as duas histórias ou, em outras palavras, suprime a primeira e dá vida à segunda. Não é mais um crime anterior ao momento da narrativa que nos relatam, a narrativa coincide com a ação. Nenhum romance *noir* é apresentado sob a forma de memórias: não há um ponto de chegada a partir do qual o narrador abrangeria os acontecimentos passados, não sabemos se ele chegará vivo ao final da história. A prospecção substitui a retrospecção.

Não há mais história para adivinhar: e não há mistério, da forma como ele estava presente no romance de enigma. Mas nem por isso o interesse do leitor diminui: percebe-se então que existem duas formas de interesse completamente diferentes. A primeira pode ser chamada de *curiosidade*; ela vai do efeito à causa: a partir de certo resultado (um cadáver e alguns indícios) é preciso encontrar sua causa (o culpado e o que o impeliu ao crime). A segunda forma é o *suspense* e aqui se vai da causa ao efeito: são-nos mostradas primeiro as causas (gângsteres que tramam golpes) e nosso interesse é mantido pela expectativa do que vai acontecer, ou seja, dos efeitos (cadáveres, crimes, brigas). Esse tipo de interesse era inconcebível no romance de enigma, uma vez que suas personagens principais (o detetive e seu amigo, o narrador) eram, por definição, imunes: nada podia acontecer-lhes. A situação se inverte no romance *noir*: tudo é possível, e o detetive põe em risco sua saúde e até sua vida.

Apresentei a oposição entre romance de enigma e romance *noir* como uma oposição entre duas histórias e uma única história; essa é uma classificação lógica e não uma descrição histórica. Para surgir, o romance *noir* não precisou operar essa mudança específica. Infelizmente para a lógica, os gêneros não se constituem em conformidade com as descrições estruturais; um gênero novo é criado em torno de um elemento que não era obrigatório no antigo: ambos codificam elementos diferentes. É por essa razão que a poética do classicismo se perdeu ao procurar uma classificação lógica dos gêneros. O romance *noir* moderno se constituiu não em torno de um procedimento de apresentação, mas em torno do meio representado, em torno de personagens e de costumes particulares; dito de outra forma, sua característica constitutiva está em seus temas. É assim que o descreveu, em 1945, Marcel Duhamel, seu fomentador na França: encontra-se nele "a violência — sob todas as suas formas, em particular as mais infames —, pancadarias e massacres". "Há nele imoralidade assim como belos sentimentos." "Há também amor — preferencialmente bestial —, paixão desregrada, ódio sem piedade..." Com efeito, é em torno dessas poucas constantes que se constitui o romance *noir*: a violência, o crime em geral sórdido, a amoralidade das personagens. De maneira obrigatória, também, a "segunda história", aquela que se desenrola no presente, ocupa um lugar central; mas a supressão da primeira não é um traço obrigatório: os primeiros autores da "série *noire*", Dashiell Hammett, Raymond Chandler, mantêm o mistério; o importante é que ele tem aqui uma função secundária, subordinada e não mais central como no romance de enigma.

Essa restrição no meio descrito distingue também o romance *noir* do romance de aventuras, embora esse limite não seja muito claro. Podemos perceber que as propriedades enumeradas até aqui — o perigo, a perseguição, o combate — encontram-se também em um romance de aventuras; no entanto, o romance *noir* mantém sua autonomia. É possível distinguir várias razões: o relativo desaparecimento do romance de aventuras e sua substituição pelo romance de espionagem; em seguida, seu pendor para o maravilhoso e o exótico, que o aproxima, de um lado, do relato de viagem, e de outro, dos romances atuais de ficção científica; enfim, uma tendência para a descrição, que permanece totalmente alheia ao romance policial. A diferença do meio e dos costumes descritos se junta a essas outras distinções; e foi precisamente ela que permitiu que o romance *noir* se constituísse.

Um autor de romances policiais particularmente dogmático, S. S. Van Dine, enunciou, em 1928, vinte regras que todo autor de romances policiais digno de respeito deveria cumprir. Desde então, essas regras foram muitas vezes reproduzidas (ver, por exemplo, o livro citado de Boileau e Narcejac) e, sobretudo, muito contestadas. Como não se trata, para nós, de determinar como se deve proceder, mas de descrever os gêneros do romance policial, interessa-nos examinar essas regras por um momento. Em sua forma original, elas são bem redundantes, e podem ser facilmente resumidas nos oito pontos seguintes:

1. O romance deve ter ao menos um detetive e um culpado, e ao menos uma vítima (um cadáver).
2. O culpado não deve ser um criminoso profissional; não deve ser o detetive; deve matar por razões pessoais.
3. O amor não tem lugar no romance policial.
4. O culpado deve gozar de uma certa importância:
   a. na vida: não ser um criado ou uma camareira;
   b. no livro: ser uma das personagens principais.
5. Tudo deve explicar-se de uma maneira racional: o fantástico não é admitido.
6. Não há lugar para descrições nem para análises psicológicas.
7. É preciso se conformar à homologia seguinte, quanto às informações sobre a história: o "autor: leitor = culpado; detetive".
8. É preciso evitar situações e soluções banais (Van Dine enumerou dez delas).

Poética da prosa

Caso se compare esse inventário com a descrição do romance *noir*, descobre-se um fato interessante. Uma parte das regras de Van Dine se relaciona aparentemente a todo romance policial; a outra, ao romance de enigma. Essa divisão coincide, curiosamente, com o campo de aplicação das regras: aquelas concernentes aos temas, à vida representada (a "primeira história"), são limitadas ao romance de enigma (regras 1-4a); aquelas que se relacionam ao discurso, ao livro (à "segunda história"), são igualmente válidas para os romances *noirs* (regras 4b-7; a regra 8 é de uma generalidade ainda maior). Com efeito, no romance *noir* muitas vezes há mais de um detetive (*The Five Cornered Square*, de Chester Himes) e mais de um criminoso (*The Fast Buck*, de James Hadley Chase). O criminoso é quase obrigatoriamente um profissional e não mata por razões pessoais ("o matador de aluguel"); ademais, é muitas vezes um policial. O amor – "preferencialmente bestial" – tem também seu lugar. Em contrapartida, as explicações fantásticas, as descrições e as análises psicológicas permanecem banidas; o criminoso deve sempre ser uma das personagens principais. Quanto à regra 7, ela perdeu sua pertinência com o desaparecimento da dupla história. O que sugere que a evolução afetou sobretudo a parte temática, mais do que a estrutura do próprio discurso (Van Dine não percebeu a necessidade do mistério e, por conseguinte, da dupla história, considerando-a sem dúvida como implícita).

Elementos à primeira vista insignificantes podem estar codificados em um ou em outro tipo de romance policial: um gênero reúne particularidades situadas em diferentes níveis de generalidade. Assim, o romance *noir*, ao qual toda a ênfase nos procedimentos literários é alheia, não reserva suas surpresas para as últimas linhas do capítulo; ao passo que o romance de enigma, que legaliza a convenção literária explicitando-a em sua "segunda história", terminará muitas vezes o capítulo com uma revelação surpreendente ("O senhor é o assassino", como dirá Poirot ao narrador em *O assassinato de Roger Ackroyd*). Por outro lado, certos traços de estilo no romance *noir* lhe pertencem especificamente. As descrições são apresentadas sem ênfase, mesmo quando se descrevem fatos assustadores; pode-se dizer que elas têm uma conotação de frieza, senão de cinismo ("Joe sangrava como um porco. Incrível que um velho pudesse sangrar tanto", escreve Horace McCoy em *Diz adeus ao dia de amanhã*). As comparações evocam uma certa aspereza (descrição das mãos: "sentia que se um dia suas mãos agarrassem minha garganta, ele me faria jorrar sangue pelos ouvidos", conta J. H. Chase em *You Never Know With Women*). Basta ler tal passagem para ter certeza de que se tem um romance *noir* nas mãos.

Não é surpreendente que entre essas duas formas tão diferentes tenha podido surgir uma terceira, que combina suas propriedades: o romance de suspense. Do romance de enigma, ele mantém o mistério e as duas histórias, a do passado e a do presente; mas ele se recusa a reduzir a segunda a uma simples detecção da verdade. Como no romance *noir*, é essa segunda história que ocupa aqui o lugar central. O leitor está interessado não só pelo que aconteceu antes, mas também pelo que vai acontecer mais tarde; ele se pergunta tanto sobre o futuro como sobre o passado. Os dois tipos de interesse encontram-se, pois, reunidos aqui: há a curiosidade de saber como se explicam os acontecimentos passados; e há também o suspense: o que acontecerá com as personagens principais? Elas gozavam de uma imunidade, lembre-se, no romance de enigma; aqui, arriscam sua vida sem cessar. O mistério tem uma função diferente da que possuía no romance de enigma: é antes um ponto de partida, e o interesse principal vem da segunda história, que se desenrola no presente.

Em termos históricos, essa forma do romance policial surgiu em dois momentos: ela serviu de transição entre o romance de enigma e o romance *noir*; e existiu ao mesmo tempo que este último. A esses dois períodos correspondem dois subtipos do romance de suspense. O primeiro, que se poderia chamar de a "história do detetive vulnerável", é atestado sobretudo pelos romances de Hammett e de Chandler. Seu traço principal é que o detetive perde sua imunidade, ele se deixa "espancar", ferir, arrisca constantemente sua vida, em suma, ele está integrado ao universo das outras personagens, em vez de ser um observador independente, como é o leitor (lembremo-nos da analogia detetive-leitor de Van Dine). Esses romances são habitualmente classificados como romances *noirs* por causa do meio que descrevem, mas vemos que sua composição os aproxima sobretudo dos romances de suspense.

O segundo tipo de romance de suspense quis se livrar do meio convencional dos profissionais do crime e voltar ao crime pessoal do romance de enigma, conformando-se completamente à nova estrutura. O resultado é um romance que se pode chamar de a "história do suspeito-detetive". Nesse caso, um crime é cometido nas primeiras páginas e as suspeitas da polícia recaem sobre determinada pessoa (que é a personagem principal). Para provar sua inocência, essa pessoa deve encontrar ela própria o verdadeiro culpado, mesmo que para isso arrisque a vida. Pode-se dizer que, nesse caso, a personagem é ao mesmo tempo o detetive, o culpado (aos olhos da polícia) e a vítima (potencial, dos verdadeiros assassinos). Muitos romances de Irish, Patrik Quentin e Charles Williams são construídos sobre esse modelo.

Tzvetan Todorov

É muito difícil dizer se as formas que acabamos de descrever correspondem a etapas de uma evolução ou se podem existir ao mesmo tempo. O fato de podermos encontrar diversos tipos delas em um mesmo autor, antecedendo o grande florescimento do romance policial (como em Conan Doyle ou Maurice Leblanc) nos fará tender para a segunda solução, tanto mais que essas três formas coexistem perfeitamente hoje em dia. Mas é bastante notável que a evolução do romance policial em suas grandes linhas tenha seguido precisamente a sucessão dessas formas. Poderia ser dito que, a partir de certo momento, o romance policial sente como um peso injustificado as restrições de tal ou qual gênero, e se livra delas para formar um novo código. A regra do gênero é percebida como uma restrição a partir do momento em que ela se transforma em pura forma, e não se justifica mais pela estrutura do conjunto. Assim, nos romances de Hammett e de Chandler, o mistério global tinha se tornado puro pretexto, e o romance *noir* que o sucedeu livrou-se dele, para melhor elaborar essa outra forma de interesse que é o suspense, e se concentrar em torno da descrição de um meio. O romance de suspense, nascido após os grandes anos do romance *noir*, considerou esse meio como um atributo inútil, e preservou apenas o próprio suspense. Mas foi preciso, ao mesmo tempo, reforçar a intriga e restabelecer o antigo mistério. Os romances que tentaram prescindir tanto do mistério como do meio próprio à "série *noire*" – por exemplo *Suspeita*, de Francis Iles, ou *O talentoso Ripley*, de Patricia Highsmith – são muito pouco numerosos para que se possa considerá-los como um gênero à parte.

Chegamos aqui a uma última questão: que fazer dos romances que não cabem em minha classificação? Parece-me que não é por acaso que os romances, como os que acabo de mencionar, sejam

Poética da prosa

julgados habitualmente pelo leitor como situados à margem do gênero, como uma forma intermediária entre o romance policial e o romance puro e simples. No entanto, se essa forma (ou outra) torna-se o germe de um novo gênero de livros policiais, isso não será um argumento contra a classificação proposta; como eu já disse, o novo gênero não se constitui necessariamente a partir da negação do traço principal do antigo, mas a partir de um complexo de propriedades diferentes, sem a preocupação de formar com o primeiro um conjunto logicamente harmonioso.

1966

5
A narrativa primitiva

Fala-se às vezes de uma narrativa simples, sadia e natural, de uma narrativa primitiva, que não conheceria os vícios das narrativas modernas. Os romancistas atuais afastam-se da boa e velha narrativa, não seguem mais suas regras, por razões sobre as quais ainda não há um acordo: isso se deve a uma perversidade inata da parte dos romancistas ou a um vão desejo de originalidade, por obediência cega à moda?

Perguntamo-nos quais são as narrativas concretas que permitiram tal indução. É muito instrutivo, em todo caso, reler nessa perspectiva a *Odisseia*, essa primeira narrativa, que deveria *a priori* melhor corresponder à imagem da narrativa primitiva. Raramente se encontrarão, nas obras mais recentes, tantas "perversidades" acumuladas, tantos procedimentos que fazem dessa obra tudo, menos uma narrativa simples.

A imagem da narrativa primitiva não é uma imagem fictícia, pré-fabricada para as necessidades de uma discussão. Ela está implícita tanto em juízos sobre a literatura atual como em certos comentários eruditos sobre as obras do passado. Fundamentando-se em uma estética própria da narrativa primitiva, os comentadores dos textos antigos declaram estranha ao corpo da obra tal ou qual de suas partes; e, o que é pior, acreditam não ter como referência nenhuma estética particular. Precisamente, a propósito da *Odisseia*, sobre a qual não se dispõe de certeza histórica, essa estética determina as decisões dos eruditos sobre as "inserções" e as "interpolações".

Seria fastidioso enumerar todas as leis dessa estética. Lembremos as principais.

A lei da verossimilhança: todas as falas, todas as ações de uma personagem devem estar de acordo segundo uma verossimilhança psicológica – como se desde sempre se tivesse julgado verossímil a mesma combinação de qualidades. Assim nos foi dito: "Toda essa passagem era vista como uma adição desde a Antiguidade porque aquelas falas pareciam corresponder muito mal ao retrato de Nausícaa que o poeta fez em outra parte".

A lei de unidade dos estilos: o vulgar e o sublime não podem se misturar. Daí nos dirão que tal passagem "indecorosa" deve naturalmente ser considerada uma interpolação.

A lei da prioridade do sério: toda versão cômica de uma narrativa segue no tempo sua versão séria; prioridade temporal também do bom sobre o ruim: é mais antiga a versão que nós julgamos hoje a melhor. "Essa entrada de Telêmaco no palácio de Menelau é uma imitação da entrada de Ulisses no palácio de Alcínoo, o que parece indicar que a *Viagem de Telêmaco* foi composta após as *Narrativas do palácio de Alcínoo*."

A lei da não contradição (pedra angular de toda crítica de erudição): se uma incompatibilidade referencial surge da justaposição de duas passagens, pelo menos uma das duas é inautêntica. A ama chama-se Euricleia na primeira parte da *Odisseia*, Eurínome, na última; portanto, as duas partes possuem autores diferentes. Segundo a mesma lógica, as duas partes de *O adolescente* não podem ter sido escritas por Dostoiévski. Diz-se que Ulisses é mais jovem do que Nestor, mas ele encontra Ífito, que morreu durante a infância de Nestor: como poderia essa passagem não ser interpolada? Da mesma forma, deveriam ser excluídas como inautênticas várias páginas de *Em busca do tempo perdido,* em que o jovem Marcel parece ter várias idades em um mesmo momento da história. Ou ainda: "Nesses versos se reconhece a sutura malfeita de uma longa interpolação; pois como Ulisses poderia falar de ir dormir quando estava acordado que ele partiria no mesmo dia?". Os diferentes atos de *Macbeth* têm assim, eles também, autores diferentes, uma vez que ficamos sabendo no primeiro que Lady Macbeth tinha filhos e, no último, que ela jamais os teve.

As passagens que não obedecem ao princípio da não contradição são inautênticas; mas o próprio princípio não o é?

A lei da não repetição (por mais difícil que seja acreditar que se possa imaginar uma tal lei estética): em um texto autêntico não há repetições. "A passagem que começa aqui vem repetir pela terceira vez a cena do tamborete e do escabelo que Antínoo e Eurímaco tinham lançado anteriormente contra Ulisses [...] Essa passagem pode assim, legitimamente, parecer suspeita." De acordo com esse princípio, poderia ser cortada uma boa metade da *Odisseia* por ser "suspeita" ou ainda por ser "uma repetição chocante". É difícil, no entanto, imaginar uma descrição da epopeia que não se dê conta das repetições, de tal forma elas parecem ter um papel fundamental.

A lei antidigressiva: toda digressão da ação principal é acrescentada mais tarde por um autor diferente.

Tzvetan Todorov

Do verso 222 ao verso 286 insere-se aqui um longo relato relacionado à chegada inesperada de um certo Teoclímenes, cuja genealogia nos será indicada em detalhes. Essa digressão, assim como as outras passagens que, mais tarde, se referirão a Teoclímenes, é pouco útil ao andamento da ação principal.

Ou melhor ainda:

Essa longa passagem dos versos 394-466, que Victor Bérard[1] considera uma interpolação, não deixa de parecer ao leitor de hoje uma digressão não somente inútil, mas ainda inoportuna, que suspende a narrativa em um momento crítico. Pode-se sem dificuldade removê-la do contexto.

Pensemos no que restaria de *Tristram Shandy* se fossem "removidas" todas as digressões que "interrompem tão desagradavelmente a narrativa"!

A inocência da crítica de erudição é, bem entendido, falsa: de maneira consciente ou não, esta aqui aplica a toda narrativa critérios elaborados a partir de algumas narrativas particulares (ignoro quais). Mas há também uma conclusão mais geral a ser tirada: a de que não existe "narrativa primitiva". Nenhuma narrativa é natural, uma escolha e uma construção sempre presidirão seu aparecimento: é um discurso e não uma série de acontecimentos. Não existe narrativa "apropriada" em oposição a narrativas "figuradas"; todas as narrativas são figuradas. Há apenas o mito da narrativa apropriada: e, na verdade, ele descreve uma

---

1 Bérard, *Introduction à l'Odyssée*, I, p.457.

Poética da prosa

narrativa duplamente figurada: a figura obrigatória é secundada por uma outra, que Du Marsais chamava de "corretiva": uma figura que está lá para dissimular a presença de outras figuras.

Antes do canto

Examinemos agora algumas das propriedades da narrativa na *Odisseia*. E, antes de tudo, tentemos caracterizar os tipos de discurso de que a narrativa se serve e que reencontramos na sociedade descrita pelo poema.

Existem dois grandes tipos de palavra, com propriedades tão diferentes que podemos indagar se pertencem de fato ao mesmo fenômeno: são a fala-ação e a fala-narrativa.

A fala-ação: trata-se aqui de realizar um ato que não é simplesmente a enunciação dessas palavras. Em geral esse ato é acompanhado, para aquele que fala, de um *risco*. Não se pode ter medo de falar ("o terror os fazia enverdecer, e só Eurímaco conseguia responder-lhe").[2] A piedade corresponde ao silêncio, a fala se liga à revolta ("O homem deveria sempre evitar ser ímpio, mas gozar *em silêncio* os dons que enviam os deuses").

Ájax, que assume os riscos da fala, perece, punido pelos deuses:

Ele se salvaria, apesar do ódio de Atena, se não tivesse proferido uma palavra ímpia e cometido uma louca transgressão: era a despeito dos deuses que escapava, disse ele, ao grande abismo dos mares! Poseidon o escutou, tão alto ele gritava. No mesmo instante, agarrando com suas mãos poderosas seu tridente, fendeu

---

2 Aqui e em outros trechos, cito a tradução francesa de Victor Bérard.

uma das Gireias. O bloco restou de pé mas uma parte no mar tombou, e era lá que se sentara Ájax para lançar sua blasfêmia: a onda, no mar imenso, o levou.

Toda a vingança de Ulisses, na qual se alternam astúcias e audácias, se traduz por uma série de silêncios e palavras, uns comandados por sua razão, as outras por seu coração. "Sem palavra dizer, previne-o Atena à sua chegada em Ítaca, será preciso padecer de muitos males e de prestar-te a tudo, mesmo à violência." Para não correr riscos, Ulisses deve se calar, mas quando segue os apelos de seu coração, ele fala: "Boieiro, e tu, porqueiro, posso vos dizer uma palavra? [...] seria melhor calar-me? [...] Obedeço ao meu coração e falo". Talvez haja falas piedosas que não comportem riscos; mas, em princípio, falar é ser audacioso, ousar. Assim, as palavras de Ulisses, que não faltam com o respeito ao interlocutor, têm como resposta: "Miserável! Vou sem mais castigar-te! Cuidado com esta língua! Vens falar aqui diante de todos estes heróis! Verdadeiramente tu não tens medo!" etc. O próprio fato de que alguém ouse falar justifica a constatação "tu não tens medo".

A passagem de Telêmaco da adolescência à virilidade é marcada quase unicamente pelo fato de que ele começa a falar: "Todos se surpreendiam, os dentes plantados nos lábios, que Telêmaco ousasse lhes falar tão alto". Falar é assumir uma responsabilidade, e por consequência é também correr perigo. O chefe da tribo tem o direito de falar, os outros se arriscam a falar por conta própria.

Se a fala-ação é considerada antes de tudo como um risco, a fala-narrativa é uma *arte* – da parte do locutor, bem como um prazer para os dois comunicantes. Os discursos fazem par aqui não com os perigos mortais, mas com as alegrias e as delícias. "Entregai-vos nesta sala ao prazer dos discursos, assim como às alegrias do festim!" "Eis as noites sem fim, que deixam tempo para o sono e para o prazer das histórias!"

Assim como o chefe de um povo era a encarnação do primeiro tipo de fala, aqui outro membro da sociedade torna-se seu campeão inconteste: o aedo. A admiração geral é dedicada ao aedo, pois ele sabe dizer bem: ele merece as maiores honrarias: "ele é tal que sua voz o iguala aos imortais"; é uma felicidade escutá-lo. Jamais um ouvinte comenta o conteúdo do canto, mas apenas a arte do aedo e sua voz. Em contrapartida, é impensável que Telêmaco, tendo subido à ágora para falar, seja recebido por observações sobre a qualidade de seu discurso; esse discurso é transparente e reage-se apenas à sua referência: "Que orador de cabeça exaltada! [...] Telêmaco, vejamos, abandona teus projetos e tuas palavras vis!" etc.

A palavra-narrativa encontra sua sublimação no canto das Sereias, que ao mesmo tempo vai além da dicotomia de base. As Sereias têm a mais bela voz da terra e seu canto é o mais belo – sem ser muito diferente daquele do aedo: "Viste o público olhar para o aedo, inspirado pelos deuses para a alegria dos mortais? Enquanto ele canta, nada mais se quer senão escutá-lo, e para sempre!". Já é difícil deixar o aedo enquanto ele canta; as Sereias são como um aedo que não se interrompe. O canto das Sereias é, assim, um degrau superior da poesia, da arte do poeta. Lembremo-nos, mais particularmente, da descrição que delas faz Ulisses. De que fala esse canto irresistível, que faz perecer de modo inevitável os homens que o escutam, tamanha é sua força de atração? É um canto que trata de si próprio. As Sereias dizem uma só coisa: que elas estão cantando! "Vem cá! Vem a nós!

Ulisses tão celebrado! Honra de Acaia! [...]. Para teu navio: vem escutar nossas vozes! Jamais uma nau negra dobrou nosso cabo sem ouvir as doces árias que saem de nossos lábios..." A palavra mais bela é aquela que fala de si.

Ao mesmo tempo, é uma palavra que se iguala ao ato mais violento de todos: (se) matar. Aquele que ouve o canto das Sereias não poderá sobreviver: cantar significa viver se escutar equivale a morrer. "Mas uma versão mais tardia da lenda", dizem os comentadores da *Odisseia*, "dizia que elas, de desgosto, se precipitaram ao mar do alto de seus rochedos, após a passagem de Ulisses." Se escutar equivale a viver, cantar significa morrer. Aquele que fala padece a morte se aquele que escuta lhe escapa. As Sereias fazem perecer aquele que as escuta porque, de outra forma, devem perecer elas próprias.

O canto das Sereias é, ao mesmo tempo, essa poesia que deve desaparecer para que haja vida, e essa realidade que deve morrer para que nasça a literatura. O canto das Sereias deve cessar para que um canto sobre as Sereias possa surgir. Se Ulisses não tivesse escapado das Sereias, se ele houvesse perecido ao lado de seu rochedo, não teríamos conhecido seu canto: todos aqueles que haviam escutado estavam mortos e não podiam retransmiti-lo. Ulisses, privando as Sereias da vida, deu-lhes, por intermédio de Homero, a imortalidade.

A palavra simulada

Se procuramos descobrir quais propriedades internas distinguem os dois tipos de fala, duas oposições independentes aparecem. Primeiro, no caso da fala-ação, reage-se ao aspecto referencial do enunciado (como se viu com Telêmaco); trata-se

Poética da prosa

de uma narrativa, o único aspecto que os interlocutores retêm/ conservam parece ser seu aspecto literal. A fala-ação é percebida como uma informação; a fala-narrativa, como um discurso. Em segundo lugar, e isso parece contraditório, a fala-narrativa concerne ao modo constatativo do discurso, enquanto a fala-ação é sempre um performativo. É no caso da fala-ação que o processo de enunciação adquire uma importância primordial e se torna o fator essencial do enunciado; a fala-narrativa trata de outra coisa e evoca a presença de um processo diferente do de sua enunciação. Contrariando nossos hábitos, a transparência vem de par com o performativo; a opacidade, com o constatativo.

O canto das Sereias não é o único que vem embaralhar essa configuração já complexa. Ele se soma a outro registro verbal, muito difundido na *Odisseia*, que se pode chamar de "palavra simulada". São as mentiras proferidas pelas personagens.

A mentira faz parte de um caso mais geral, que é o de toda fala inadequada. Pode-se designar assim o discurso no qual uma discrepância visível se opera entre a referência e o referente, entre o *designatum* e o *denotatum*. Ao lado da mentira, encontram-se aqui os erros, a fantasia, o maravilhoso. Assim que se toma consciência desse tipo de discurso, percebe-se quão frágil é a concepção segundo a qual a significação de um discurso é constituída por seu referente.

As dificuldades começam se procurarmos definir a que tipo de fala pertence a palavra simulada na *Odisseia*. Por um lado, ela só pode pertencer ao constatativo: apenas a fala constatativa pode ser verdadeira ou falsa, o performativo escapa a essa categoria. Por outro lado, falar para mentir não equivale a falar para constatar, mas sim para agir: toda mentira é necessariamente performativa. A palavra simulada é ao mesmo tempo narrativa e ação.

Tzvetan Todorov

O constatativo e o performativo interpenetram-se sem cessar. Mas essa interpenetração não anula a própria oposição. No interior da fala-narrativa, vemos agora dois polos distintos, embora haja passagem possível entre eles: por um lado, há o próprio canto do aedo; jamais se falará de verdade e mentira a seu respeito; o que mantém a atenção dos ouvintes é unicamente o aspecto literal do enunciado. Por outro lado, leem-se os inúmeros breves relatos que as personagens fazem umas para as outras ao longo da história, sem que isso as converta em aedos. Essa categoria de discurso é um degrau de aproximação com a fala-ação: a fala permanece aqui constatativa, mas adquire também outra dimensão, que é aquela do ato; todo relato é proferido para servir a uma finalidade precisa que não é apenas o prazer dos ouvintes. O constatativo está aqui encaixado no performativo. Disso resulta o profundo parentesco da narrativa com a palavra simulada. Resvala-se sempre na mentira, quando se trata da narrativa. Dizer verdades já é quase mentir.

Encontramos essa fala ao longo de toda a *Odisseia*. (Mas apenas em um plano: as personagens mentem umas para as outras, o narrador não nos mente jamais. As surpresas das personagens não são surpresas para nós. O diálogo do narrador com o leitor não é isomorfo ao das personagens entre si.) A aparição da palavra simulada é assinalada por uma marca particular: invoca-se necessariamente a verdade.

Telêmaco pergunta: "Mas vejamos, responde-me sem dissimulação, ponto por ponto: qual é teu nome, teu povo, e tua cidade, e tua raça? [...]". Atena, a deusa de olhos glaucos, replica: "Sim, vou te responder sobre tudo isso sem dissimulação. Chamo-me Mentes: tenho a honra de ser o filho do sábio Anquíalo, e comando nossos bons remadores de Tafos" etc.

O próprio Telêmaco mente ao porqueiro e à sua mãe, a fim de ocultar a chegada de Ulisses a Ítaca; e acompanham suas palavras fórmulas tais como "gosto de falar francamente", "eis, minha mãe, toda a verdade".

Ulisses diz: "Nada mais peço, Eumeu, senão dizer imediatamente à filha de Ícaro, a sábia Penélope, *toda a verdade*". Mais tarde vem o relato de Ulisses diante de Penélope, todo feito de mentiras. Do mesmo modo Ulisses, ao encontrar seu pai Laerte: "Sim, quanto a isso vou responder-te *sem dissimulação*". Seguem-se novas mentiras.

A invocação da verdade é um sinal de mentira. Essa lei parece tão forte que Eumeu, o porqueiro, dela deduz um correlato: a verdade carrega para ele um indício de mentira. Ulisses lhe conta sua vida; esse relato é inteiramente inventado (e precedido evidentemente da fórmula: "vou responder-te *sem dissimulação*"), exceto em um detalhe: é que Ulisses ainda está vivo. Eumeu acredita em tudo, mas acrescenta:

> Há apenas um ponto, sabes, que me parece inventado. Não! Não! Não acredito nos contos sobre Ulisses! Em teu estado, por que essas vastas mentiras? Estou bem informado sobre o retorno do mestre! É a ira de todos os deuses que o esmaga...

A única parte do relato que ele considera falsa é a única verdadeira.

Os relatos de Ulisses

Vê-se que as mentiras aparecem com mais frequência nos relatos de Ulisses. Esses relatos são numerosos e cobrem boa parte da *Odisseia*. A *Odisseia* não é, portanto, uma simples narrativa, mas uma narrativa de relatos; ela consiste na explicitação dos relatos que as personagens fazem umas para as outras. Ainda uma vez, nada há de uma narrativa primitiva e natural; esta deveria, ao que parece, dissimular sua natureza de narrativa, ao passo que a *Odisseia* a exibe sem cessar. Mesmo a narrativa proferida em nome do narrador não escapa a essa regra, posto que há, na *Odisseia*, um aedo cego que canta, precisamente, as aventuras de Ulisses. Estamos diante de um discurso que não procura dissimular seu processo de enunciação, mas explicitá-lo. Ao mesmo tempo, essa explicitação revela rapidamente seus limites. Tratar do processo de enunciação no interior do enunciado é produzir um enunciado cujo processo de enunciação fica sempre por descrever. A narrativa que trata da sua própria criação jamais pode se interromper, exceto de modo arbitrário, pois resta sempre um relato por fazer, resta sempre contar como esse relato que se está lendo ou escrevendo pôde surgir. A literatura é infinita, no sentido de que ela fala sempre de sua própria criação. O esforço da narrativa, de se revelar por uma autorreflexão, só pode redundar em fracasso; cada nova declaração acrescenta uma nova camada a essa densidade que esconde o processo de enunciação. Essa vertigem infinita só cessará se o discurso adquirir uma perfeita opacidade: nesse momento, o discurso se diz sem que tenha necessidade de falar de si mesmo.

Em seus relatos, Ulisses não sente tais tipos de remorso. As histórias que ele conta formam, aparentemente, uma série de variações, pois Ulisses trata sempre da mesma coisa: contar sua vida. Mas o teor da história muda segundo o interlocutor, que é sempre diferente: Alquino (nossa narrativa de referência), Atena, Eumeu, Telêmaco, Antínoo, Penélope, Laerte. A multidão desses relatos faz de Ulisses não só uma encarnação viva da palavra simulada, mas também permite descobrir algumas constantes. Todo relato de Ulisses é determinado por seu fim, pelo ponto de chegada: serve para justificar a situação presente. Esses relatos concernem sempre a algo já feito e ligam um passado a um presente: eles devem terminar por um "eu – aqui – agora". Se os relatos divergem é porque as situações nas quais foram proferidos são diferentes. Ulisses aparece bem vestido diante de Atena e Laerte: o relato deve explicar sua riqueza. Ao contrário, nos outros casos, ele está coberto de andrajos e a história contada deve justificar esse estado. O conteúdo do enunciado é inteiramente ditado pelo processo de enunciação: a singularidade desse tipo de discurso aparece ainda com mais força se pensarmos nessas narrativas mais recentes, nas quais não é o ponto de chegada mas o ponto de partida que é o único elemento fixo. Nessas, um passo adiante é um passo rumo ao desconhecido, a direção a seguir é recolocada em questão a cada novo movimento. Aqui, é o ponto de chegada que determina o caminho a percorrer. A narrativa de Tristram Shandy, essa mesma, não liga um presente a um passado, nem mesmo um passado a um presente, mas um presente a um futuro.

Há dois Ulisses na *Odisseia*: um que vive as aventuras, outro que as conta. É difícil dizer qual dos dois é a personagem principal. Atena, ela própria, hesita. "Pobre eterno fanfarrão! Só tens fome só de artimanhas! [...] Voltas à tua terra e ainda pensas unicamente nas bravatas, nas mentiras caras ao teu coração desde a infância [...]" Se Ulisses leva tanto tempo para voltar para casa é porque esse não é seu desejo profundo: seu desejo é o do narrador (quem conta as mentiras de Ulisses: Ulisses ou Homero?). Ora, o narrador deseja contar. Ulisses não quer voltar para Ítaca para que a história possa continuar. O tema da *Odisseia* não é o retorno de Ulisses a Ítaca; esse retorno é, ao contrário, a morte da *Odisseia*, seu fim. O tema da *Odisseia* são os relatos que formam a *Odisseia*, é a *Odisseia* propriamente dita. É por isso que, voltando à sua terra, Ulisses não pensa nisso nem se alegra; ele pensa apenas nas "bravatas e nas mentiras": ele pensa a *Odisseia*.

Um futuro profético

Os relatos mentirosos de Ulisses são uma forma de repetição: discursos diferentes dissimulam uma referência idêntica. Outra forma de repetição é constituída pelo emprego muito particular do futuro na *Odisseia* e que se pode chamar de profético. Trata-se mais uma vez de uma identidade da referência; mas, além dessa semelhança com as mentiras, há também uma oposição simétrica: trata-se aqui de enunciados idênticos cujos processos de enunciação diferem; no caso das mentiras, é o processo de enunciação que era idêntico, a diferença situando-se entre os enunciados.

O futuro profético da *Odisseia* se aproxima mais de nossa imagem habitual da repetição. Essa modalidade narrativa aparece na diferentes formas de predição e é sempre secundada por uma descrição da ação predita realizada. Quase todos os acontecimentos da *Odisseia* encontram-se, assim, contados duas ou inúmeras vezes (o retorno de Ulisses sendo pressagiado muito mais que uma vez). Mas esses dois relatos dos mesmos acontecimentos não se encontram no mesmo plano; eles se opõem, no interior desse discurso que é a *Odisseia*, como um discurso se opõe a uma realidade. Com efeito, o futuro parece entrar, com todos os outros tempos do verbo, em uma oposição, cujos termos são a ausência e a presença de uma realidade, do referente; o presente e o passado referem-se a um ato que não é o próprio discurso.

Poética da prosa

Podem-se destacar várias subdivisões no interior do futuro profético. Em primeiro lugar, do ponto de vista do estado ou da atitude do sujeito da enunciação. Às vezes, são os deuses que falam no futuro: esse futuro não é uma suposição, mas uma certeza, o que eles projetam se realizará. É o caso de Circe, Calipso ou Atena, que profetizam a Ulisses o que vai lhe acontecer. Ao lado desse futuro divino, há o futuro divinatório dos homens: os homens tentando ler os sinais que os deuses lhes enviam. Assim, uma águia passa. Helena se levanta e diz: "Eis que a profecia que um deus me lança ao coração e que irá se cumprir [...] Ulisses voltará para casa para se vingar [...]". Múltiplas outras interpretações humanas dos sinais divinos encontram-se dispersas na *Odisseia*. Por fim, às vezes são os homens que projetam seu futuro; assim Ulisses, no início do canto 19, projeta nos mínimos detalhes a cena que seguirá pouco depois. Aqui são relatadas também certas falas imperativas.

Os presságios dos deuses, as profecias dos adivinhos, os projetos dos homens: todos se realizam, todos se revelam justos. O futuro profético não pode ser falso. Há, no entanto, um caso em que se produz essa combinação impossível: Ulisses, ao reencontrar Telêmaco ou Penélope em Ítaca, pressagia que Ulisses retornará à sua terra natal e verá os seus. O futuro só pode ser falso se o que ele prediz é verdadeiro – já verdadeiro.

Outra gama de subdivisões nos é oferecida pelas relações do futuro com a instância do discurso. O futuro que irá se realizar no curso das páginas seguintes é apenas um desses tipos: vamos chamá-lo de futuro prospectivo. Ao lado dele existe o futuro retrospectivo; é o caso em que nos contam um acontecimento sem deixar de nos lembrar que ele já fora previsto de antemão. Assim, o Ciclope, ao tomar conhecimento de que o nome de seu algoz é Ulisses: "Ah! Miserável! Vejo cumprirem-se os oráculos de nosso velho adivinho! [...] Ele havia predito o que me aconteceria e que, nas mãos de Ulisses, eu me tornaria cego [...]". Assim, Alcínoo, vendo seus barcos naufragarem diante de sua própria cidade: "Ah! Miséria! Vejo cumprirem-se os oráculos do velho tempo de meu pai" etc. Todo acontecimento não discursivo é apenas a realização de um discurso, a realidade é apenas uma realização.

Essa certeza da realização dos acontecimentos preditos afeta profundamente a noção de intriga. A *Odisseia* não comporta nenhuma surpresa; tudo está dito de antemão; e tudo que é dito se realiza. Isso a coloca mais uma vez em oposição radical às narrativas posteriores, nas quais a intriga desempenha uma função bem mais importante, nas quais não sabemos o que ocorrerá. Na *Odisseia*, não apenas sabemos o que irá acontecer, como isso nos é dito com indiferença. Assim, a propósito de Antínoo: "Será ele o primeiro a sentir o gosto das flechas enviadas pela mão do eminente Ulisses" etc. Essa frase que aparece no discurso do narrador seria impensável em um romance mais recente. Se continuamos a chamar de intriga o fio dos acontecimentos no interior da história, é unicamente por facilidade: o que tem em comum a intriga de causalidade que nos é habitual com essa intriga de predestinação própria da *Odisseia*?

1967

6
Os homens-narrativa

"O que é uma personagem senão a determinação da ação? O que é a ação senão a ilustração da personagem? O que é um quadro ou um romance que *não seja* uma descrição de caracteres? Que outra coisa buscamos, encontramos neles?"

Essas exclamações são de Henry James e se encontram em seu célebre artigo *A arte da ficção* (1884). Duas ideias gerais emergem através delas. A primeira concerne à ligação indefectível entre os diferentes constituintes da narrativa: as personagens e a ação. Não há personagem sem ação, nem ação independente da personagem. Mas, sub-repticiamente, uma segunda ideia aparece nas últimas linhas: se ambas estão indissoluvelmente ligadas, uma é sem dúvida mais importante do que a outra: as personagens. Ou seja, os caracteres, a psicologia. Toda narrativa é "uma descrição de caracteres".

É raro que se observe um caso tão puro de egocentrismo que passa por universalismo. Se o ideal teórico de James fosse uma narrativa, em que tudo é submetido à psicologia

105

das personagens, seria difícil ignorar a existência de toda uma tendência da literatura em que as ações não estão ali para servir como "ilustração" da personagem, mas em que, ao contrário, as personagens estão submetidas à ação; em que, por outro lado, a palavra "personagem" significa algo completamente diferente de uma coerência psicológica ou descrição de caráter. Essa tendência, da qual a *Odisseia* e o *Decameron*, as *Mil e uma noites* e o *Manuscrito de Saragoça* são algumas das manifestações mais célebres, pode ser considerada um caso-limite de apsicologismo literário.

Tentemos observá-la mais de perto tomando como exemplo as duas últimas obras.[1]

Habitualmente nos contentamos, ao tratar de livros como as *Mil e uma noites*, em dizer que a análise interna dos caracteres está ausente neles, que não há descrição dos estados psicológicos; mas essa maneira de descrever o apsicologismo não escapa da tautologia. Seria preciso, para caracterizar melhor esse fenômeno, partir de certa imagem do andamento da narrativa, quando esta obedece a uma estrutura causal. Pode-se assim representar qualquer momento da narrativa sob a forma de uma oração simples, que entra em relação de consecução (indicada por um $+$) ou de consequência (indicada por $=>$) com as orações anteriores e seguintes.

---

1 O acesso ao texto desses livros ainda apresenta sérios problemas. Conhecemos a história tumultuada das traduções das *Mil e uma noites*; a referência utilizada será a nova tradução de René Khawam (t. I: *Damas insignes e servidores galantes*; t. II: *Os corações desumanos*). Os dois outros volumes dessa tradução foram publicados posteriormente. Para os contos ainda não publicados nessa tradução, usaremos a edição de Galland. Quanto ao texto de Potocki, ainda incompleto em francês, minhas referências serão o *Manuscrit trouvé à Saragoçe* e *Avadoro, histoire espagnole*.

Poética da prosa

A primeira oposição entre a narrativa recomendada por James e a das *Mil e uma noites* pode ser assim ilustrada: havendo uma oração "X vê Y", o importante para James é X, e para Xerazade, Y. A narrativa psicológica considera cada ação como uma via que dá acesso à personalidade daquele que age, como uma expressão ou então como um sintoma. A ação não é considerada em si mesma, ela é *transitiva* quanto a seu sujeito. A narrativa apsicológica, ao contrário, se caracteriza por suas ações intransitivas: a ação importa em si mesma e não como indício de algum traço de caráter. Pode-se dizer que as *Mil e uma noites* remetem a uma literatura *predicativa*: a ênfase incidirá sempre sobre o predicado e não sobre o sujeito da oração. O exemplo mais conhecido dessa eliminação do sujeito gramatical é a história de Simbá, o Marujo. Mesmo Ulisses sai de suas aventuras mais determinado do que Simbá: sabemos que Ulisses é astuto, prudente etc. Nada disso podemos dizer de Simbá: sua narrativa (embora feita na primeira pessoa) é impessoal; deveríamos anotá-la não como "X vê Y", mas "Vê-se Y". Apenas o mais frio relato de viagem pode rivalizar com as histórias de Simbá, por sua impessoalidade; mas não qualquer relato de viagem: pensemos na *Viagem sentimental* de Sterne!

A supressão da psicologia ocorre aqui no interior da oração narrativa; ela continua, com maior sucesso ainda, no campo das relações entre as orações. Certo traço de caráter provoca uma ação; mas há duas formas diferentes de fazê-lo. Poderíamos falar de uma causalidade *imediata* oposta a uma causalidade *mediatizada*. A primeira seria do tipo "X é corajoso $=>$ X desafia o monstro". Na segunda, o surgimento da primeira oração não seria seguido de nenhuma consequência; mas, no curso da narrativa, X apareceria como alguém que age com coragem. É uma causalidade difusa, descontínua, que não se traduz em uma única ação, mas em aspectos secundários de uma série de ações, em geral distantes umas das outras.

Ora, as *Mil e uma noites* não apresentam essa segunda causalidade. Acabamos de saber que as irmãs da sultana estão enciumadas e logo em seguida elas já colocam um cachorro, um gato e um pedaço de madeira no lugar dos filhos dela. Cassim é ambicioso e, portanto, vai procurar dinheiro. Todos os traços de caráter são imediatamente causais; assim que aparecem, provocam uma ação. A distância entre o traço psicológico e a ação que ele provoca é mínima; em vez de uma oposição qualidade/ ação, trata-se da oposição entre dois aspectos da ação, durativo/ pontual, ou iterativo/não iterativo. Simbá gosta de viajar (traço de caráter) $=>$ Simbá parte em viagem (ação): a distância entre os dois tende a uma redução total.

Outra maneira de observar a redução dessa distância é buscar ver se uma mesma oração atributiva pode ter, no decorrer da narrativa, várias consequências diferentes. Em um romance do século XIX, a oração "X tem ciúmes de Y" pode levar a "X foge do mundo", "X se suicida", "X corteja Y", "X prejudica Y". Nas *Mil e uma noites* só há uma possibilidade: "X tem ciúmes de $Y => X$ prejudica Y". A estabilidade da relação entre as duas orações priva o antecedente de toda autonomia, de todo sentido intransitivo. A implicação tende a se tornar uma identidade. Se os consequentes forem mais numerosos, o antecedente terá um valor próprio maior.

Tocamos aqui em uma propriedade curiosa da causalidade psicológica. Um traço de caráter não é simplesmente a causa de uma ação, nem apenas seu efeito: é os dois ao mesmo tempo, assim como a ação. X mata sua mulher porque é cruel; mas ele

Poética da prosa

é cruel porque mata a mulher. A análise causal da narrativa não remete a uma origem, primeira e imutável, que seria o sentido e a lei das imagens posteriores; em outras palavras, em estado puro, é preciso poder compreender essa causalidade fora do tempo linear. A causa não é um *antes* primordial, ela é apenas um dos elementos do par "causa-efeito", sem que um seja, por isso, superior ao outro.

Seria, portanto, mais justo dizer que a causalidade psicológica antes duplica a causalidade factual (a das ações) do que interfere nela. As ações se provocam reciprocamente; e, além disso, surge um par causa-efeito psicológico, mas em um plano diferente. É aqui que se pode questionar a coerência psicológica: esses "suplementos" relativos ao caráter podem ou não formar um sistema. As *Mil e uma noites* mais uma vez oferecem um exemplo extremo. Tomemos o famoso conto de Ali Babá. A mulher de Cassim, irmão de Ali Babá, está inquieta com o desaparecimento do marido. "Ela passa a noite chorando." No dia seguinte, Ali Babá traz o corpo do irmão despedaçado e diz, à guisa de consolação:

Cunhada, eis para vós um motivo de aflição ainda maior por ser o que menos esperáveis. Embora o mal seja irremediável, se houver algo, entretanto, capaz de vos consolar, ofereço-vos de juntar os poucos bens que Deus me enviou aos vossos, desposando-vos...

Reação da cunhada:

Ela não recusou o partido, encarou-o pelo contrário como um motivo razoável de consolo. Enxugando as lágrimas que começara a verter com abundância, e suprimindo os gritos agudos comuns às mulheres que perderam os maridos, ela testemunhou suficientemente a Ali Babá que aceitava sua oferta...[2]

Assim passa do desespero à alegria a mulher de Cassim. Os exemplos similares são incontáveis.

É claro que, ao contestar a existência de uma coerência psicológica, entramos no domínio do bom senso. Existe, sem dúvida, outra psicologia em que esses dois atos consecutivos formam uma unidade. Mas as *Mil e uma noites* pertencem ao domínio do bom senso (do folclore); e a abundância de exemplos é suficiente para convencer de que não se trata aqui de outra psicologia, nem mesmo de uma antipsicologia, mas sim de apsicologia.

A personagem nem sempre é, como pretende James, a determinação da ação; e nem toda narrativa consiste em uma "descrição de caracteres". Mas então o que é a personagem? As *Mil e uma noites* nos dão uma resposta muito clara que o *Manuscrito de Saragoça* retoma e confirma: a personagem é uma história virtual que é a história de sua vida. Toda nova personagem significa uma nova intriga. Estamos no reino dos homens-narrativas.

Esse fato afetará profundamente a estrutura da narrativa.

Digressões e engastes

O surgimento de uma nova personagem provoca inevitavelmente a interrupção da história anterior, para que uma nova história, aquela que explica o "estou aqui agora" da nova personagem, nos seja contada. Uma segunda história é englobada na primeira; esse procedimento é chamado engaste [*enchâssement*].

---

2 Galland, III.

Poética da prosa

Evidentemente, essa não é a única justificação para o engaste. As *Mil e uma noites* já nos oferecem outras: assim, em "O pescador e o gênio",[3] as histórias engastadas servem de argumento. O pescador justifica sua falta de piedade pelo gênio com a história de Duban; nesta, o rei defende sua posição com a história do homem ciumento e do periquito; o vizir defende a sua contando a do príncipe e da vampira. Se as personagens continuam as mesmas na história engastada e na história engastante, essa própria motivação é inútil: em "História das duas irmãs invejosas da caçula",[4] o relato do afastamento dos filhos do sultão do palácio e de seu reconhecimento pelo sultão engloba a história da aquisição dos objetos mágicos; a sucessão temporal é a única motivação. Mas a presença dos homens-narrativas decerto é a forma de engaste mais surpreendente.

A estrutura formal do engaste coincide (e sem dúvida não é uma coincidência gratuita) com a de uma forma sintática, caso particular da subordinação, à qual a Linguística moderna dá precisamente o nome de engaste (*embedding*). Para desnudar essa estrutura, tomemos este exemplo do alemão (a sintaxe alemã permite engastes bem mais espetaculares):[5]

Derjenige, der den Mann, der den Pfahl, der auf der Brücke, der auf dem Weg, der nach Worms führt, liegt, steht, umgeworfen hat, anzeigt, bekommt eine Belohnung. (Aquele que denunciar a pessoa que derrubou o poste erguido sobre a ponte que se encontra no caminho que leva a Worms receberá uma recompensa).

---

3 Khawam, II.

4 Galland, III.

5 Tomo-o de empréstimo a Kl. Baumgartner, Formale Erklarung poetischer Texte, *Matematik und Dichtung*, p.77.

Na frase, a aparição de um substantivo provoca de imediato uma oração subordinada que, por assim dizer, conta sua história; mas como essa segunda oração também contém um substantivo, ela pede por sua vez uma oração subordinada, e assim por diante, até uma interrupção arbitrária, a partir da qual retomamos alternadamente cada uma das orações interrompidas. A narrativa de engaste tem exatamente a mesma estrutura, sendo o papel de substantivo interpretado pela personagem: cada nova personagem resulta em uma nova história.

As *Mil e uma noites* contêm exemplos de engaste não menos vertiginosos. O recorde parece pertencer à história da mala sangrenta.[6] Com efeito, nela

Xerazade conta que

Jafar conta que

o alfaiate conta que

o barbeiro conta que

seu irmão (e ele tem seis) conta que...

A última é uma história de quinto grau; mas é verdade que os dois primeiros graus são totalmente esquecidos e não têm nenhuma função. O que não é o caso de uma das histórias do *Manuscrito de Saragoça*,[7] no qual

Alphonso conta que

Avadoro conta que

Don Lopez conta que

Busqueros conta que

Frasquetta conta que...

---

6 Khawam, I.

7 *Avadoro*, III.

e no qual todos os graus, com exceção do primeiro, estão estreitamente ligados e são incompreensíveis se isolados uns dos outros.[8]

Mesmo que a história engastada não se conecte diretamente à história engastante (pela identidade das personagens), é possível que personagens passem de uma história a outra. Assim, o barbeiro intervém na história do alfaiate (salva a vida do corcunda). Quanto a Frasquetta, ela atravessa todos os graus intermediários para chegar à história de Avadoro (é ela a amante do cavaleiro de Toledo); o mesmo acontece com Busqueros. Essas passagens de um grau a outro têm um efeito cômico no *Manuscrito*.

O processo de engaste chega ao seu apogeu com o autoengaste, isto é, quando a história engastante se encontra, em um quinto ou sexto grau, engastada nela mesma. Esse "desnudamento do processo" está presente nas *Mil e uma noites*, e é bem conhecido o comentário de Borges a respeito:

Nenhuma [interpolação] é tão perturbadora quanto a da sexcentésima segunda noite, mágica entre as noites. Nessa noite, o rei ouve da boca da rainha sua própria história. Escuta a história

---

8 Não me proponho aqui a estabelecer tudo o que no *Manuscrito encontrado em Saragoça* vem das *Mil e uma noites*, mas com certeza é uma grande parte. Contento-me em assinalar algumas das coincidências mais notáveis: os nomes de Zibelda e Emina, as duas irmãs maléficas, recordam os de Zobeide e Amina ("História de três mendigos...", Galland, I); o tagarela Busqueros, que impede o encontro de Don Lopez, está ligado ao barbeiro tagarela que realiza a mesma ação (Khawam, I); a mulher encantadora que se transforma em vampira está presente em "O príncipe e a vampira" (Khawam, II); as duas mulheres de um homem que se refugiam, em sua ausência, na mesma cama aparecem na "História dos amores de Camaralzaman" (Galland, II) etc. Mas essa com certeza não é a única fonte do *Manuscrito*.

inicial, que abrange todas as outras, que – monstruosamente – contém a si mesma [...] Se a rainha continuar, o rei imóvel escutará para sempre a história truncada das *Mil e uma noites*, doravante infinita e circular [...]".

Nada escapa mais do mundo narrativo, restaurando o conjunto da experiência.

A importância do engaste é indicada pelas dimensões das histórias engastadas. Pode-se falar de digressões quando estas são mais longas que a história da qual elas partem? Pode-se considerar um suplemento, um engaste gratuito, todos os contos das *Mil e uma noites* por estarem todos engastados no de Xerazade? Da mesma forma, no *Manuscrito*: embora a história básica parecesse ser a de Alphonso, é o loquaz Avadoro que, de fato, cobre com seus relatos mais de três quartos do livro.

Mas qual é a significação interna do engaste, por que todos esses meios encontram-se reunidos para lhe dar importância? A estrutura da narrativa nos fornece a resposta: o engaste é uma explicitação da propriedade mais essencial de toda narrativa. Pois a narrativa-engaste é a *narrativa de uma narrativa*. Ao contar a história de outra narrativa, a primeira atinge seu tema fundamental e, ao mesmo tempo, se reflete nessa imagem de si mesma; a narrativa engastada é a um só tempo a imagem dessa grande narrativa abstrata da qual todas as outras são apenas partes ínfimas, e também da narrativa engastante, que a precede diretamente. Ser o relato de um relato é o destino de toda narrativa, que se realiza através do engaste.

As *Mil e uma noites* revelam e simbolizam essa propriedade da narrativa com uma singular nitidez. Costuma-se dizer que o folclore se caracteriza pela repetição de uma mesma história; e,

Poética da prosa

com efeito, não é raro, em um conto árabe, que a mesma aventura seja relatada duas vezes ou mais. Mas essa repetição tem uma função precisa, que ignoramos: ela serve não só para reiterar a mesma aventura, como também para introduzir o relato que uma personagem faz dela; ora, em geral, é esse relato que importa para o desenvolvimento posterior da intriga. Não é a aventura vivida pela rainha Budur que a faz merecer as graças do rei Armanos, mas o relato que ela lhe faz.[9] Se Tormenta não consegue fazer avançar sua própria intriga, é porque não lhe permitem contar sua história ao califa.[10] O príncipe Firuz ganha o coração da princesa de Bengala não ao viver sua aventura, mas ao contá-la a ela.[11] O ato de contar jamais é um ato transparente nas *Mil e uma noites*; ao contrário, é ele que faz avançar a ação.

Loquacidade e curiosidade. Vida e morte

A opacidade do processo de enunciação recebe, no conto árabe, uma interpretação que não deixa mais dúvida quanto à sua importância. Se todas as personagens não param de contar histórias, é porque esse ato recebeu a consagração suprema: contar é igual a viver. O exemplo mais evidente disso é o da própria Xerazade, que só vive se puder continuar a contar; mas essa situação é repetida de modo incessante dentro do conto. O dervixe mereceu a cólera de um ifrite; mas, ao lhe contar a história do invejoso, obtém sua graça.[12] O escravo cometeu um crime; para salvar sua vida, seu senhor tem um único meio: "Se

---

9 "História dos amores de Camaralzaman", Galland, II.
10 "História de Ganem", Galland, II.
11 "História do cavalo encantado", Galland, III.
12 "O carregador e as damas", Khawam, I.

me contares uma história mais surpreendente que esta, perdoarei teu escravo. Senão, ordenarei que o matem", disse o califa.[13] Quatro pessoas são acusadas do assassinato de um corcunda; uma delas, o inspetor, diz ao rei:

> "Ó rei afortunado, far-nos-ás dom da vida se eu te contar a aventura que me aconteceu ontem antes de encontrar o corcunda, introduzido por um ardil em minha própria casa? Ela é certamente mais incrível que a história deste homem." "Se ela é como dizes, deixarei vivos todos os quatro", respondeu o rei.[14]

A narrativa equivale à vida; a ausência de narrativa, à morte. Se Xerazade não tiver mais contos para contar, será executada. Foi o que aconteceu com o médico Duban ao ser ameaçado de morte: ele pede ao rei permissão para contar a história do crocodilo; esta lhe é recusada e ele perece. Mas Duban vinga-se pelo mesmo meio, e a imagem dessa vingança é uma das mais belas das *Mil e uma noites*: ele oferece ao rei impiedoso um livro, que este deve ler enquanto cortam a cabeça de Duban. O carrasco faz seu trabalho; a cabeça de Duban diz:

> — Ó rei, podes folhear o livro.
> O rei abriu o livro. Encontrou as páginas coladas umas às outras. Pôs o dedo na boca, umedeceu-o de saliva e virou a primeira página. Em seguida virou a segunda e as seguintes. Continuou agindo dessa forma, abrindo as páginas com dificuldade, até chegar à sétima folha. Olha para a página e não vê nada escrito:

---

13 "A mala sangrenta", Khawam, I.
14 "Um cadáver itinerante", Khawam, I.

Poética da prosa

— Ó médico – disse ele –, não vejo nada escrito nesta folha.

— Vira mais páginas – respondeu a cabeça.

Abriu outras folhas e ainda não encontra nada. Um curto momento apenas se passou e a droga penetra nele: o livro estava impregnado de veneno. Deu então um passo, suas pernas vacilaram e ele inclinou para o chão...[15]

A página em branco está envenenada. O livro que não conta nenhum relato mata. A ausência de narrativa significa a morte.

Além dessa ilustração trágica do poder da não narrativa, eis outra, mais agradável: um dervixe contava a todos os passantes qual o meio de se capturar o pássaro falante; mas todos eles haviam fracassado e se transformaram em pedras negras. A princesa Parisada é a primeira a capturar o pássaro, e liberta os outros infelizes candidatos.

De passagem, o grupo quis ir ver o dervixe, agradecer-lhe a boa acolhida e os conselhos salutares que tinham considerado sinceros; mas ele estava morto e nunca se soube se foi de velhice ou porque ele não era mais necessário para ensinar o caminho que conduzia à conquista das três coisas que a princesa Parisada acabara de conquistar.[16]

O homem não passa de uma narrativa; quando a narrativa não é mais necessária, ele pode morrer. É o narrador que o mata, pois ele não tem mais função.

---

15 "O pescador e o gênio", Khawam, II.

16 "História das duas irmãs", Galland, III.

Enfim, a narrativa imperfeita também equivale, nessas circunstâncias, à morte. Assim, o inspetor que achava que sua história era melhor que a do corcunda a termina e se dirige ao rei:

"Esta é a história assombrosa que eu queria te contar, é este o relato que escutei ontem e que te transmito hoje com todos os detalhes. Não é mais prodigioso que a aventura do corcunda?" "Não, não é, e tua afirmação não corresponde à realidade", respondeu o rei da China. "Vou mandar enforcar os quatro."[17]

A ausência de narrativa não é a única contrapartida da narrativa-vida; querer escutar um relato significa também correr perigos mortais. Se a loquacidade salva da morte, a curiosidade a provoca. Essa lei está na base da intriga de um dos contos mais ricos, "O carregador e as damas".[18] Três jovens damas de Bagdá recebem em sua casa homens desconhecidos; impõem a eles uma só condição como recompensa pelos prazeres que os esperam: "sobre tudo o que virdes, não peçais nenhuma explicação". Mas o que os homens veem é tão estranho que eles pedem às três damas que contem sua história. Nem bem esse desejo é formulado, as damas chamam seus escravos. "Cada um deles escolheu seu homem, lançou-se sobre ele e o derrubou no chão golpeando-o com seu sabre." Os homens devem ser mortos, pois o pedido de um relato, a curiosidade, é passível de morte. Como se salvarão? Graças à curiosidade de suas algozes. Com efeito, uma das damas diz: "Permito que saiam para continuar o caminho de seu destino, com a condição de que cada um conte a

---

17 Khawam, I.
18 Khawam, I.

sua história, narre a sequência das aventuras que os trouxeram a visitar a nossa casa. Se eles se recusarem, vós lhes cortareis a cabeça". A curiosidade do receptor, quando não equivale à sua própria morte, devolve a vida aos condenados; estes, em contrapartida, só podem se salvar com a condição de contarem uma história. Enfim, terceira reviravolta: o califa que, disfarçado, se encontrava entre os convidados das três damas, convoca-as no dia seguinte ao seu palácio; perdoa-lhes tudo; mas com uma condição: contar... As personagens desse livro são obcecadas pelos contos; o grito das *Mil e uma noites* não é "A bolsa ou a vida!", mas "Um relato ou a vida!".

Essa curiosidade é fonte a um só tempo de incontáveis relatos e de perigos incessantes. O dervixe pode viver feliz na companhia dos dez jovens, todos caolhos do olho direito, com uma única condição: "não faça nenhuma pergunta indiscreta nem sobre a nossa enfermidade nem sobre o nosso estado". Mas a pergunta é feita e a calma desaparece. Para encontrar a resposta, o dervixe vai a um palácio magnífico; ali vive como um rei, cercado por quarenta belas damas. Um dia elas vão embora, rogando-lhe que, se ele quiser continuar a viver essa felicidade, não entre em um certo cômodo; elas o previnem: "Temos muito medo de que não consigas defender-te dessa curiosidade indiscreta que será a causa de tua desgraça". É claro que entre a felicidade e a curiosidade, o dervixe escolhe a curiosidade. Também Simbá, malgrado todas as suas desventuras, torna a partir após cada viagem: quer que a vida lhe conte novos e novos relatos.

O resultado palpável dessa curiosidade são as *Mil e uma noites*. Se suas personagens tivessem preferido a felicidade, o livro não teria existido.

Tzvetan Todorov

A narrativa: suplente e suplementar

Para que as personagens possam viver, elas têm de contar. É por isso que a narrativa inicial se subdivide e se multiplica em mil e uma noites de narrativas. Tentemos agora nos colocar do ponto de vista oposto, não mais o da narrativa engastante, mas o da narrativa engastada, e nos perguntarmos: por que esta última precisa ser retomada em uma outra narrativa? Como explicar que ela não seja autossuficiente mas que necessite de um prolongamento, de um âmbito no qual ela se torna a simples parte de outra narrativa?

Se considerarmos, assim, a narrativa não como englobadora de outras narrativas, mas como se englobando a si própria, uma curiosa propriedade irá emergir. Cada narrativa parece ter algo *demais*, um excedente, um suplemento, que fica de fora da forma fechada, produzida pelo desenvolvimento do enredo. Ao mesmo tempo, e por isso mesmo, esse algo a mais, próprio da narrativa, é também qualquer coisa de menos; o suplemento é também uma falta; para suprir essa falta criada pelo suplemento, outra narrativa é necessária. Assim, o relato do rei ingrato que manda matar Duban depois de este lhe ter salvo a vida, por exemplo, tem algo a mais além desse relato; aliás, é por esse motivo, em vista desse suplemento, que o pescador a conta; suplemento que pode ser resumido em uma fórmula: não se deve ter piedade do ingrato. O suplemento pede para ser integrado em uma outra história; assim, ele se torna um mero argumento que o pescador utiliza, quando vive uma aventura semelhante à de Duban, diante do gênio. Mas a história do pescador e do gênio também tem um suplemento que pede um novo relato; e não há nenhum motivo para que isso pare em algum ponto. A tentativa de suplementar é, pois, inútil: haverá sempre um suplemento à espera de uma narrativa por vir.

Esse suplemento toma várias formas nas *Mil e uma noites*. Uma das mais conhecidas é a do argumento, como no exemplo anterior: a narrativa torna-se um meio de convencer o interlocutor. Por outro lado, nos níveis mais elevados de engaste, o suplemento se transforma em uma simples fórmula verbal, em uma sentença destinada tanto para o uso das personagens como dos leitores. Enfim, uma integração maior do leitor também é possível (mas ela não é característica das *Mil e uma noites*): um comportamento provocado pela leitura também é um suplemento; e uma lei é instaurada: quanto mais esse suplemento é consumido dentro do relato, menos este relato provoca uma reação no leitor. Chora-se à leitura de *Manon Lescaut*, mas não à das *Mil e uma noites*.

Eis um exemplo de sentença moral. Dois amigos discutem sobre a origem da riqueza: basta ter dinheiro como ponto de partida? Segue-se a história que ilustra uma das teses defendidas; depois, aquela que ilustra a outra tese; e no fim se conclui: "O dinheiro nem sempre é um meio seguro para acumular mais e se tornar rico".[19]

Da mesma forma que para a causa e o efeito psicológicos, impõe-se pensar aqui essa relação lógica fora do tempo linear. A narrativa precede ou segue a máxima, ou as duas coisas ao mesmo tempo. Da mesma forma, no *Decameron*, algumas novelas são criadas para ilustrar uma metáfora (por exemplo, "raspar o fundo do tacho") e ao mesmo tempo, elas a criam. É inútil, hoje, perguntar se foi a metáfora que engendrou a narrativa ou

---

19 "História de Cogia Hassan Alhabbal", Galland, III.

a narrativa que engendrou a metáfora. Borges chegou a propor uma explicação inversa para a existência de toda a coletânea: "Essa invenção [os relatos de Xerazade] [...] é, ao que parece, posterior ao título e foi imaginada para justificá-lo". A questão da origem não é mencionada; estamos longe da origem e incapazes de pensá-la. A narrativa suplementar não é mais original que a narrativa suplente; nem o inverso; ambas remetem a uma outra, em uma série de reflexos que não pode ter fim, salvo se se tornar eterna: e por autoengaste.

Tal é a abundância incessante de narrativas nessa maravilhosa máquina de contar que são as *Mil e uma noites*. Toda narrativa deve tornar explícito seu processo de enunciação; mas para tanto é necessário que uma nova narrativa surja, na qual esse processo de enunciação não seja mais do que uma parte do enunciado. Assim, a história que conta torna-se sempre também uma história contada, na qual a nova história se reflete e encontra sua própria imagem. Por outro lado, toda narrativa deve criar novas narrativas; dentro dela própria, para que seus personagens possam viver; e fora dela mesma, para que nela se consuma o suplemento que ela inevitavelmente comporta. Os inúmeros tradutores das *Mil e uma noites* parecem, todos, ter sofrido o poder dessa máquina narrativa: nenhuma conseguiu contentar-se com uma tradução simples e fiel do original; cada tradutor acrescentou e suprimiu histórias (o que é também uma maneira de criar novas narrativas, já que toda narrativa é sempre uma seleção); o processo reiterado de enunciação, a tradução, representa por si só um novo conto que não espera mais seu narrador: Borges contou uma parte disso em "Os tradutores das *Mil e uma noites*".

Há, pois, tantos motivos para que as narrativas jamais cessem que nos perguntamos de forma involuntária: o que acontece

Poética da prosa

antes do primeiro relato? E o que acontece após o último? As *Mil e uma noites* não deixaram de dar uma resposta, talvez irônica, para aqueles que querem conhecer o antes e o depois. A primeira história, a de Xerazade, começa com estas palavras, válidas em todos os sentidos (mas não deveríamos abrir o livro para procurá-las, deveríamos adivinhá-las de tão bem postas que estão): "Conta-se...". É inútil procurar a origem das narrativas no tempo, é o tempo que se origina da narrativa. E se antes do primeiro relato há "contou-se", depois do último haverá "contar-se-á": para que a história pare, é preciso que nos digam que o califa maravilhado ordenou que a escrevessem em letras de ouro nos anais do reino; ou então que "esta história [...] se espalhou e foi contada em toda parte em seus mínimos detalhes".

1967

7

Introdução ao verossímil

I

Um dia, no século V a.C., na Sicília, dois indivíduos discutem; ocorre um acidente. No dia seguinte, eles comparecem diante das autoridades que devem decidir qual dos dois é o culpado. Mas como escolher? A disputa não transcorreu sob os olhos dos juízes, que não puderam observar e constatar a verdade; os sentidos são impotentes; resta apenas um meio: escutar o relato dos litigantes. Assim, a posição desses últimos se modifica: não se trata mais de estabelecer uma verdade (o que é impossível), mas de se aproximar dela, de dar uma impressão de verdade; e essa impressão será tanto mais forte quanto mais hábil for o relato. Para ganhar o processo, importa menos ter agido bem do que falar bem. Platão escreverá, amargurado: "Nos tribunais, de fato, a preocupação não é de forma alguma dizer a verdade, mas persuadir, e a persuasão depende da verossimilhança". Mas por isso mesmo o relato, o discurso, deixa de ser, na

Tzvetan Todorov

consciência dos que falam, um reflexo submisso das coisas, para adquirir um valor independente. As palavras não são, portanto, apenas os nomes transparentes das coisas, elas formam uma entidade autônoma, regida por suas próprias leis, e passível de ser julgada por si mesma. Sua importância excede a das coisas que elas deveriam refletir.

Aquele dia viu nascer simultaneamente a consciência da linguagem, uma ciência que formula as leis da linguagem, a retórica, e um conceito, o verossímil, que vem preencher o vazio entre essas leis e aquilo que se supõe ser a propriedade constitutiva da linguagem: sua referência ao real. A descoberta da linguagem dará rapidamente seus primeiros resultados: a teoria retórica, a filosofia da linguagem dos sofistas. Porém mais tarde irão tentar, ao contrário, esquecer a linguagem, agir como se as palavras fossem, mais uma vez, apenas os nomes dóceis das coisas; e começamos apenas a entrever, hoje em dia, o fim do período antiverbal da história da humanidade. Durante 25 séculos tentou-se fazer crer que o real é uma razão suficiente para a palavra; durante 25 séculos será necessário continuamente reconquistar o direito de perceber a linguagem. A literatura, ainda que simbolize a autonomia do discurso, não foi capaz de derrotar a ideia de que as palavras refletem as coisas. A característica fundamental de toda a nossa civilização continua a ser essa concepção da linguagem-sombra, de formas talvez mutáveis, mas que não deixam de ser as consequências diretas dos objetos que elas refletem. Estudar o verossímil equivale a demonstrar que os discursos não são regidos por uma correspondência com seu referente, mas por suas próprias leis; e a denunciar a fraseologia que, dentro desses discursos, quer nos persuadir do contrário. Trata-se de retirar a linguagem de sua transparência ilusória, de aprender a percebê-la e de estudar ao mesmo tempo as técnicas que ela utiliza para, como o invisível de Wells engolindo sua poção química, deixar de existir a nossos olhos.

O conceito de verossímil não está mais em voga. Não o encontramos na literatura científica "séria"; por outro lado, ele continua em ação nos comentários de segunda ordem, nas edições escolares dos clássicos, na prática pedagógica. Eis um exemplo desse uso, extraído de um comentário das *Bodas de Fígaro*:[1]

O movimento faz esquecer a inverossimilhança. — O Conde, no final do segundo ato, tinha enviado Bazile e Gripe-Soleil à aldeia por dois motivos precisos: prevenir os juízes e encontrar "o camponês do bilhete" [...]. Não é nada verossímil que o Conde, perfeitamente informado agora, da presença de Chérubin, pela manhã, no quarto da Condessa, não peça qualquer explicação a Bazile sobre sua mentira e não tente confrontá-lo com Fígaro, cuja atitude vem lhe parecendo cada vez mais suspeita. Sabemos, e isso será confirmado no quinto ato, que sua expectativa do encontro com Suzanne não é suficiente para perturbá-lo no momento, quando o que está em jogo é a Condessa. — Beaumarchais estava consciente dessa inverossimilhança (anotou a em seus manuscritos), mas ele achava, com razão, que no teatro nenhum espectador a perceberia.

Ou ainda: "O próprio Beaumarchais confessou a seu amigo Gudin de la Brenellerie 'que havia pouca verossimilhança nos equívocos das cenas noturnas'. Mas acrescentou: 'Os espectadores se prestam bem a esse tipo de ilusão quando dela nasce um imbróglio divertido'".

---

1 *Les petits classiques Bordas*, 1965.

O termo "verossímil" é empregado aqui em seu sentido mais ingênuo de "conforme à realidade". Declaram-se certas ações, certas atitudes como inverossímeis, pois elas não parecem poder acontecer na realidade. Córax, primeiro teórico do verossímil, já tinha ido mais longe: para ele, o verossímil não era uma relação com o real (como é o verdadeiro), mas com o que a maioria das pessoas acredita ser o real, ou, em outras palavras, com a opinião pública. Portanto, é preciso que o discurso se conforme a um outro discurso (anônimo, impessoal), não a seu referente. Mas se lermos com atenção o comentário anterior, veremos que Beaumarchais ainda se referia a outra coisa: ele explica o estado do texto por uma referência não à opinião comum, mas às regras particulares do gênero que é o seu ("no teatro, nenhum espectador perceberia", "os espectadores prestam-se bem a esse tipo de ilusão" etc.). No primeiro caso, não se tratava, portanto, de opinião pública, mas apenas de um gênero literário que não é o de Beaumarchais.

Assim, vários sentidos do termo *verossímil* emergem, e é necessário distingui-los, pois a polissemia da palavra é preciosa e não nos livraremos dela. Descartaremos apenas o primeiro sentido ingênuo, aquele segundo o qual se trata de uma relação com a realidade. O segundo sentido é o de Platão e Aristóteles: o verossímil é a relação do texto particular com um outro texto, geral e difuso, que chamamos de opinião pública. Nos clássicos franceses já se encontra um terceiro sentido: a comédia possui seu próprio verossímil, diferente do da tragédia; existem tantos verossímeis quanto gêneros, e as duas noções tendem a se confundir (a aparição desse sentido da palavra é um passo importante na descoberta da linguagem: aqui se passa do nível do dito ao do dizer). Enfim, atualmente um outro emprego se torna

Poética da prosa

predominante: falar-se-á da verossimilhança de uma obra na medida em que esta tenta nos convencer de que ela se conforma ao real e não a suas próprias leis; ou seja, o verossímil é a máscara com que se camuflam as leis do texto, e que nós supostamente deveríamos tomar por uma relação com a realidade.

Tomemos mais um exemplo desses diferentes sentidos (e diferentes níveis) do verossímil. Ele se encontra em um dos livros mais contrários à fraseologia realista: *Jacques, o fatalista*. Em todos os momentos da narrativa, Diderot está consciente dos múltiplos possíveis que se abrem diante dele: o relato não está determinado de antemão, todos os caminhos são (em termos absolutos) bons. Essa censura que obrigará o autor a escolher um só é o que chamamos de verossímil.

> Eles [...] viram um bando de homens armados de bastões e forcados que avançam em direção a eles a toda a velocidade. Vocês acreditarão que eram as pessoas da hospedaria, seus criados e os bandidos de que já falamos. [...] Acreditarão que esse pequeno exército cairá sobre Jacques e seu patrão, que haverá uma ação sangrenta, bastonadas, tiros de pistolas, e só dependeria de mim que tudo isso acontecesse; mas adeus à verdade da história, adeus ao relato dos amores de Jacques. [...] É bem evidente que eu não faço um romance, já que negligencio o que um romancista não deixaria de empregar. Quem tomar o que escrevo pela verdade talvez esteja menos enganado do que aquele que o toma por uma fábula.

Nesse breve extrato, alude-se às principais propriedades do verossímil. A liberdade da narrativa é limitada pelas exigências internas do próprio livro ("a verdade da história", "o relato dos amores de Jacques"), isto é, por seu pertencimento a um gênero;

se a obra pertencesse a outro gênero, as exigências seriam diferentes ("não faço um romance", "um romancista não deixaria de empregar"). Ao mesmo tempo, embora declarando abertamente que o relato obedece à sua própria economia, à sua própria função, Diderot sente a necessidade de acrescentar: o que escrevo é a verdade; se escolho esse desenvolvimento e não aquele outro, é porque os eventos que relato assim ocorreram. Ele deve travestir a liberdade em necessidade, a relação com a escrita em relação com o real por uma frase, tornada ainda mais ambígua (e também pouco convincente) pela declaração anterior. Estes são os dois níveis essenciais do verossímil: o verossímil como lei discursiva, absoluta e inevitável; e o verossímil como máscara, como sistema de procedimentos retóricos, que tende a apresentar essas leis como submissões ao referente.

II

Alberta French quer salvar o marido da cadeira elétrica; este é acusado de ter assassinado a amante. Alberta deve encontrar o verdadeiro culpado; ela dispõe de um só indício: uma caixa de fósforos, esquecida pelo assassino no local do crime e na qual se lê sua inicial, a letra M. Alberta encontra a caderneta da vítima e procura conhecer todos aqueles cujo nome começa com M. O terceiro é aquele a quem pertencem os fósforos; mas, convencida de sua inocência, Alberta vai em busca do quarto M.

Um dos mais belos romances de William Irish, *O anjo negro* (*Black Angel*), está construído, portanto, sobre um erro de lógica. Ao descobrir o dono da caixa de fósforos, Alberta perdeu seu fio condutor. São iguais as chances de que o assassino seja a quarta pessoa cujo nome começa com M, ou qualquer outra cujo nome

Poética da prosa

figure na caderneta. Do ponto de vista da intriga, esse quarto episódio não tem razão de ser.

Como é possível que Irish não tenha percebido tal inconsequência lógica? Por que não colocou o episódio do dono dos fósforos depois dos três outros, de modo que essa revelação não prive a sequência de sua plausibilidade? A resposta é fácil: o autor precisa de mistério; até o último momento ele não deve nos revelar o nome do culpado; ora, uma lei narrativa geral decreta que a sucessão temporal corresponde a uma gradação de intensidade. Segundo essa lei, a última experiência deve ser a mais forte, o último suspeito é o culpado. É para se subtrair a essa lei, para impedir uma revelação demasiado fácil que Irish coloca o culpado antes do fim da série de suspeitos. É, pois, para respeitar uma regra do gênero, para obedecer ao verossímil do romance policial que o escritor rompe o verossímil no mundo que ele evoca.

Essa ruptura é importante. Ela mostra, pela contradição que sustenta, ao mesmo tempo a multiplicidade dos verossímeis e o modo como o romance policial se submete a suas regras convencionais. Essa submissão não é evidente, pelo contrário: o romance policial busca mostrar estar totalmente liberto, e, para conseguir isso, um método engenhoso foi empregado. Se todo discurso entra em uma relação de verossimilhança com suas próprias leis, o romance policial toma o verossímil como tema; este não é mais somente sua lei, mas também seu objeto. Um objeto invertido, por assim dizer: pois a lei do romance policial consiste em instaurar o *antiverossímil*. Essa lógica da verossimilhança invertida, aliás, nada tem de novo; ela é tão antiga quanto qualquer reflexão sobre o verossímil, pois encontramos nos inventores dessa noção, Córax e Tísias, o seguinte exemplo: "Que um forte tenha batido em um fraco, isso é verossímil *fisicamente*, pois ele tinha todos os meios materiais para o fazer; mas isso é inverossímil *psicologicamente*, porque é impossível que o acusado não tenha previsto as suspeitas".

Se tomarmos qualquer romance de enigma, observaremos a mesma regularidade. Um crime é cometido, é preciso descobrir seu autor. A partir de algumas peças isoladas, deve-se reconstruir um todo. Mas a lei da reconstituição nunca é a da verossimilhança comum; ao contrário, são precisamente os suspeitos que se revelam inocentes, e os inocentes, suspeitos. O culpado do romance policial é aquele que não parece culpado. O detetive se apoiará, em seu discurso final, em uma lógica que irá correlacionar os elementos até então dispersos; mas essa lógica origina-se de um possível caráter científico, e não do verossímil. A revelação deve obedecer a estes dois imperativos: ser possível e inverossímil.

A revelação, isto é, a verdade, é incompatível com a verossimilhança. Uma série de intrigas policiais fundamentadas sobre a tensão entre verossimilhança e verdade testemunham isso. Em *Suplício de uma alma* (*Beyond a Reasonable Doubt*), filme de Fritz Lang, essa antítese é levada ao limite. Tom Garrett quer provar que a pena de morte é excessiva, que seguidamente inocentes são condenados; apoiado por seu futuro sogro, ele escolhe um crime que intriga a polícia e finge ser seu autor: semeia habilmente indícios à sua volta, provocando assim a própria prisão. Até aí, todas as personagens do filme acreditam que Garrett é culpado; mas o espectador sabe que ele é inocente: a verdade é inverossímil, a verossimilhança não é verdadeira. Uma dupla reviravolta ocorre nesse momento: a justiça descobre documentos provando a inocência de Garrett; mas, ao mesmo tempo, ficamos sabendo que sua atitude foi apenas

Poética da prosa

uma forma particularmente hábil de dissimular seu crime: ele mesmo cometeu o assassinato. Mais uma vez, o divórcio entre verdade e verossimilhança é total: se soubermos que Garrett é culpado, as personagens devem crer em sua inocência. Apenas no fim verdade e verossimilhança se unem; mas isso significa a morte da personagem e a morte da narrativa: esta só pode continuar enquanto houver uma discordância entre verdade e verossimilhança.

O verossímil é o tema do romance policial; o antagonismo entre verdade e verossimilhança é sua lei. Mas, ao estabelecer essa lei, somos mais uma vez confrontados com o verossímil. Apoiando-se no antiverossímil, o romance policial é submetido à lei de um outro verossímil, o de seu próprio gênero. Mesmo que ele conteste as verossimilhanças comuns, permanecerá sempre sujeito a um verossímil qualquer. Ora, esse fato representa uma grave ameaça à vida do romance policial baseado no mistério, pois a descoberta da lei resulta na morte do enigma. Não será mais necessário seguir a engenhosa lógica do detetive para descobrir o culpado; basta apreender aquela, bem mais simples, do autor de romances policiais. O culpado não será um dos suspeitos; não será revelado em nenhum momento do relato; estará sempre ligado, de certa forma, aos acontecimentos, mas um motivo, aparentemente muito importante, e na verdade secundário, faz que não o vejamos como um potencial culpado. Portanto, não é difícil descobrir o culpado em um romance policial: basta, para isso, acompanhar a verossimilhança do texto e não a verdade do mundo evocado. Há algo de trágico no destino do autor de romances policiais: seu objetivo era contestar as verossimilhanças; quanto mais ele é bem-sucedido, mais fortemente ele estabelece uma nova verossimilhança, a que liga seu texto ao gênero ao qual pertence. O romance policial nos oferece, assim, a imagem mais pura de uma impossibilidade de fugir do verossímil. Quanto mais condenarmos o verossímil, mais estaremos submetidos a ele.

O autor de romances policiais não é o único a enfrentar esse destino; acontece com todos nós a todo momento. No início, estamos em uma situação menos favorável do que a sua: ele pode contestar as leis da verossimilhança, e até fazer do antiverossímil sua lei; nós podemos descobrir as leis e as convenções da vida que nos rodeia, mas não somos capazes de modificá-las, seremos sempre obrigados a nos conformar a elas, e a submissão se torna duplamente difícil após essa descoberta. É uma amarga surpresa quando percebemos, um dia, que nossa vida é governada pelas mesmas leis que tínhamos descoberto nas páginas do *France-Soir*, e que não podemos alterá-las. Saber que a justiça obedece às leis da verossimilhança, e não da verdade, não impedirá ninguém de ser condenado.

Mas, independentemente desse caráter sério e imutável das leis do verossímil com as quais estamos lidando, o verossímil nos espreita por todos os lados e não podemos escapar dele — não mais que o autor de romances policiais. A lei constitutiva de nosso discurso nos obriga a tal. Se eu falo, meu enunciado obedecerá a uma certa lei e irá se inscrever em uma verossimi-lhança que não posso explicitar ou rejeitar sem fazer uso, para isso, de um outro enunciado cuja lei estará implícita. Pelo viés da enunciação, meu discurso estará sempre relacionado a um verossímil; ora, a enunciação não pode, por definição, ser expli-citada até o fim: quando falo dela não é mais dela que falo, mas de uma enunciação enunciada, que tem sua própria enunciação e que eu não saberia enunciar.

Aparentemente, a lei que os hindus formularam a propósito do autoconhecimento está relacionada, de fato, ao sujeito da enunciação.

Entre os vários sistemas filosóficos da Índia enumerados por Paul Deussen, o sétimo nega que o Eu possa ser um objeto imediato de conhecimento, "pois se nossa alma fosse cognoscível, seria necessária uma segunda para conhecer a primeira e uma terceira para conhecer a segunda".

As leis de nosso próprio discurso são a um só tempo verossímeis (pelo simples fato de serem leis) e incognoscíveis, pois apenas um outro discurso pode descrevê-las. Ao contestar o verossímil, o autor de romances policiais se afunda em um verossímil de outro nível, mas nem por isso menos forte.

Assim, este mesmo texto, que trata do verossímil, também o é por sua vez: obedece a um verossímil ideológico, literário, ético, que nos leva hoje a estudar o verossímil. Apenas a destruição do discurso pode destruir seu verossímil, ainda que o verossímil do silêncio não seja tão difícil de imaginar... Estas últimas frases referem-se apenas a um verossímil diferente, de um grau superior, e nisso elas se parecem com a verdade: será esta outra coisa além de um verossímil distanciado e diferido?

1967

8

A fala segundo Constant

A palavra parece dotada de um poder mágico em *Adolphe*. "Uma palavra minha a teria acalmado: por que não pude pronunciar essa palavra?".[1] "Ela insinuava que uma só palavra a traria toda de volta para mim".[2] "Uma palavra fez desaparecer aquela turba de adoradores".[3]

Esse poder da palavra apenas traduz, de forma condensada, o papel atribuído à palavra no mundo de Constant. Para ele, o homem é, acima de tudo, um homem falante, e o mundo, um mundo discursivo. Em todo o *Adolphe*, as personagens nada mais farão do que proferir palavras, escrever cartas ou fechar-se em silêncios ambíguos. Todas as qualidades, todas as atitudes se traduzem por uma certa maneira de discorrer. A solidão é um comportamento verbal; o desejo de independência, outro;

---

1 Constant, *Adolphe*, p.146.

2 Ibid., p.149.

3 Ibid., p.151.

o amor, um terceiro. A degradação do amor de Adolphe por Ellénore é apenas uma sequência de diferentes atitudes linguísticas: as "palavras irreparáveis", no quarto capítulo; o segredo, a dissimulação, no quinto; a revelação feita diante de um terceiro, no capítulo oito; a promessa de Adolphe perante o barão e a carta que ele lhe escreve, no capítulo nove. Continua assim até a morte; o último ato que Ellénore tentará realizar é falar. "Ela quis falar, já não havia voz: deixou cair, como que resignada, a cabeça sobre o braço que a apoiava; sua respiração tornou-se mais lenta; poucos instantes depois, ela já não existia".[4] A morte nada mais é que a impossibilidade de falar.

Essa relação da linguagem com a morte não é gratuita. A fala é violenta, a "palavra, cruel".[5] Ellénore descreve as palavras ora como um instrumento cortante que dilacera o corpo ("que essa voz que tanto amei, que essa voz que ressoava no fundo de meu coração não penetre nele para dilacerá-lo"),[6] ora como estranhas bestas noturnas que a perseguem e devoram até a morte ("Essas palavras aguçadas ressoam à minha volta: escuto-as à noite, elas me seguem, elas me devoram, elas corrompem tudo o que se faz. Será preciso que eu morra, Adolphe?").[7] E, de fato, são as palavras que provocam o ato mais grave do livro: a morte de Ellénore.

Será uma carta de Adolphe para o barão de T*** que irá matar Ellénore. Nada é mais violento do que a linguagem.

Para melhor compreender o sentido da palavra, deve-se questionar primeiro a relação que esta mantém com o que ela significa, relação que pode assumir várias formas. De início,

---

4 Ibid., p.173.

5 Ibid., p.165.

6 Ibid.

7 Ibid., p.175.

existe a relação mais clássica, que podemos chamar de simbólica: aqui, o comportamento verbal apenas traduz certa disposição interna, sem ter com esta uma relação de necessidade; é uma relação arbitrária e convencional entre duas séries que existem independentemente uma da outra. Por exemplo, Adolphe dirá: "Às vezes eu tentava conter meu tédio, refugiava-me em uma taciturnidade profunda".[8] Há aqui um sentimento a ser comunicado, que é a contenção do tédio, e uma forma de fazê-lo, que é a taciturnidade; a segunda simboliza a primeira.

As atitudes verbais têm vários sentidos, o que prova também o caráter imotivado da relação entre significantes e significados. Tomemos o silêncio: ele expressa, segundo o contexto, uma grande variedade de sentimentos. Por exemplo: "O desprezo é silencioso";[9] "quando ela me viu, suas palavras ficaram detidas em seus lábios; ela ficou completamente atônita":[10] aqui, é a surpresa que se traduz pelo silêncio; "Uma de suas amigas, impressionada com seu silêncio e abatimento, perguntou-lhe se ela estava doente"[11] (assim, silêncio = doença). Ou ainda: "O conde de P***, taciturno e preocupado":[12] mas lemos "taciturno = preocupado". "Em seguida, ofendida com meu silêncio":[13] isto é, o silêncio significa ofensa. O mesmo acontece com o ato de falar ou o de escrever.

Seria interessante, a partir de frases semelhantes, realizar um estudo das formas linguísticas que permitem a nós, leitores,

---

8 Ibid., p.56.
9 Ibid., p.59.
10 Ibid., p.74.
11 Ibid., p.75.
12 Ibid., p.95.
13 Ibid., p.149.

interpretar facilmente essa língua dos comportamentos verbais. A forma mais utilizada seria a coordenação: o paralelismo sintático faz-nos descobrir uma semelhança semântica. Assim: "eu me reanimava, eu falava", "o silêncio e o humor", "taciturno e preocupado", "eu tentava conter..., refugiava-me em uma taciturnidade" etc. Encontramos também frases atributivas: o verbo *ser* ou um substituto estabelece a relação de significação entre as duas partes da sentença. Por exemplo: "Minhas palavras foram consideradas como prova de uma alma odiosa"; "O desprezo é silencioso"; "O silêncio tornou-se embaraçoso". Às vezes, entre uma e outra se estabelecerá uma relação de causalidade: "Não era apoiado por nenhum impulso vindo do coração. Exprimia-me, *pois*, com embaraço"; "Os motivos que eu alegava eram frágeis *porque eles* não eram verdadeiros". Ou ainda: "ofendida *por* meu silêncio...".

A relação simbólica, na qual a natureza do signo é indiferente à natureza do objeto designado, não abrange o conjunto das ocorrências da palavra. Tomemos por exemplo a cena do jantar, em que Adolphe consegue alegrar Ellénore. A conversação brilhante de Adolphe simboliza as qualidades de sua alma; e, ao mesmo tempo, faz parte dela. Uma das qualidades de Adolphe será precisamente sua arte da conversação. Não se pode mais falar de uma atitude verbal que simboliza uma propriedade interna, pois faz parte dela. Ou ainda: para chegar à conclusão "Ellénore jamais fora amada dessa forma",[14] Adolphe apenas cita uma de suas cartas. Em outras palavras, a ternura, a densidade dessa carta designam, simbolizam o amor de Adolphe; mas ao mesmo tempo fazem parte dele: o amor é, se não exclusivamente, pelo

---

14 Ibid., p.85.

menos parcialmente essa ternura, essa densidade do sentimento; elas não o simbolizam de uma forma arbitrária e convencional. Então, aqui, estamos diante de outra relação entre o signo e o objeto designado, que é a do índice, como oposto do símbolo; ou, preferindo-se, da sinédoque como oposta à alegoria.

Às vezes, um comportamento verbal só designa esse comportamento verbal. O poder indicial é tão grande que provoca uma autorreferência; por isso, a relação de significação é reduzida a zero. Como nesta cena, importante para o desenvolvimento do sentimento, no *Adolphe*, da dissimulação, do segredo (capítulo V). Há nela um silêncio que significa precisamente o silêncio, a ausência de palavras, o segredo, a dissimulação.

> Calamo-nos, pois, sobre o único pensamento que nos ocupava constantemente. [...] Quando existe um segredo entre dois corações que se amam, quando um deles resolveu ocultar do outro uma só ideia, o encanto se rompe, a felicidade é destruída. [...] A dissimulação lança sobre o amor um elemento estranho que o desnatura e o conspurca a seus próprios olhos.[15]

O que mata o amor é precisamente a dissimulação, o silêncio; esse silêncio só designa, pois, a si mesmo.

Com muita frequência, uma significação simbólica aparente terá como único propósito dissimular melhor a significação indicial, que se encontra no próprio ato de falar ou de se calar. Assim Adolphe, falando de si mesmo: "Permiti-me alguns gracejos [...]; era a necessidade de falar que me tomava, e não a

---

15 Ibid., p.104.

confiança".[16] A confiança teria sido o significado simbólico; mas não é ela que importa, ela nem mesmo está presente; o que essas palavras designam é a necessidade de falar, a própria palavra. Ou ainda: "Falávamos de amor; mas falávamos de amor por medo de falar de outra coisa".[17] O conteúdo simbólico aparente dessas palavras é o amor; mas seu conteúdo indicial oculto é o próprio fato de serem pronunciadas no lugar de outras palavras.

A existência dessa relação indicial explica a tendência de Constant de identificar o ser humano à conversação que este sabe conduzir (tendência que virá a se tornar lei absoluta em Proust). Ela se manifesta em *Amélie et Germaine*, seu primeiro diário, muito mais claramente que em *Adolphe*; aqui, Amélie é representada apenas como uma série de palavras. "É uma tagarelice perpétua, quase sempre zombando ou costurando frases inconsequentes e às quais é impossível atribuir qualquer significado".[18] "Nessa noite ela esteve muito alegre, e nessa alacridade houve palavras muito engraçadas, mas sempre de uma menina de 10 anos"[19] etc. Essa importância vai até o cômico involuntário: "Vou desposá-la sem ilusões, preparado para uma conversação quase sempre banal...":[20] desposa-se a conversação em vez da mulher! E enfim esta frase que, por sua precisão, poderia ser incluída tal como é na obra *Em busca do tempo perdido*: "Você nunca será entendido por ela se não falar na primeira pessoa e o mais claramente possível, e sua falta de sutileza é tamanha que à primeira frase impessoal ela não entende mais o que queremos

---

16 Ibid., p.57.
17 Ibid., p.104.
18 Id., *Amélie et Germaine*, p.228.
19 Ibid., p.235.
20 Ibid., p.238.

lhe dizer".[21] Não compreender frases impessoais é um defeito pessoal grave.

Essa identificação da personagem com as palavras que profere explica a importância da voz ou da escrita de uma pessoa. Assim, Adolphe "Estava feliz de adiar o momento em que iria ouvir de novo sua voz":[22] não se fala do sentido das palavras, mas da voz que as pronuncia. Da mesma forma para Ellénore: ao ouvir Adolphe, ela grita: "Esta é a voz que me fez mal":[23] a voz torna-se quase um objeto material, ela passa da ordem auditiva para a ordem tátil. Ou em *Cécile*: "o abalo que senti ao ver sua escrita...".[24]

Que é falar?

Pode-se dizer que Constant propõe uma teoria do signo; que a existência de signos "contíguos", que fazem parte do objeto designado, contesta uma imagem ingênua do signo, segundo a qual os significantes estão a uma distância sempre igual dos significados (o que a filosofia analítica denomina de *the descriptive fallacy*).[25] Porém, se a teoria da palavra de Constant se limitasse a isso, ela só teria hoje interesse histórico e seu autor deveria ser inscrito entre os predecessores da Semiótica. Na realidade, essa teoria vai muito mais longe – tão longe que nossa imagem tradicional do signo será totalmente mudada. Constant se opõe à ideia de que as palavras designam as coisas de maneira

---

21 Ibid., p.255.
22 Id., *Adolphe*, p.136.
23 Ibid., p.164.
24 Id., *Cécile*, p.185.
25 "A falácia descritiva", em inglês no original. (N. T.)

adequada, de que os signos podem ser fiéis a seus *designata*. Supor que as palavras possam fielmente dar conta das coisas é admitir que: 1) as "coisas" existem; 2) as palavras são transparentes, inofensivas, sem consequências para o que designam; 3) uma e outra entram em uma relação estática. Ora, nenhuma dessas proposições subentendidas é verdadeira, segundo Constant. Os objetos não existem antes de ser nomeados ou, em todo caso, não continuam sendo os mesmos antes e depois do ato de denominação; e a relação entre as palavras e as coisas é uma relação dinâmica, não estática.

Não se pode verbalizar impunemente; nomear as coisas é modificá-las. Adolphe está sempre experimentando-o. "Mal tinha traçado algumas linhas e minha disposição mudou",[26] queixa-se. Pensar uma coisa, por um lado, e dizê-la, escrevê-la, escutá-la ou lê-la, por outro, são dois atos muito diferentes. Ainda assim, poderíamos dizer, os pensamentos são também verbais, não pensamos sem palavras. De fato; mas o termo "fala" designa algo mais que a simples série de palavras. A diferença é dupla: primeiro, há o ato de pronunciação ou de escrita que não é em nada gratuito (lembremos da "voz que me fez mal", segundo as palavras de Ellénore); depois, e isso é crucial, a fala é constituída de palavras dirigidas a um outro, enquanto o pensamento, ainda que verbal, dirige-se apenas a si mesmo. A ideia de fala implica a do outro, de um *tu*-interlocutor; por isso, a fala está profundamente vinculada ao outro, que desempenha um papel decisivo no mundo de Constant.

Tomemos um exemplo: os encontros de Adolphe com o barão de T***. Tudo o que o barão lhe diz, Adolphe sabe muito bem;

---

26 Constant, *Adolphe*, p.139.

Poética da prosa

mas nunca escutara alguém dizer, e é o fato de essas palavras terem sido pronunciadas que se torna significativo. "Aquelas palavras funestas: 'Entre todos os tipos de sucesso e o senhor, existe um obstáculo intransponível, e esse obstáculo é Ellénore' ressoavam em torno de mim".[27] Não é a novidade da ideia que atinge Adolphe, é a frase que, apenas pelo fato de existir, muda a relação entre Ellénore e Adolphe, que ela supostamente descrevia. Do mesmo modo, Adolphe repetiu mil vezes para si mesmo (mas sem o *dizer*) que ele deve deixar Ellénore. Um dia, ele o diz ao barão: então a situação muda por completo. "Implorei ao céu para que erguesse subitamente entre Ellénore e mim um obstáculo que eu não pudesse ultrapassar. Esse obstáculo se erguera".[28] O fato de ter designado, verbalizado sua decisão, muda sua própria natureza. Isso leva Constant a formular esta máxima: "Existem coisas que ficamos por muito tempo sem dizer a nós mesmos, mas que, uma vez ditas, nunca mais deixamos de repeti-las".[29]

Os sentimentos de Adolphe só existem por meio da fala, o que também quer dizer que só existem para os outros. A presença do outro na fala dá a esta última seu caráter criador, da mesma forma que a imitação do outro determina os sentimentos da personagem: Adolphe descobrirá Ellénore porque um de seus amigos arranjou uma amante; e no auge de seus sonhos por outra mulher, uma companheira ideal, ele não a descreverá senão pelo desejo imaginário de seu pai: "Imaginava a alegria de meu pai", "se o céu tivesse me concedido uma mulher [...] que meu pai

---

27 Ibid., p.132.
28 Ibid., p.161.
29 Ibid., p.97.

não corasse em aceitar como filha".[30] O casamento não consiste na escolha por parte do sujeito de uma mulher para ele, mas de uma filha para um outro, o pai.

Nomear os sentimentos, verbalizar os pensamentos é modificá-los. Vejamos mais de perto a natureza e a direção dessas mudanças. Essa direção é dupla, segundo a qualidade das próprias palavras que pronunciamos, e afeta acima de tudo seu valor de verdade. A primeira regra da modificação pode ser formulada assim: se uma palavra afirma ser verdadeira, ela se torna falsa. Querer descrever um estado de alma tal como ele se apresenta é dar dele uma descrição falsa, pois, após a descrição, ele não será mais o que era antes. É o que Adolphe prova todo o tempo: "À medida que eu falava sem olhar Ellénore, sentia minhas ideias se tornarem mais vagas e minha resolução enfraquecer":[31] assim que se nomeia a resolução, esta deixa de existir. Ou, em outro trecho: "Saí concluindo com essas palavras: mas quem me explicará por qual mobilidade o sentimento que as ditava a mim se extinguiu antes mesmo de eu terminar de pronunciá-las?".[32] Sabemos agora a resposta: o sentimento se extinguiu precisamente porque as palavras que o designavam foram pronunciadas. Ou ainda: "Estava oprimido pelas palavras que acabara de pronunciar, e mal acreditava na promessa que fizera".[33] Deixamos de acreditar na promessa tão logo ela é pronunciada.

A lei segundo a qual, se uma palavra busca ser verdadeira, ela se torna falsa, tem seu corolário (que poderíamos ter deduzido por simetria), que é o seguinte: se uma palavra pretender ser

---

30 Ibid., p.134.
31 Ibid., p.119.
32 Ibid., p.132.
33 Ibid., p.157-8.

Poética da prosa

falsa, ela se tornará verdadeira. Ou, para retomar a fórmula do próprio Constant: "Os sentimentos que fingimos, acabamos de fato por experimentá-los".[34] Todo o sentimento de Adolphe por Ellénore nasce de algumas palavras, formuladas de início como deliberadamente falsas. "Inflamado, aliás, como estava por meu próprio estilo, senti, ao terminar de escrever, um pouco da paixão que buscara exprimir com toda a força possível".[35] E, com o acréscimo de uma circunstância favorável: "O amor, que uma hora antes eu me vangloriava de fingir, pensei, de repente, experimentá-lo com furor".[36] As palavras falsas tornam-se verdadeiras, não se pode falar delas ou escrevê-las impunemente. Uma cena similar é descrita em *Le cahier rouge* [O caderno vermelho]: "De tanto dizê-lo, chegava quase a acreditar".[37] E se as palavras criam a realidade que elas antes evocavam ficticiamente, já o silêncio faz desaparecer essa mesma realidade. "As tristezas que eu ocultava, esquecia-as em parte"[38] etc.

Essas duas regras, por mais simples que sejam, abrangem o conjunto da produção verbal. Segue-se um paradoxo relativo à sinceridade ou à veracidade, que Constant foi capaz de formular: "Quase nunca alguém é de fato sincero nem totalmente de má-fé".[39] Essa afirmação remete tanto à ausência de unidade na personalidade quanto às propriedades da própria palavra que, mentirosa, se torna verdadeira, e sincera, se torna falsa. Não existe pura mentira nem pura verdade.

---

34 Ibid., p.117.

35 Ibid., p.70.

36 Ibid., p.70-1.

37 Constant, *Oeuvres*, p.138-9.

38 Ibid., p.117.

39 Ibid., p.70.

Os signos e o que eles designam não se apresentam mais como duas séries independentes, cada qual podendo representar a outra; eles formam um todo, e qualquer delimitação territorial distorce sua imagem. Não podemos denominar ou comunicar um sentimento sem alterá-lo; não existe palavra puramente constatativa. Ou, de forma mais geral: não se deve falar da essência de um ato ou de um sentimento tentando fazer abstração da experiência que temos dele. Constant nos propõe uma concepção dinâmica da psique: não existe quadro estável, definido de uma vez por todas, no qual apareceriam, um após o outro, elementos novos: o surgimento de cada um modifica a natureza dos outros, e eles só se definem por suas relações mútuas. Não é que os sentimentos não existam fora das palavras que os designam; mas eles só são o que são por sua relação com essas palavras. Qualquer esforço de conhecer o funcionamento psíquico em um quadro estático está votado ao fracasso.

Vimos que a palavra falsa se tornava verdadeira, que tinha o poder de criar o referente evocado, em primeiro lugar, "de brincadeira". Pode-se generalizar essa regra e dizer que as palavras não surgem como resultado de uma realidade psíquica que elas verbalizam, mas que elas são a própria origem dessa realidade: no princípio era o Verbo... As palavras criam as coisas em vez de serem um pálido reflexo delas. Ou, como diz Constant em *Cécile*, a propósito de um caso particular: "Como acontece tantas vezes na vida, as precauções que ele tomou para que esse sentimento não se realizasse foram, precisamente, o que fez que ele se tornasse realidade".[40]

---

40 Ibid., p.190.

Poética da prosa

Todo comércio amoroso, por exemplo, obedece a essa lei; as personagens de Constant estão cientes dela e agem de acordo. Quando Ellénore quer se proteger do amor de Adolphe, tenta de início se distanciar das palavras que o designam. "Ela só raramente consentia em me receber, [...] com a promessa de que eu jamais lhe falasse de amor".[41] Ellénore é cautelosa, pois sabe que aceitar a linguagem é aceitar o próprio amor, as palavras não tardarão a criar as coisas. É o que ocorre logo depois: "Ela permitiu que eu lhe pintasse meu amor; foi se familiarizando pouco a pouco com essa linguagem: logo confessou que me amava".[42] Aceitar a linguagem, aceitar o amor: a distância entre ambos é apenas a de uma proposição". O mesmo acontece com Germaine, em *Amélie et Germaine*: "Germaine necessita da linguagem do amor, dessa linguagem que me é, a cada dia, mais impossível lhe falar".[43] Germaine não pede amor, mas a linguagem do amor; o que, sabemos agora, não é menos e sim mais. Constant também sabe bem disso; não é o amor que se tornou impossível, mas precisamente o emprego dessa linguagem. Adolphe não agirá de outra forma ao tentar interromper seu relacionamento com Ellénore: "Felicitei-me quando pude substituir por palavras de afeição, de amizade, de devoção, aquelas de amor...".[44]

Outra cena marcante em *Adolphe* descreve assim a aparição da piedade. Ellénore diz a Adolphe: "Acreditas ter amor, mas tens apenas piedade". E ele comenta: "Por que ela pronunciou essas palavras funestas? Por que me revelou um segredo que eu queria ignorar? [...] O movimento fora destruído; estava determinado

---

41 Id., *Adolphe*, p.79.
42 Ibid., p.81.
43 Id., *Amélie et Germaine*, p.226.
44 Id., *Adolphe*, p.107.

em meu sacrifício, mas ele não me deixava mais feliz...".[45] Assim, a piedade toma o lugar do amor pela força de uma frase: a piedade, cuja existência era até então problemática, torna-se o sentimento dominante em Adolphe.

Todas as palavras, e não apenas as do mágico, têm um caráter encantatório. Perrault descreve, no conto "As fadas", o dom maravilhoso que uma fada concede a duas irmãs. Para a primeira: "'Ofereço-lhe o dom', prosseguiu a fada, 'de que a cada palavra que disser sairá de sua boca ou uma flor ou uma pedra preciosa'". E para a segunda: "Ofereço-lhe o dom de que a cada palavra que disser sairá de sua boca ou uma serpente ou um sapo". E o presságio se realiza na mesma hora: "'Então, mãe!', respondeu a grosseira, vomitando duas víboras e dois sapos". Todos nós, porém, diria Constant, recebemos esse mesmo dom e as palavras que saem de nossa boca se transformam inevitavelmente em realidade palpável. Uma responsabilidade insuspeitada pesa sobre nossos ombros: não se pode falar por falar, as palavras são sempre mais do que as palavras, e corre-se um grande perigo caso as consequências do que é dito sejam ignoradas. O próprio Constant formula assim a "ideia principal" de *Adolphe*: apontar o perigo que existe "no simples hábito de usar a linguagem do amor". Ao falar assim, "iniciamos a percorrer uma estrada cujo término não podemos prever".[46]

Dessa forma, as palavras são mais importantes — e mais difíceis — do que as ações que elas designam. Adolphe não saberá defender a honra de Ellénore com suas palavras, porém não hesita em duelar por ela; e ele nota: "Teria preferido muito

---

45 Ibid., p.114.
46 Ibid., p.37.

mais lutar com eles que lhes responder".[47] E Constant dirá de si mesmo: "O que sempre me causou dano foram minhas palavras. Elas sempre minaram o mérito de minhas ações":[48] as palavras pesam mais do que as coisas. Assim pensará Ellénore: "Sois bom; vossas ações são nobres e dedicadas; mas que ações poderiam apagar vossas palavras?".[49]

Essa prioridade da palavra sobre a ação (ou talvez: da palavra entre as ações) é tão evidente que a sociedade faz dela sua lei. Constant define assim, em *Cécile,* "a opinião francesa [...] que perdoa todos os vícios, mas que é inexorável quanto às conveniências",[50] e repetirá a mesma observação no prefácio à terceira edição do *Adolphe*: "Ela acolhe muito bem o vício quando nele não há mais escândalo".[51] As palavras são mais importantes que as coisas; mais ainda, são as palavras que criam as coisas.

Palavra pessoal e impessoal. Coisas presentes e ausentes

Nem toda palavra tem o mesmo poder de evocar no mundo o que ela nomeia. Uma cena do oitavo capítulo nos fornece uma boa ilustração disso. Ellénore faz Adolphe encontrar uma de suas amigas, que deve servir de intermediária entre os amantes afastados. Adolphe, em um ímpeto de sinceridade, revela seu verdadeiro sentimento por Ellénore diante da amiga: 'Nunca disse, até este momento, a ninguém que não amo mais

---

47 Ibid., p.102.

48 Id., *Journal*, p.300-1.

49 Id., *Adolphe*, p.175.

50 Id., *Cécile*, p.192.

51 Id., *Adolphe*, p.44.

Ellénore";[52] e, como já sabemos, entre pensar uma coisa, mil vezes que o fosse, e dizê-la há uma distância infinita. Mas esse fato torna-se aqui particularmente significativo, pois essa fala é dirigida a uma *terceira* pessoa. "Essa verdade, até então selada em meu coração, e às vezes só revelada a Ellénore no meio dos transtornos e da raiva, ganhou aos meus próprios olhos mais realidade e força pelo simples fato de que um outro dela se tornara depositário".[53] As mesmas palavras dirigidas a Ellénore não tinham o mesmo significado, não podiam interpretar o mesmo papel, pois Ellénore era um *tu* e não um *ele*. A oposição entre ambos é aquela entre uma fala *pessoal* que só conhece *eu* e *tu*, e a fala *impessoal*, que é a do *ele* e sobretudo, como veremos, a de um *esses*. A diferença entre ambas é claramente sentida por Adolphe: "É um grande passo, é um passo irreparável quando de repente desvelamos aos olhos de um terceiro os meandros ocultos de uma relação íntima...".[54] A fala impessoal transforma o sentimento em realidade: mas será a realidade outra coisa além do que é enunciado por essa fala impessoal, pela fala das não pessoas?

Agora podemos explicar a importância que Adolphe atribui (assim como Constant em seus diários) à opinião pública: esta nada mais é que essa mesma fala impessoal, cujo sujeito da enunciação permanece anônimo e que tem o poder de criar fatos. Ao tentar perceber o quanto ela vale, Adolphe não questiona a si mesmo, mas tenta evocar na memória alguns julgamentos impessoais. "Lembrava-me [...] dos elogios feitos aos meus primeiros ensaios".[55] "Todo louvor, toda aprovação à minha mente ou aos

---

52 Ibid., p.142.
53 Ibid., p.143.
54 Ibid.
55 Ibid., p.132.

Poética da prosa

meus conhecimentos me pareciam uma crítica insuportável..."[56] etc. Notemos, por um lado, o caráter incontestável (para Adolphe) desses juízos, por outro, o fato de que não faz sentido questionar-se sobre seu autor. Isso é o que Constant chama, para si próprio, de "uma situação idêntica ao inferno": "o palavrório perpétuo, essa surpresa dos homens mais esclarecidos da França sobre a estranha associação com a qual terminei [...]".[57] Não se trata de contestar a exatidão da opinião pública (Adolphe também não conseguirá fazê-lo quando se trata de desconsiderar a condenação de Ellénore pela sociedade): isso não se contesta. Pelo contrário, toda personagem tentará se adaptar o melhor possível a ela: assim, o narrador de *Le cahier rouge*, que, ao cortejar uma jovem, não buscará obter seus favores, e sim os da opinião pública: "Meu objetivo era que falassem de mim".[58] Portanto, eis o *esses* de onde emana a palavra mais certa, a mais real, mais real do que a realidade – pois vale mais do que o fato designado.

A escrita compartilha as características da fala impessoal. Constant se questiona várias vezes, sobretudo em seu *Journal*, sobre o alcance e a significação da escrita; e a cada vez descobre afinidades entre a escrita e a palavra pública. Eis uma passagem do *Journal* citada com frequência: "Ao iniciá-lo [esse diário], ditei para mim mesmo a lei de escrever tudo o que eu sentia. Observei essa lei o melhor que pude e, no entanto, tamanha é a influência do hábito de falar para a galeria, que várias vezes eu não a observei completamente".[59] Escrever é "falar para a galeria": pelo simples fato de escrever (e não falar), Constant vê seu

---

56 Ibid., p.133.

57 Id., *Amélie et Germaine*, p.251.

58 Id., *Oeuvres*, p.125.

59 Id., *Journal*, p.428.

discurso se aproximar daquele que será dirigido a um público, da fala impessoal. Essa presença do público na escrita será notada por ele ainda muitas vezes. "Façamos de boa-fé e não escrevamos para nós como se fosse para o público".[60] Sua consciência de um leitor que não é ninguém em particular, que é a não pessoa, é constante: "Verão que...";[61] "Se lessem o que escrevi algumas vezes sobre isso [...]".[62] Pelo próprio fato de escrever, as palavras não se dirigem mais ao *eu* (como no "pensamento") nem a um *tu* definido (que era o caso da fala; as cartas pessoais são, portanto, a escrita mais próxima da fala), mas a *esses*. E as consequências estão lá: escrever é instaurar a realidade, assim como ocorria com a fala impessoal. Daí, Constant escreverá: "Registro, pelo menos aqui, minha impressão, para que ela não possa ser mudada".[63] Ou, quando ele descreveu em seu *Journal* a morte de Julie Talma, será forçado a abandonar o diário para não mais sentir a presença da morte.

Vemos aqui, entre outros, que riscos assumem aqueles que consideram os diários de Constant como sendo uma pura constatação, refletindo a vida de Constant sem fazer parte dela. Identificar Constant com a personagem dos diários é ilegítimo precisamente porque Constant escreve esse diário (e o Constant que encontramos sob os traços de Adolphe jamais será nada além de um Constant *escrito*: o do diário, o das cartas). Ele mesmo nos adverte o tempo todo: o diário não é uma descrição transparente, um puro reflexo da "vida": a escrita jamais poderia sê-lo. "Devo registrar aqui que trato meu diário como trato minha vida",

---

60 Id., *Amélie et Germaine*, p.248.
61 Id., *Journal*, p.352.
62 Ibid., p.518.
63 Ibid., p.385.

escreve ele.[64] Ou ainda: "Este diário se transformou para mim em uma sensação da qual tenho uma espécie de necessidade".[65] O diário expulsa a vida, ele é mais opaco, mais material do que ela. Assim são explicadas aquelas estranhas observações nas quais o tempo da vida é substituído pelo espaço da escritura: "Espero muito estar longe daqui até o final da próxima página",[66] ou "No final da vigésima quinta página depois desta, talvez eu fique bem surpreso com tudo o que sinto neste momento"...[67]

A impessoalidade da escrita talvez explique a facilidade que as personagens de *Adolphe* têm de escrever, comparada à sua dificuldade de falar. Por exemplo, o pai de Adolphe: "Suas cartas eram afetuosas [...], mas, nem bem nos encontrávamos na presença um do outro, havia nele algo de forçado".[68] Também o próprio Adolphe: "Convencido por essas reiteradas experiências de que jamais teria coragem de falar com Ellénore, decidi escrever--lhe".[69] E podemos dizer que, de maneira mais geral, Adolphe não consegue se explicar com Ellénore (pela fala), mas consegue fazê-lo perfeitamente com o leitor, pela escrita.

Vamos retornar mais uma vez às regras que separamos no início: a palavra, quando verdadeira, é falsa; quando falsa, é verdadeira. Se quisermos reunir essas duas regras em uma só, deveremos dizer: as palavras não significam a presença das coisas, mas sua ausência. Formulada dessa forma, essa lei é pertinente para o conjunto dos referentes, e não apenas para uma de suas

---

64 Ibid., p.391.
65 Ibid., p.428.
66 Ibid., p.668.
67 Ibid., p.642.
68 Id., *Adolphe*, p.52.
69 Ibid., p.70.

partes: a verbalização muda a natureza das atividades psíquicas e indica sua ausência; ela não altera a natureza dos objetos materiais, mas fixa sua ausência mais do que sua presença.

Todos os casos analisados até aqui se encaixam nessa lei. Eis um outro, bastante eloquente, que encontramos em *Cécile*: "O cuidado que ela tomava para me assegurar que, uma vez casada, jamais se arrependeria dessa união, me convenceu de imediato que ela não tardara a se arrepender".[70] Ou ainda esta frase de *Adolphe*: "Encanto do amor, quem o sentiu não conseguiria descrever-te!".[71] A descrição do amor designa sua ausência, assim como a afirmação da ausência de arrependimento designa sua presença (a ausência da ausência). As palavras não designam as coisas, mas o contrário das coisas.

É necessário compreender essas afirmações paradoxais precisamente enquanto tais. Não se podem substituir as palavras por seus contrários para atenuar as ameaças que espreitam a comunicação; e não se trata, aqui, de um emprego incorreto da linguagem. O sentido do paradoxo seria obliterado caso não existisse essa lei única, que postula que o emprego das palavras implica a ausência de seu referente. As palavras designam o contrário do que parecem designar; se essa aparência, esse "semblante" desaparecesse, todo o sentido da lei contraditória da linguagem desvaneceria de imediato.

Somos sempre lembrados, no *Adolphe,* dessa realidade primordial, necessária para que a transgressão seja possível. Assim, o barão de T*** dirá a Adolphe: "Os fatos são positivos, são públicos [mais uma vez, é a opinião pública que torna um 'fato'

---

70 Id., *Oeuvres*, p.188.

71 Id., *Adolphe*, p.90.

Poética da prosa

'positivo']; ao impedir-me de lembrá-los, pensa destruí-los?".[72] E o próprio Adolphe afirmará: "O que não se diz, ainda existe".[73] Essas frases, no entanto, não contradizem de modo algum a doutrina da palavra, que se desprende de tudo o que a precede; elas lhe fornecem, ao contrário, a condição necessária, essa relação principal, sem a qual o paradoxo da palavra não teria existido.

A reflexão sobre a natureza da palavra e, assim, de toda comunicação, produz em Constant um sentimento que poderíamos caracterizar como sendo o do "verbo trágico". A comunicação nada mais é do que um mal-entendido dissimulado ou protelado; o esforço para se comunicar é uma brincadeira de criança. Constant deve tê-lo experimentado profundamente, a julgar por algumas frases tiradas de seu diário: "Apenas nós nos conhecemos, não podemos ser julgados a não ser por nós mesmos: existe, entre os outros e nós, uma barreira invencível".[74] "Os outros são os outros, jamais faremos com que sejam nós [...] Existe, entre nós e o que não somos nós, uma barreira intransponível".[75] "Minha vida lá no fundo não está em nenhum outro lugar a não ser em mim mesmo [...], seu interior está cercado de não sei qual barreira que os outros não ultrapassam [...]".[76] Essa barreira obsessiva que Constant não consegue deixar de sentir reside na natureza mesma da palavra e ela é, de fato, intransponível: motivo suficiente para esse pessimismo que muitas vezes nos atinge ao lermos os textos de Constant. Não nos serve de consolo a ideia de que, não havendo comunicação, os sentimentos

---

72 Ibid., p.130.

73 Ibid., p.86.

74 Id., *Journal*, p.139.

75 Ibid., p.428.

76 Ibid., p.494.

que deveriam se tornar seu objeto permaneceriam intactos: sabemos agora que eles existem apenas nessa comunicação. Agimos então, dirá Constant, "como se quiséssemos nos vingar em nossos próprios sentimentos da dor que sentimos por não sermos capazes de demonstrá-los".[77] Desligado do outro, o ser não existe mais.

O único consolo que poderíamos dirigir a Constant vem de sua própria teoria: já que toda palavra, assim que é articulada, se torna falsa, por causa da mudança que ela produz no objeto descrito, também essa teoria com certeza é falsa, na medida em que a palavra, após a articulação da teoria, não é mais a mesma.

Palavra e desejo

Grande parte do texto do *Adolphe* trata, como se vê, da palavra. Talvez haja apenas outro tema representado com tal abundância: o do desejo. A coexistência de ambos em um texto não é gratuita; e será instrutivo comparar a estrutura da palavra, tal como acabamos de observá-la, à do desejo. Vamos recordar brevemente essa estrutura do desejo (sobre a qual se encontra um estudo aprofundado no ensaio de Maurice Blanchot "Adolphe ou a infelicidade dos sentimentos verdadeiros", em *A parte do fogo*).

O desejo de Adolphe durará apenas o tempo de sua insatisfação, pois ele deseja mais seu desejo do que o objeto do desejo. Vivendo com Ellénore, ele não será mais feliz, e só irá sonhar com a independência que lhe falta; mas, uma vez livre, é incapaz de aproveitá-la: "Quanto me pesava, essa liberdade que eu tanto lamentava! Como fazia falta ao meu coração essa dependência

---

77 Ibid., p.53.

que tanto me revoltara!".[78] A abolição da distância entre sujeito e objeto do desejo abole o próprio desejo.

Daí, há várias consequências. Em primeiro lugar, o desejo jamais será tão forte quanto na ausência de seu objeto; o que leva Constant a uma valorização absoluta da ausência, a uma desvalorização da presença. Escreverá em seu diário: "Minha imaginação que sente tão vivamente os inconvenientes de toda a situação presente...";[79] "Seja qual for a minha vontade, é só na ausência que uma resolução qualquer pode ser executada".[80] Chegará mesmo a esta fórmula, única em sua concisão: "Só amo na ausência...".[81]

A satisfação do desejo significa sua morte e, assim, a infelicidade. Ser amado é ser infeliz. "Ninguém foi mais amado, mais elogiado, mais acariciado do que eu, e nunca um homem foi menos feliz", escreverá ainda Constant.[82] Quando se é amado, não se pode mais amar. Como explicar que se deixe de desejar o objeto ao qual aspirávamos com tanto ardor um quarto de hora mais cedo, como o mesmo objeto pode provocar, uma após a outra, duas atitudes tão diferentes? É que esse objeto só é o mesmo materialmente, não simbolicamente; apenas essa última dimensão nos importará aqui. Devemos mais uma vez abandonar qualquer imagem estática da consciência: o objeto não é o mesmo, caso esteja ausente ou presente; ele não existe independentemente da relação que temos com ele. Ou, como formula o

---

78 Id., *Adolphe*, p.173-4.
79 Id., *Journal*, p.363.
80 Ibid., p.383.
81 Ibid., p.716.
82 Ibid., p.507.

próprio Constant: "O objeto que nos escapa é necessariamente muito diferente daquele que nos persegue".[83]

Nada favorece tanto o desejo quanto o obstáculo. O amor de Adolphe só começa a partir do primeiro obstáculo que se opõe a ele (uma carta fria de Ellénore); e, em seguida, cada obstáculo superado diminuirá seu desejo. Mais ainda: não só o obstáculo reforça o desejo, como é ele que o cria (tema favorito dos mitos e dos contos populares: pensemos em todas as histórias de proibições). Constant escreverá a respeito de sua segunda mulher: "Horrivelmente cansado dela, quando ela quis se unir a mim, à primeira palavra que ela me disse sobre desejar adiar essa união para atender às súplicas de seu pai, senti-me de novo tomado de uma paixão devoradora".[84]

Ao mesmo tempo, não basta dizer que se deseja não a presença de um objeto e sim sua ausência; de novo, não se trata de um uso linguístico incorreto, e substituir as palavras por seus contrários não solucionaria as coisas. O paradoxo e a tragédia do desejo derivam precisamente de sua natureza dupla. Deseja-se a um só tempo o desejo e seu objeto; Adolphe seria infeliz se não obtivesse o amor de Ellénore, assim como é infeliz por tê-lo obtido. Só existe escolha entre diferentes infelicidades. Constant dirá em seu comentário sobre o caráter de Adolphe:

Sua posição e a de Ellénore eram irreparáveis, e era isso o que eu queria. Mostrei-o atormentado porque ele só amava Ellénore fracamente; mas ele não seria menos atormentado se a tivesse amado

---

83 Ibid., p.302.
84 Ibid.

mais. Ele sofria por sua falta de sentimentos para com ela: com um sentimento mais apaixonado, teria sofrido por ela.[85]

Ou, da mesma maneira, a respeito de Madame de Staël: "Ela sempre sentiu aquele tipo de inquietude sobre nossa ligação que a impedia de achá-la maçante, pois ela jamais se sentiu suficientemente segura dela".[86] A escolha é, pois, entre inquietude e cansaço, entre dor e indiferença.

Nesse mundo despedaçado pela lei contraditória que o constitui, Constant vê apenas uma certeza positiva: a de evitar a dor alheia. Se a lógica do desejo nos coloca em um mundo relativo, a dor do outro é um valor absoluto, e sua negação, sua recusa, o único marco positivo. Esse princípio determinará a conduta de Adolphe, assim como determina a de Constant (é nisso que pensamos ao falar de sua "fraqueza de caráter"). A felicidade, ou melhor, o que a substitui aqui, a ausência de infelicidade, uma vez mais depende totalmente do outro: "O *nec plus ultra* da felicidade seria a de nos fazermos mutuamente o menor mal possível".[87]

Podemos agora restabelecer sem dificuldade a relação profunda entre palavra e desejo. Ambos funcionam de maneira análoga. As palavras implicam a ausência das coisas, assim como o desejo implica a ausência de seu objeto; e essas ausências se impõem, apesar da necessidade "natural" das coisas e do objeto do desejo. Ambos desafiam a lógica tradicional que pretende conceber os objetos em si mesmos, independentemente de sua relação com aquele para quem eles existem. Ambos resultam em

---

85 Id., *Adolphe*, p.40.
86 Id., *Journal*, p.355.
87 Ibid., p.511.

um impasse: o da comunicação, o da felicidade. As palavras são para as coisas o que o desejo é para o objeto do desejo.

Isso não quer dizer, é claro, que se deseja o que se diz. A equivalência é mais profunda, ela consiste na analogia do mecanismo, do funcionamento, e pode se realizar tão bem na identidade quanto na oposição. "Tanto mais violento quanto mais frágil me sentia", dirá de si mesmo Adolphe;[88] palavras às quais as de Constant fazem eco: "Sou duro porque sou fraco".[89] Aqui, as palavras substituem as coisas: mas as coisas são precisamente o desejo.

Pode-se perguntar agora em que medida essa teoria da palavra, esboçada por Constant, tem algo a ver com a literatura; não seria antes o caso de escrever um capítulo da história da psicologia (o que Jean Hytier sugeriu em *Les romans de l'individu* [Os romances do indivíduo]: "O nome de Constant deveria figurar nos manuais de psicologia")? Há, entretanto, um fato material que deveria nos prevenir: quase todos os elementos dessa teoria se encontram no *Adolphe*, e mesmo exclusivamente no *Adolphe*. Os diários ou os outros escritos apenas confirmam uma parte das ideias de Constant. Seria uma coincidência que seu único texto propriamente literário seja quase por completo dedicado a esse tema?

Pode-se propor a explicação seguinte para esse fato. É razoável supor que a variedade temática da literatura seja apenas aparente; que, na base de toda literatura, encontram-se os mesmos, digamos, universais semânticos, pouquíssimo numerosos, mas cujas combinações e transformações fornecem toda a variedade

---

88 Id., *Adolphe*, p.157.
89 Id., *Journal*, p.507.

Poética da prosa

dos textos existentes. Se assim for, pode-se ter certeza de que o desejo seria um desses universais (a troca poderia ser outro). Ora, ao tratar da palavra, Constant trata também do desejo: nós observamos a equivalência formal entre os dois. Podemos então dizer que toda essa problemática é essencialmente literária; o desejo seria mesmo uma das constantes que permitem definir a própria literatura.

Mas por que, pode-se questionar, o desejo seria um dos universais semânticos da literatura (apenas sua importância na vida humana não é uma razão suficiente)? Acabamos de ver que o desejo funciona tal como a fala (assim como a troca, aliás); ora, também a literatura é fala, embora uma fala diferente. Ao tomar o desejo como uma das constantes temáticas, a literatura nos revela, de maneira indireta, seu segredo, que é sua lei principal: é que ela continua a ser seu próprio objeto essencial. Ao falar do desejo, ela continua a falar de si mesma. Podemos, então, desde já, adiantar uma hipótese sobre a natureza dos universais semânticos da literatura: eles nunca deixarão de ser nada mais do que transformações da própria literatura.

1967

9
A gramática da narrativa

O emprego metafórico usufruído por termos como "linguagem", "gramática", "sintaxe" etc. quase sempre nos faz esquecer que essas palavras poderiam ter um sentido preciso, mesmo quando não estão relacionadas a uma língua natural. Ao nos propormos a tratar da "gramática da narrativa", devemos de início precisar que sentido assume aqui o termo "gramática".

Desde as primeiras reflexões sobre a linguagem, surgiu a hipótese segundo a qual, para além das diferenças evidentes entre as línguas, seria possível descobrir uma estrutura comum. As pesquisas sobre essa gramática universal prosseguiram, com êxito irregular, durante mais de vinte séculos. Antes de nossa época, seu auge se situa, sem dúvida, nos *modistas* dos séculos XIII e XIV; eis como um deles, Roberto Kilwardby, formulava seu credo:

> A gramática só pode se constituir em uma ciência com a condição de ser uma para todos os homens. É por acidente que a gramática enuncia regras próprias a uma determinada língua, como o

latim ou o grego; assim como a geometria não se ocupa de linhas ou superfícies concretas, a gramática estabelece a correção do discurso na medida em que este faz abstração da linguagem real [o uso atual nos levaria a inverter os termos *discurso* e *linguagem*]. O objeto da gramática é o mesmo para todo o mundo.[1]

Mas, se admitimos a existência de uma gramática universal, não devemos mais limitá-la apenas às línguas. Ela terá visivelmente uma realidade psicológica; podemos citar aqui Boas, cujo testemunho assume maior valor por seu autor ter inspirado a Linguística antiuniversalista: "O surgimento dos conceitos gramaticais mais fundamentais em todas as línguas deve ser considerado como prova da unidade dos processos psicológicos fundamentais".[2] Essa realidade psicológica torna plausível a existência da mesma estrutura fora da língua.

Tais são as premissas que nos autorizam a procurar essa mesma gramática universal ao estudar outras atividades simbólicas do homem, diversas da língua natural. Como essa gramática continua sendo uma hipótese, é evidente que os resultados de um estudo sobre tal atividade serão pelo menos tão pertinentes para seu conhecimento quanto os de uma pesquisa sobre o francês, por exemplo. Infelizmente, existem muito poucas pesquisas avançadas sobre a gramática das atividades simbólicas; um dos raros exemplos que podemos citar é o de Freud e seu estudo sobre a linguagem onírica. Aliás, os linguistas nunca tentaram levá-lo em consideração quando questionaram a natureza da gramática universal.

---

1 Citado cf. G. Wallerand, *Les oeuvres de Siger de Courtray*.
2 Boas, *Handbook*, I, p.71.

Assim, uma teoria da narrativa contribuiria também para o conhecimento dessa gramática, na medida em que a narrativa é uma dessas atividades simbólicas. Instaura-se aqui uma relação de duplo sentido: podemos tomar de empréstimo as categorias do rico aparato conceitual dos estudos sobre as línguas; mas, ao mesmo tempo, precisamos evitar seguir docilmente as teorias correntes sobre a linguagem: é possível que o estudo da narração nos leve a corrigir a imagem da língua, tal como a encontramos nas gramáticas.

Gostaria de ilustrar aqui com alguns exemplos os problemas que surgem no trabalho de descrição das narrativas, quando esse trabalho se situa em uma tal perspectiva.[3]

I.

Tomemos de início o problema das partes do discurso. Toda teoria semântica das partes do discurso deve fundar-se sobre a distinção entre descrição e denominação. A linguagem cumpre igualmente essas duas funções, e sua interpenetração no léxico com frequência nos faz esquecer sua diferença. Se digo "a criança", essa palavra serve para descrever um objeto, para enumerar suas características (idade, altura etc.); mas ao mesmo tempo ela me permite identificar uma unidade espaçotemporal, dar-lhe um nome (em particular, aqui, pelo artigo). Essas duas funções estão distribuídas irregularmente na língua: os nomes próprios, os pronomes (pessoais, demonstrativos etc.), o artigo,

---

3 As narrativas particulares às quais me refiro foram todas extraídas do *Decameron* de Boccaccio. O algarismo romano indicará a jornada; o algarismo arábico, a novela. Para um estudo mais detalhado dessas narrativas, remetemos à nossa *Grammaire du Décaméron*.

servem antes de tudo à denominação, enquanto o nome comum, o verbo, o adjetivo e o advérbio são sobretudo descritivos. Mas trata-se aí apenas de uma predominância, eis por que é útil conceber a descrição e a denominação como deslocadas, por assim dizer, do nome próprio e do substantivo comum; essas partes do discurso são apenas uma forma quase acidental daqueles. Assim se explica o fato de os nomes comuns poderem facilmente se tornar próprios (Hotel "Futuro") e vice-versa ("um Pelé"):[4] cada uma das formas serve aos dois processos, mas em graus diferentes.

Para estudar a estrutura da intriga de uma narrativa, devemos, em primeiro lugar, apresentar essa intriga sob a forma de um resumo, em que cada ação distinta da história corresponda a uma oração. A oposição entre denominação e descrição aparecerá então de forma bem mais nítida aqui do que na língua. Os agentes (sujeitos e objetos) das orações serão sempre nomes próprios ideais (convém lembrar que o sentido principal de "nome *próprio*" não é "nome que pertence a alguém", e sim "nome em sua verdadeira acepção", "nome por excelência"). Se o agente de uma oração for um nome comum (um substantivo), devemos submetê-lo a uma análise que possa distinguir, na própria palavra, seus aspectos denominativo e descritivo. Dizer, como costuma fazer Boccaccio, "o rei da França", "a viúva" ou "o criado" é ao mesmo tempo identificar uma pessoa única e descrever algumas de suas propriedades. Tal expressão equivale a uma oração inteira: seus aspectos descritivos formam o predicado da oração, seus aspectos denominativos constituem seu sujeito. "O rei da França parte de viagem" contém, na verdade, duas orações:

---

4 No original, "un Jazy", referência ao atleta francês Michel Jazy, famoso na década de 1960. (N. T.)

Poética da prosa

"X é rei da França" e "X parte de viagem", onde X desempenha o papel de nome próprio, mesmo que esse nome esteja ausente na novela. O agente não pode ser provido de nenhuma propriedade, é antes uma forma vazia a ser preenchida por diversos predicados. Ele não tem mais sentido que um pronome como "aquele" em "aquele que corre" ou "aquele que é corajoso". O sujeito gramatical é sempre vazio de propriedades internas, estas só podem provir de uma junção provisória com um predicado.

Reservaremos portanto a descrição apenas para o predicado. Para distinguir agora várias classes de predicados, temos de olhar mais de perto a construção das narrativas. A intriga mínima completa consiste na passagem de um equilíbrio a outro. Uma narrativa ideal começa com uma situação estável que uma força qualquer vem perturbar. Disso resulta um estado de desequilíbrio; pela ação de uma força com sentido contrário, o equilíbrio é restabelecido; o segundo equilíbrio é semelhante ao primeiro, mas os dois nunca são idênticos.

Existem, por conseguinte, dois tipos de episódio em uma narrativa: os que descrevem um estado (de equilíbrio ou desequilíbrio) e os que descrevem a passagem de um estado a outro. O primeiro tipo será relativamente estático e, pode-se dizer, iterativo: o mesmo gênero de ação poderia ser repetido ao infinito. O segundo, em contrapartida, será dinâmico e, em princípio, só se produz uma vez.

Essa definição dos dois tipos de episódio (e portanto de orações que os designam) nos permite aproximá-los de duas partes do discurso, o adjetivo e o verbo. Como várias vezes já foi notado, a oposição entre verbo e adjetivo não é a de uma ação sem parâmetro de comparação com uma qualidade, mas a de dois aspectos, provavelmente iterativo e não iterativo. Os "adjetivos" narrativos serão aqueles predicados que descrevem estados de equilíbrio ou desequilíbrio; os "verbos", aqueles que descrevem a passagem de um a outro.

Talvez surpreenda o fato de que nossa lista das partes do discurso não comporte substantivos. Mas o substantivo pode sempre ser reduzido a um ou vários adjetivos, como já observaram alguns linguistas. Assim, H. Paul escreve: "O adjetivo designa uma propriedade simples ou que é representada como simples; o substantivo contém um complexo de propriedades".[5] Os substantivos no *Decameron* quase sempre se reduzem a um adjetivo; assim, "gentil-homem" (II, 6; II, 8; III, 9), "rei" (X, 6; X, 7), "anjo" (IV, 2) refletem todos uma única propriedade, que é "ser de boa linhagem". É preciso notar aqui que as palavras francesas com as quais designamos tal ou qual propriedade ou ação não são pertinentes para determinar a parte do discurso narrativo. Uma propriedade pode ser designada tanto por um adjetivo como por um substantivo ou até por uma locução inteira. Trata-se aqui dos adjetivos ou verbos da gramática da narrativa e não da do francês.

Tomemos um exemplo que nos permitirá ilustrar essas "partes do discurso" narrativo. Peronella recebe o amante na ausência do marido, um pobre pedreiro. Mas um dia este retorna mais cedo à casa. Peronella esconde o amante em um tonel; assim que o marido entra, ela lhe diz que alguém queria comprar o tonel e que esse alguém o está examinando naquele momento. O marido acredita nela e alegra-se com a venda. Vai raspar o tonel para limpá-lo; enquanto isso, o amante faz amor com Peronella, que

---

5 Paul, *Prinzipien der Sprachgeschichte*, § 251.

Poética da prosa

passou a cabeça e os braços pela abertura do tonel, tapando-o dessa forma (VII, 2).

Peronella, o amante e o marido são os agentes dessa história. Os três são nomes próprios narrativos, embora os dois últimos não sejam nomeados; podemos designá-los por X, Y e Z. As palavras amante e marido indicam além disso certo estado (é a legalidade da relação com Peronella que está em questão aqui); funcionam portanto como adjetivos. Esses adjetivos descrevem o equilíbrio inicial: Peronella é a esposa do pedreiro, não tem direito de fazer amor com outros homens.

Em seguida vem a transgressão dessa lei: Peronella recebe o amante. Trata-se aí evidentemente de um "verbo" que poderíamos designar como: violar, transgredir (uma lei). Ele leva a um estado de desequilíbrio, pois a lei familiar deixa de ser respeitada.

A partir desse momento, existem duas possibilidades para restabelecer o equilíbrio. A primeira seria punir a esposa infiel; mas essa ação serviria para restabelecer o equilíbrio inicial. Ora, a novela (ou pelo menos as novelas de Boccaccio) jamais descreve tal repetição da ordem inicial. O verbo "punir" está assim presente na novela (é o perigo que ameaça Peronella), mas não se realiza, permanece em estado virtual. A segunda possibilidade consiste em encontrar um meio de evitar a punição; é o que fará Peronella; ela o consegue disfarçando a situação de desequilíbrio (a transgressão da lei) em situação de equilíbrio (a compra de um tonel não burla a lei familiar). Aqui há um terceiro verbo, "disfarçar". O resultado final é novamente um estado, portanto um adjetivo: uma nova lei é instaurada, embora não seja explícita, segundo a qual a mulher pode seguir suas inclinações naturais.

Assim, a análise da narrativa nos permite isolar unidades formais que apresentam analogias surpreendentes com as partes do discurso: nome próprio, verbo, adjetivo. Como não levamos em conta, aqui, a matéria verbal que suporta essas unidades, torna-se possível defini-las de forma mais clara do que ao estudar uma língua.

2.

Distinguem-se habitualmente, em uma gramática, as categorias *primárias*, que permitem definir as partes do discurso, das categorias *secundárias*, que são as propriedades dessas partes: assim como a voz, o aspecto, o modo, o tempo etc. Vejamos um exemplo de uma dessas últimas, o modo, para observar suas transformações na gramática da narrativa.

O modo de uma frase narrativa explicita a relação que mantém com ela a personagem em questão; essa personagem representa, portanto, o papel de sujeito da enunciação. Distinguiremos em primeiro lugar duas classes: o indicativo, por um lado; todos os outros modos, por outro. Esses dois grupos opõem-se tal como o real ao irreal. As orações enunciadas no indicativo são percebidas como designando ações que realmente ocorreram; se o modo for diferente, é porque a ação não se realizou, mas existe em potencial, virtualmente (a punição virtual de Peronella é um exemplo disso).

As antigas gramáticas explicavam a existência das frases modais pelo fato de que a linguagem serve não só para descrever e, portanto, para se referir à realidade, mas também para exprimir nossa vontade. Daí também a estreita relação, em várias línguas, entre os modos e o futuro, que habitualmente significa apenas uma intenção. Não a seguiremos até o fim: seria possível estabelecer uma primeira dicotomia entre os modos próprios do

Decameron, que são quatro, questionando se eles estão ou não ligados a uma vontade. Essa dicotomia nos dá dois grupos: os modos da *vontade* e os modos da *hipótese*.

Os modos da vontade são dois: o obrigativo e o optativo. O *obrigativo* é o modo de uma oração que deve acontecer; é uma vontade codificada, não individual, que constitui a lei de uma sociedade. Por isso, o obrigativo tem um estatuto particular: as leis estão sempre subentendidas, nunca são nomeadas (não é necessário) e correm o risco de passar despercebidas para o leitor. No *Decameron*, a punição deve ser escrita no modo obrigativo: ela é uma consequência direta das leis da sociedade e está presente mesmo que não aconteça.

O *optativo* corresponde às ações desejadas pela personagem. Em certo sentido, toda oração pode ser precedida pela mesma oração no optativo, na medida em que cada ação do *Decameron* – embora em diferentes graus – resulta do desejo que alguém tem de que essa ação se realize. A *renúncia* é um caso particular do optativo: é um optativo primeiro afirmado e depois negado. Assim, Gianni renuncia a seu primeiro desejo de transformar sua mulher em jumento quando fica sabendo dos detalhes da transformação (IX, 10). Da mesma forma, Ansaldo renuncia ao seu desejo de possuir Dianora quando fica sabendo qual foi a generosidade de seu marido (X, 5). Em uma das novelas encontramos também um optativo de segundo grau: em III, 9, Giletta aspira não só a dormir com seu marido, como a que este a ame, tornando-o assim o sujeito de uma frase optativa: ela deseja o desejo do outro.

Os dois outros modos, condicional e preditivo, oferecem não só uma característica semântica comum (a hipótese), mas se distinguem por uma estrutura sintática particular: referem--se a uma sucessão de duas orações e não a uma frase isolada.

Mais precisamente, eles concernem à relação entre essas duas orações, que é sempre de implicação, mas com a qual o sujeito da enunciação pode manter relações diferentes.

O *condicional* se define como o modo que coloca em relação de implicação duas orações atributivas, de forma que o sujeito da segunda oração e aquele que impõe a condição sejam uma única e mesma personagem (houve quem designasse o condicional com o nome de prova). Assim, em IX, 1, Francesca impõe como condição para conceder seu amor que Rinuccio e Alexandre executem, cada um, uma façanha: se sua coragem for provada, ela consentirá em satisfazê-los. Também em X, 5: Dianora exige de Ansaldo "um jardim que, em janeiro, esteja florido como no mês de maio"; se ele conseguir, poderá possuí-la. Uma das novelas tem a prova como tema central: Pirro pede a Lídia, como prova de seu amor, que ela cumpra três atos: matar, sob os olhos do marido, seu melhor falcão; arrancar um tufo de pelos da barba de seu marido; extrair, por fim, um de seus melhores dentes. Quando Lídia tiver superado a prova, ele consentirá em deitar--se com ela (VII, 9).

O *preditivo*, enfim, tem a mesma estrutura que o condicional, mas o sujeito que prediz não deve ser o sujeito da segunda oração (a consequência); nisso, ele se aproxima do modo "transrelativo" identificado por Whorf. Nenhuma restrição pesa sobre o sujeito da primeira oração. Assim, ele pode ser o mesmo que o sujeito da enunciação (em I, 3: se eu deixar Melquisedeque constrangido, pensa Saladino, ele me dará dinheiro; em X, 10: se eu for cruel com Griselda, pensa Gualtieri, ela tentará me prejudicar). As duas orações podem ter o mesmo sujeito (IV, 8: se Girólamo se afastar da cidade, pensa sua mãe, ele deixará de amar Salvestra; VII, 7: se meu marido sentir ciúmes, supõe Beatrice, ele se

Poética da prosa

levantará e sairá). Essas predições são às vezes muito elaboradas: assim, na última novela, para se deitar com Ludovico, Beatrice diz a seu marido que Ludovico a corteja; de modo similar, em III, 3, para provocar o amor de um cavaleiro, uma dama se queixa ao amigo dele que ele não para de lhe fazer a corte. As predições dessas duas novelas (que se revelam justas em ambos os casos) não estão evidentemente asseguradas: as palavras criam aqui as coisas, em vez de refleti-las.

Esse fato nos leva a ver que o preditivo é uma manifestação particular da lógica do verossímil. Supõe-se que uma ação resultará em outra porque essa causalidade corresponde a uma probabilidade comum. É preciso evitar, todavia, confundir esse verossímil das personagens com as leis que o leitor considera verossímeis: tal confusão nos levaria a procurar a probabilidade de cada ação em particular; enquanto o verossímil das personagens tem uma realidade formal precisa, o preditivo.

Se procurarmos articular melhor as relações apresentadas pelos quatro modos, teremos, ao lado da oposição "presença/ ausência de vontade", outra dicotomia que oporá o optativo e o condicional, de um lado, ao obrigativo e preditivo, de outro. Os dois primeiros se caracterizam por uma identidade do sujeito da enunciação com o sujeito do enunciado: põe-se aqui em questão a si mesmo. Os dois últimos, em contrapartida, refletem ações exteriores ao sujeito enunciante: são leis sociais e não individuais.

3.

Se quisermos ultrapassar o nível da oração, surgirão problemas mais complexos. Com efeito, até aqui podíamos comparar os resultados de nossa análise aos dos estudos sobre as línguas.

Mas não existe uma teoria linguística do discurso; não tentaremos, portanto, referir-nos a ela. Eis algumas conclusões gerais, que podemos tirar da análise do *Decameron*, sobre a estrutura do discurso narrativo.

As relações que se estabelecem entre orações podem ser de três tipos. A mais simples é a relação temporal, em que os eventos se sucedem no texto porque se sucedem também no mundo imaginário do livro. A relação lógica é um outro tipo de relação; em geral, as narrativas são fundadas em implicações e pressuposições, enquanto os textos mais afastados da ficção se caracterizam pela presença da inclusão. Por fim, uma terceira relação é de tipo "espacial", na medida em que as duas orações estão justapostas por causa de certa semelhança entre elas, desenhando assim um espaço próprio ao texto. Trata-se, como se vê, do paralelismo, com suas múltiplas subdivisões; essa relação parece dominante nos textos de poesia. A narrativa possui os três tipos de relações, mas em uma dosagem sempre diferente e segundo uma hierarquia que é própria a cada texto em particular.[6]

Podemos estabelecer uma unidade sintática superior à oração; chamemo-la *sequência*. A sequência terá características diferentes segundo o tipo de relação entre orações; mas, em cada caso, uma repetição incompleta da oração inicial marcará seu fim. Por outro lado, a sequência provoca uma reação intuitiva por parte do leitor: reconhecer que se trata de uma história completa, uma anedota concluída. Uma novela coincide muitas vezes, mas nem sempre, com uma sequência: pode conter várias sequências ou apenas uma parte dela.

---

6 Trato mais longamente desses três tipos de relação no capítulo "Poétique" da obra coletiva *Qu'est-ce que le structuralisme?*

Poética da prosa

Colocando-nos no ponto de vista da sequência, podemos distinguir vários tipos de orações. Esses tipos correspondem às relações lógicas de exclusão (ou-ou), de disjunção (e-ou) e de conjunção (e-e). Chamaremos o primeiro tipo de orações *alternativas*, pois só uma delas pode aparecer em um ponto da sequência; essa aparição, é, por outro lado, obrigatória. O segundo tipo será o das orações *facultativas*, cujo lugar não é definido e cuja aparição não é obrigatória. Enfim, um terceiro tipo será formado pelas orações *obrigatórias*; essas devem sempre aparecer em um lugar definido.

Tomemos uma novela que nos permitirá ilustrar essas diferentes relações. Uma dama da Gasconha é ultrajada por "alguns malfeitores" durante sua estada em Chipre. Ela quer se queixar ao rei da ilha; mas lhe dizem que seria perda de tempo, pois o rei é indiferente aos insultos que ele próprio recebe. Apesar disso, ela o encontra e lhe dirige algumas palavras amargas. O rei fica comovido e abandona sua covardia (I, 9).

Uma comparação entre essa novela e os outros textos que formam o *Decameron* nos permitirá identificar o estatuto de cada oração. De início, há uma oração obrigatória: é o desejo da dama de modificar a situação anterior; reencontramos esse desejo em todas as novelas da obra. Por outro lado, duas orações contêm as causas desse desejo (o ultraje dos malfeitores e a infelicidade da dama) e podemos qualificá-las de facultativas: trata-se aí de uma motivação psicológica da ação modificadora de nossa heroína, motivação que está, em geral, ausente no *Decameron* (ao contrário do que ocorre na novela do século XIX). Na história de Peronella (VII, 2), não há motivações psicológicas; mas ali também encontramos uma oração facultativa: é o fato de os dois amantes fazerem amor de novo pelas costas do marido. Que nos entendam bem: ao qualificar essa oração de facultativa, queremos dizer que ela não é necessária para que se perceba a intriga do conto como um todo concluído. A novela em si necessita dela, que representa mesmo o "sal da história"; mas é preciso poder separar o conceito de intriga do de novela.

Por fim, existem orações alternativas. Tomemos, por exemplo, a ação da dama que modifica o caráter do rei. Do ponto de vista sintático, ela tem a mesma função que a de Peronella, que escondia o amante no tonel: ambas visam estabelecer um novo equilíbrio. Contudo, aqui essa ação é um ataque verbal direto, enquanto Peronella fazia uso do disfarce. "Atacar" e "disfarçar" são, portanto, dois verbos que aparecem em orações alternativas; ou seja, eles formam um paradigma.

Se procurarmos estabelecer uma tipologia das narrativas, só podemos fazê-lo baseando-nos em elementos alternativos: nem as orações obrigatórias, que devem aparecer sempre, nem as facultativas, que sempre podem aparecer, conseguem ajudar-nos aqui. Por outro lado, a tipologia poderia basear-se em critérios puramente sintagmáticos: dissemos anteriormente que a narrativa consistia na passagem de um equilíbrio a outro; mas uma narrativa pode também apresentar apenas uma parte desse trajeto. Assim, ela pode descrever apenas a passagem de um equilíbrio a um desequilíbrio, ou vice-versa.

O estudo das novelas do *Decameron* nos levou, por exemplo, a ver nessa obra apenas dois tipos de história. O primeiro, cuja novela sobre Peronella serve de exemplo, poderia ser chamado "a punição evitada". Aqui, o trajeto completo é seguido (equilíbrio – desequilíbrio – equilíbrio); por outro lado, o desequilíbrio é provocado pela transgressão de uma lei, ato que merece punição. O segundo tipo de história, ilustrado pela novela sobre a dama da Gasconha e o rei de Chipre, pode ser designado como uma "conversão". Aqui, só a segunda parte da narrativa está presente: parte-se de um estado de desequilíbrio (um rei fraco) para chegar ao equilíbrio final. Além disso, esse desequilíbrio não é motivado por uma ação particular (um verbo), mas pelas próprias qualidades da personagem (um adjetivo).

Esses poucos exemplos podem ser suficientes para dar uma ideia da gramática da narrativa. Poder-se-ia objetar que, desse modo, não chegamos a "explicar" a narrativa, a tirar dela conclusões gerais. Mas o estado dos estudos sobre a narrativa requer que nossa primeira tarefa seja a elaboração de um aparato descritivo: antes de poder explicar os fatos, é preciso aprender a identificá-los.

Poder-se-ia (e dever-se-ia) encontrar imperfeições também nas categorias concretas propostas aqui. Meu objetivo era levantar questões, mais que fornecer respostas. Não obstante, parece-me que a própria ideia de uma gramática da narrativa não pode ser contestada. Essa ideia repousa sobre a profunda unidade da linguagem e da narrativa, unidade que nos obriga a rever nossas ideias sobre uma e outra. Compreender-se-á melhor a narrativa se se souber que a personagem é um nome, e a ação, um verbo. Mas compreender-se-á melhor o nome e o verbo se pensarmos no papel que eles representam na narrativa. Finalmente, a linguagem não poderá ser compreendida até que se aprenda a pensar sua manifestação essencial, a literatura. O inverso também é verdadeiro: combinar um nome e um verbo é dar o primeiro passo para a narrativa. De certa forma, o escritor apenas lê a linguagem.

1968

10
A busca da narrativa

É preciso tratar a literatura como literatura. Esse *slogan*, enunciado dessa forma há mais de cinquenta anos, deveria ter se tornado lugar-comum e perdido, assim, sua força polêmica. Não foi o que aconteceu, entretanto, e o apelo por um "retorno à literatura" nos estudos literários mantém sempre sua atualidade; mais do que isso, ele parece condenado a ser para sempre apenas uma força, não um estado alcançado.

É que esse imperativo é duplamente paradoxal. Primeiro, frases do tipo "a literatura é a literatura" carregam um nome preciso: são tautologias, frases em que a junção do sujeito e do predicado não produzem nenhum sentido, na medida em que sujeito e predicado são idênticos. Dito de outra forma, são frases que constituem um grau zero do sentido. Por outro lado, escrever sobre um texto é produzir outro texto; desde a primeira frase que o comentador articula, ele falseia a tautologia, que só poderia subsistir ao preço de seu silêncio. Não é possível permanecer fiel a um texto a partir do instante em que se escreve.

E mesmo que o novo texto também se refira à literatura, não se trata mais da mesma literatura. Queira-se ou não, escreve-se: a literatura *não* é a literatura, esse texto *não* é esse texto...

O paradoxo é duplo, mas é precisamente nessa duplicidade que reside a possibilidade de superá-la. Dizer uma tautologia desse tipo não é em vão, na própria medida em que a tautologia jamais será perfeita. Será possível jogar com a imprecisão da regra, colocar-se no jogo do jogo, e a exigência de "considerar a literatura como literatura" reencontrará sua legitimidade.

Para constatá-lo, basta voltar-se para um texto preciso e para suas exegeses correntes: percebe-se rapidamente que pedir para tratar um texto literário como texto literário não é nem uma tautologia nem uma contradição. Um exemplo extremo nos é dado pela literatura da Idade Média: será um caso excepcional ver uma obra medieval interrogada em uma perspectiva propriamente literária. Nikolay Sergeyevich Trubetskoy, fundador da Linguística Estrutural, escrevia em 1926 a propósito da história literária da Idade Média:

> Vamos dar uma olhada nos manuais ou nos cursos universitários relacionados a essa ciência. Raramente se trata da literatura como tal. Trata-se da instrução (para ser mais exato, da ausência da instrução), dos aspectos da vida social refletidos (ou insuficientemente refletidos) nos sermões, crônicas e "vidas", da correção dos textos eclesiásticos; em uma palavra, trata-se de inúmeras questões. Mas raras vezes se fala da literatura. Existem algumas apreciações estereotipadas que são aplicadas a obras literárias da Idade Média muito diferentes: algumas dessas obras são escritas em um estilo "floreado", outras, de uma maneira "inocente" ou "ingênua". Os autores desses manuais ou desses cursos têm uma atitude precisa

Poética da prosa

em relação a essas obras: é sempre depreciativa, desdenhosa; no melhor dos casos, é desdenhosa e condescendente, mas às vezes é claramente indignada e malévola. A obra literária da Idade Média é julgada "interessante" não pelo que ela é, mas na medida em que reflete aspectos da vida social (quer dizer que é julgada na perspectiva de história social, não de história literária), ou ainda, na medida em que contém indicações diretas ou indiretas sobre os conhecimentos literários do autor (porém, de preferência, sobre obras estrangeiras).

Com pequenas diferenças de nuance, esse julgamento poderia se aplicar também aos estudos atuais sobre a literatura medieval (Leo Spitzer repetiria isso cerca de quinze anos mais tarde).

Essas nuances não deixam de ter importância, bem entendido. Um Paul Zumthor traçou novas vias para o conhecimento da literatura medieval. Comentou-se e se estudou um bom número de textos com uma precisão e uma seriedade que não devem ser subestimadas. As palavras de Trubetskoy permanecem, no entanto, válidas para o conjunto, por mais significativas que sejam as exceções.

O texto de que esboçaremos aqui uma leitura já foi objeto de um desses estudos atentos e detalhados. Trata-se de *A demanda do Santo Graal*, obra anônima do século XIII, e do livro de Alberto Pauphilet, *Estudos sobre a Demanda do Santo Graal*.[1] A análise de Pauphilet leva em conta aspectos propriamente literários do texto; o que nos resta a fazer é tentar levar essa análise mais longe.

---

1 Pauphilet, *Études sur la Queste del Saint Graal*.

A narrativa significante

"Quase todos os episódios, uma vez contados, são interpretados pelo autor da maneira como os doutores daquele tempo interpretavam os detalhes da Sagrada Escritura", escreve Albert Pauphilet. Esse texto contém pois sua própria glosa. Nem bem uma aventura termina e seu herói encontra algum eremita que lhe declara que o que ele viveu não é uma simples aventura, mas o sinal de outra coisa. Assim, desde o início, Galaaz vê inúmeras maravilhas e não consegue compreendê-las enquanto não encontra um homem probo.

> "Senhor", diz este, "me perguntastes a significação dessa aventura, ei-la. Ela apresentava três provas temíveis: a pedra que era bem pesada para ser erguida, o corpo do cavaleiro que devia ser derrubado e essa voz que se escutava e que fazia perder o sentido e a memória. Dessas três coisas, eis o sentido." E o sábio concluía: "Conheceis agora a significação da coisa". Galaaz declara que ela tinha muito mais sentido do que ele pensava.

Nenhum cavalheiro passa ao largo dessas explicações. Eis Galvão: "Não é destituído de significação o costume de reter as donzelas, que os sete irmãos tinham introduzido! 'Ah, senhor', disse Galvão, 'explicai-me essa significação, para que eu possa contá-la quando retornar à corte'". E Lancelote:

> Lancelote lhe relatara as três palavras que a voz havia pronunciado na capela, quando foi chamado de pedra, de fuste e de figueira. "Por Deus", concluiu ele, "dizei-me a significação dessas três coisas. Pois jamais escutei palavra que tivesse tanta vontade de compreender."

O cavaleiro pode supor que sua aventura tenha um segundo sentido, mas não pode encontrá-lo sozinho. Assim, "Boorz ficara atônito com essa aventura e não sabia o que ela significava; mas ele intuía que ela tinha uma significância maravilhosa".

Os detentores do sentido formam uma categoria à parte entre as personagens: são "homens probos", eremitas, abades e reclusos. Assim como os cavaleiros não podiam saber, estes não podiam agir; nenhum deles participará de uma peripécia, salvo nos episódios de interpretação. As duas funções são rigorosamente distribuídas entre as duas classes de personagens; essa distribuição é tão conhecida que os próprios heróis a ela se referem: "'Nós vimos tantas coisas, adormecidos ou despertos', prossegue Galvão, 'que deveríamos nos colocar à procura de um eremita que nos explicaria o sentido de nossos sonhos'". Caso não se consiga descobrir nenhum, o próprio céu intervém e "faz-se ouvir uma voz" que explica tudo.

Portanto, somos confrontados, desde o começo e de maneira sistemática, a uma narrativa dupla, com dois tipos de episódios de natureza distinta, mas que se relacionam ao mesmo acontecimento e se alternam com regularidade. O fato de tomar os acontecimentos terrestres como os sinais das vontades celestes era algo corrente na literatura da época. Porém, enquanto outros textos separavam totalmente o significante do significado, omitindo o segundo, contando com sua notoriedade, *A demanda do Santo Graal* coloca os dois tipos de episódios lado a lado; a interpretação está incluída na trama da narrativa. Metade do texto trata das aventuras, a outra metade, do texto que as descreve. O texto e o metatexto são apresentados em continuidade.

Essa representação da equação poderia já nos prevenir contra uma disfunção demasiado nítida entre os sinais e suas interpretações. Uns e outros episódios se parecem (sem jamais se identificarem entre si) pela seguinte semelhança: tanto os sinais como sua interpretação nada mais são senão narrativas. A narrativa de uma aventura significa outra narrativa; são as coordenadas espaçotemporais do episódio que mudam, não sua própria natureza. Ela estava lá, ainda uma vez, coisa corrente para a Idade Média, habituada a decifrar as narrativas do Antigo Testamento como designando as narrativas do Novo Testamento; e encontram-se exemplos dessa transposição em *A demanda do Santo Graal*.

> A morte de Abel, no tempo em que só havia três homens na terra, anunciava a morte do verdadeiro Crucificado; Abel significava a Vitória e Caim representava Judas. Assim como Caim saudara seu irmão antes de matá-lo, Judas saudaria seu Senhor antes de entregá-lo à morte. Essas duas mortes estão ligadas, se não em grandeza, ao menos em significado.

Os comentadores da Bíblia estão à procura de um invariante, comum às diferentes narrativas.

Em *A demanda do Santo Graal*, as interpretações remetem, com maior ou menor imprecisão, a duas séries de acontecimentos. A primeira pertence a um passado distante de algumas centenas de anos; ela se refere a José de Arimateia, a seu filho Josefes, ao rei Evalac e ao rei Peles; é ela que habitualmente é designada pelas aventuras dos cavaleiros ou por seus sonhos. Ela mesma não passa de uma nova "semelhança" em relação, desta vez, à vida de Cristo. A relação das três é claramente estabelecida ao longo do relato das três mesas, feito a Percival por sua tia.

Poética da prosa

Sabeis que, desde o advento de Jesus Cristo, houve três mesas principais no mundo. A primeira foi a mesa de Jesus Cristo à qual os apóstolos comeram muitas vezes. [...] Depois dessa mesa, houve uma outra à semelhança e lembrança da primeira. Foi a Mesa do Santo Graal, em que se viu um grande milagre neste país, no tempo de José de Arimateia, no começo da Cristandade sobre a terra [...] Após essa mesa, houve ainda a Mesa redonda estabelecida a conselho de Merlin e de grande significância.

Cada acontecimento da última série denota acontecimentos das séries precedentes. Assim, durante todas as primeiras provas de Galaaz, há a do escudo; uma vez terminada a aventura, um enviado do céu aparece em cena. "Escutai-me, Galaaz. Quarenta e dois anos após a paixão de Jesus Cristo sucedera que José de Arimateia [...] deixara Jerusalém com numerosos parentes. Eles caminharam" etc.; segue-se uma aventura, mais ou menos parecida àquela que aconteceu a Galaaz e que, portanto, constitui seu sentido. O mesmo ocorre com as referências à vida de Cristo, estas mais discretas, na medida em que o assunto é mais conhecido.

"Pela semelhança, se não pela grandeza, deve-se comparar vossa vinda à de Cristo", diz um homem probo a Galaaz. "E assim como os profetas, bem antes de Jesus Cristo, haviam anunciado sua vinda e que ele libertaria o homem do inferno, assim como os eremitas e os santos haviam anunciado vossa vinda há mais de vinte anos."

A semelhança entre os sinais-a-interpretar e sua interpretação não é apenas formal. A melhor prova disso é o fato de que, às vezes, os acontecimentos que pertenciam ao primeiro grupo aparecem em seguida no segundo. Assim, em particular, é um sonho estranho de Galvão, em que ele vê uma manada de touros malhados. O primeiro homem probo encontrado lhe explica que se trata precisamente da busca do Graal, da qual ele, Galvão, participa. Os touros dizem no sonho: "Vamos buscar melhor pastagem em outro lugar", o que remete aos cavaleiros da Távola Redonda, que disseram no dia de Pentecostes: "Vamos em busca do Santo Graal" etc. Ora, o relato do voto feito pelos cavaleiros da Távola Redonda se encontra nas primeiras páginas de *A demanda*, e não em uma passagem legendária. Não há, pois, nenhuma diferença de natureza entre as narrativas-significantes e as narrativas-significadas, posto que umas podem aparecer no lugar das outras. A narrativa é sempre significante; ela significa uma outra narrativa.

A passagem de uma narrativa à outra é possível graças à existência de um código. Esse código não é a invenção pessoal do autor de *A demanda*, ele é comum a todas as obras da época; consiste em vincular um objeto a outro, uma representação a outra; pode-se facilmente imaginar a constituição de um verdadeiro léxico.

Eis um exemplo desse exercício de tradução.

Depois de ter te seduzido com suas palavras mentirosas, ela mandou estender seu pavilhão e te disse: "Percival, vem repousar até que a noite caia e afasta-te deste sol que te queima". Essas palavras não são desprovidas de grande significação, e ela compreendia algo bem diferente do que tu possas compreender. O pavilhão, que era redondo como o universo, representa o mundo, que jamais estará sem pecado; e porque o pecado o habita sempre, ela não queria que fosses te abrigar em outro lugar. Ao te dizer para sentar e descansar, ela queria dizer que ficasses ocioso e alimentasses teu

Poética da prosa

corpo com guloseimas terrestres. [...] Ela te chamava, fingindo que o sol ia te queimar, e não é surpreendente que ela o tenha temido. Pois quando o sol, que entendemos como sendo Jesus Cristo, a verdadeira luz, abrasa o homem com o fogo do Espírito Santo, o frio e o gelo do Inimigo não podem mais lhe fazer grande mal, estando seu coração fixado no grande sol.

A tradução vai, assim, do mais conhecido ao menos conhecido, por mais surpreendente que isso possa ser. São as ações cotidianas: sentar, alimentar-se, os objetos mais correntes: o pavilhão, o sol, que se revelam signos incompreensíveis para as pessoas e que precisam ser traduzidos para a língua dos valores religiosos. A relação entre a série-a-traduzir e a tradução se estabelece através de uma regra que poderia se chamar a "identificação pelo predicado". O pavilhão é redondo; o universo é redondo; portanto, o pavilhão pode significar o universo. A existência de um predicado comum permite aos dois sujeitos se tornarem o significante um do outro. Ou ainda: o sol é luminoso; Jesus Cristo é luminoso; assim, o sol pode significar Jesus Cristo.

Reconhece-se nessa regra de identificação pelo predicado o mecanismo da metáfora. Essa figura, assim como as outras figuras da retórica, se encontra na base de todo sistema simbólico. As figuras repertoriadas pela retórica são casos particulares de uma regra abstrata que preside o nascimento de significação em toda atividade humana, do sonho à magia. A existência de um predicado comum torna o signo motivado; a arbitrariedade do signo, que caracteriza a língua cotidiana, parece ser um caso excepcional.

No entanto, a quantidade de predicados (ou de propriedades) que se pode vincular a um sujeito é ilimitada; os significados possíveis de todo objeto, de toda ação são assim em número infinito. No interior de um único sistema de interpretação, propõem-se já vários sentidos: o homem probo que explica a Lancelote a frase "És mais duro do que a pedra", nem bem termina a primeira explicação, encadeia uma nova: "Mas, se quiser, pode-se entender 'pedra' de outra maneira ainda". A cor negra significa o pecado em uma aventura de Lancelote; a Santa Igreja é a virtude, em um sonho de Boorz. É o que permite ao Inimigo, disfarçado de padre, propor falsas interpretações aos cavaleiros crédulos. Ei-lo, dirigindo-se a Boorz: "O pássaro que parecia um cisne significa uma senhorita que te ama há muito tempo e que virá em breve implorar que sejas seu amante. [...] O pássaro negro é o grande pecado que te fará dispensá-la...". Eis, algumas páginas adiante, outra interpretação, dada por um padre não disfarçado:

> O pássaro negro que vos aparece é a Santa Igreja, que diz: "Sou negra, mas sou bela, saiba que minha sombria cor vale mais que a brancura de outrem". Quanto ao pássaro branco que parecia um cisne, era o Inimigo. Na verdade, o cisne é branco por fora e negro por dentro etc.

Como se encontrar nessa arbitrariedade de significações, arbitrariedade tão mais perigosa do que a da linguagem ordinária? O representante do bem e o representante do mal se servem da mesma regra geral de "identificação do predicado". Não é graças a ela que teríamos podido descobrir a falsidade da primeira interpretação; mas porque, e isso é essencial, o número de significados é reduzido e sua natureza, conhecida de antemão. O pássaro branco não podia significar uma senhorita inocente, pois os sonhos jamais falam dela; só pode significar, em última

Poética da prosa

instância, duas coisas: Deus e o demônio. Certa interpretação psicanalítica do sonho não é feita de outro modo; a arbitrariedade transbordante decorrente de toda interpretação pelo predicado comum é circunscrita e regularizada pelo fato de que se sabe o que se vai descobrir: "as ideias de si e dos parentes imediatamente consanguíneos, os fenômenos do nascimento, do amor e da morte" (Jones). Os significados estão dados de antemão, tanto aqui como lá. A interpretação dos sonhos, que se encontra em *A demanda do Santo Graal*, obedece às mesmas leis que as de Jones, e comporta tantos quantos *a priori*; é apenas a natureza dos *a priori* que é mudada. Eis um último exemplo (análise de um sonho de Boorz):

> Uma das flores pendia em direção a outra para lhe tirar a brancura, como o cavaleiro tenta desvirginar a senhorita. Mas o homem probo os separava, o que significa que Nosso Senhor, que não queria a perdição delas, vos envia para separá-las e salvar a brancura de todas as duas...

Não bastará que os significantes e os significados, as narrativas a interpretar e as interpretações sejam de mesma natureza. *A demanda do Santo Graal* vai mais longe; ela nos diz: o significado e o significante, o inteligível é sensível. Uma aventura é ao mesmo tempo uma aventura real e o símbolo de outra aventura; nisso, essa narrativa medieval se distingue das alegorias a que estamos habituados e nas quais o sentido literal tornou-se puramente transparente, sem nenhuma lógica própria. Pensemos nas aventuras de Boorz. Uma noite, esse cavaleiro chega a uma "torre forte e alta"; ele permanece lá para passar a noite; enquanto está sentado à mesa com a "dona da casa", um criado entra para anunciar que a irmã mais velha desta lhe contesta a propriedade de seus bens; que, a menos que ela envie no dia seguinte um cavaleiro para encontrar um representante de sua irmã mais velha, ela ficará privada de suas terras. Boorz oferece seus serviços para defender a causa de sua anfitriã. No dia seguinte, ele vai para o campo do encontro e um rude combate tem lugar.

> Os dois cavaleiros, eles próprios, se afastam, depois se lançam a galope um sobre o outro, e atingem-se tão duramente que seus escudos são traspassados e suas cotas de malhas são rasgadas [...] Por cima, por baixo, eles despedaçam seus escudos, rompem as cotas de malhas nos quadris e nos braços, ferem-se profundamente, fazendo jorrar o sangue sob as claras espadas afiadas. Boorz encontra no cavaleiro uma resistência bem maior do que imaginava.

Trata-se, pois, de um combate real em que se pode ficar ferido, em que é preciso empregar todas as suas forças (físicas) para se sair bem da aventura.

Boorz vence o combate; a causa da irmã mais nova está salva e nosso cavaleiro parte em busca de novas aventuras. No entanto, ele topa com um homem probo que lhe explica que a senhora não era de modo algum uma senhora, nem o cavaleiro-adversário, cavaleiro.

> Por essa dama, nós entendemos Santa Igreja, que mantém a cristandade na verdadeira fé e que é o patrimônio de Jesus Cristo. A outra dama, que havia sido deserdada e lhe declarava guerra, é a Antiga Lei, o inimigo que guerreia sempre contra a Santa Igreja e os seus.

Assim, esse combate não era um combate terrestre e material, mas simbólico; eram duas ideias que lutavam entre si, não dois cavaleiros. A oposição entre material e espiritual é continuamente posta e superada.

Tal concepção do signo contradiz nossos hábitos. Para nós, o combate deve se desenrolar ou bem no mundo material ou bem naquele das ideias; ele é terrestre ou celeste, mas não os dois ao mesmo tempo. Se são duas ideias que se batem, o sangue de Boorz não pode ser vertido, apenas seu espírito está em questão. Manter o contrário é infringir uma das leis fundamentais de nossa lógica, que é a lei do terceiro excluído. Isso e seu contrário não podem ser verdadeiros ao mesmo tempo, diz a lógica do discurso cotidiano; *A demanda do Santo Graal* afirma exatamente o oposto. Todo acontecimento tem um sentido literal *e* um sentido alegórico.

Essa concepção da significação é fundamental para *A demanda do Santo Graal* e por causa dela é que temos dificuldade de entender o que é o Graal, entidade ao mesmo tempo material e espiritual. A interseção impossível dos contrários é, no entanto, afirmada sem cessar: "Eles, que até então não eram nada mais que um espírito, embora tivessem um corpo", nos diz sobre Adão e Eva, e de Galaaz: "Pôs-se a tremer, pois sua carne mortal percebia as coisas espirituais". O dinamismo da narrativa repousa sobre essa fusão de dois em um.

Pode-se já fornecer, a partir dessa imagem da significação, uma primeira aproximação sobre a natureza da busca e o sentido do Graal: a busca do Graal é a busca de um código. Encontrar o Graal é aprender a decifrar a linguagem divina, o que quer dizer, como vimos, tornar seus os *a priori* do sistema; aliás, como na psicanálise, trata-se aqui de um aprendizado abstrato (não importa quem conheça os princípios da religião, bem como, nos dias de hoje, do tratamento analítico), mas de uma prática muito personalizada. Galaaz, Percival e Boorz conseguem, com maior ou menor facilidade, interpretar os signos de Deus. Lancelote, o pecador, malgrado toda a sua boa vontade, não o consegue. Na entrada do palácio, onde poderia contemplar a divina aparição, vê dois leões montar guarda. Lancelote traduz: perigo, e desembainha sua espada. Mas trata-se do código profano, e não do divino.

> Imediatamente, vira surgir do alto uma mão toda em chamas que batera rudemente em seu braço e fizera voar sua espada. Uma voz lhe diz: "Ah! Homem de pouca fé e de medíocre crença, por que te fias mais em teu braço do que em teu Criador? Miserável, acreditas que Aquele que te pôs a Seu serviço não seja mais poderoso que tuas armas?".

Era preciso traduzir o acontecimento como prova da fé. Por essa mesma razão, no interior do palácio, Lancelote verá apenas uma parte ínfima do mistério do Graal. Ignorar o código é ser impedido de jamais ter o Graal.

Estrutura da narrativa

Pauphilet escreve:

> Esse conto é uma reunião de transposições na qual cada uma, tomada à parte, exprime com exatidão nuances do pensamento. É preciso reconduzi-las à sua significação moral para descobrir o encadeamento entre elas. O autor compõe, se é que se pode dizer, no plano abstrato, e traduz em seguida.

Poética da prosa

A organização da narrativa se faz, assim, no nível da interpretação e não no dos acontecimentos-a-interpretar. As combinações desses acontecimentos às vezes são singulares, pouco coerentes, mas isso não quer dizer que a narrativa careça de organização; simplesmente essa organização se situa no nível das ideias, não no nível dos acontecimentos. Havíamos falado, a propósito disso, da oposição entre causalidade factual e causalidade filosófica; e Pauphilet aproxima acertadamente essa narrativa do conto filosófico do século XVIII.

A substituição de uma lógica por outra não se faz sem problemas. Nesse movimento, *A demanda do Santo Graal* revela uma dicotomia fundamental a partir da qual se elaboram diferentes mecanismos. Torna-se então possível explicitar, a partir da análise desse texto particular, certas categorias gerais da narrativa.

Tomemos as provas, esse acontecimento dos mais frequentes em *A demanda do Santo Graal*. A prova já está presente nas primeiras narrativas folclóricas; ela consiste na reunião de dois acontecimentos sob a forma lógica de uma frase condicional: "Se X faz tal ou qual coisa, então (lhe) acontecerá isso ou aquilo". Em princípio, o acontecimento do antecedente oferece uma certa dificuldade, enquanto o do consequente é favorável ao herói. *A demanda do Santo Graal* reconhece, bem entendido, essas provas com suas variações: provas positivas ou proezas (Galaaz retira a espada da pedra) e negativas ou tentações (Percival consegue não sucumbir ao charme do diabo transformado em bela moça); provas exitosas (as de Galaaz, sobretudo) e provas fracassadas (as de Lancelote), que inauguram respectivamente duas séries simétricas: prova-êxito-recompensa ou prova-fracasso-penitência.

Mas é outra categoria que permite melhor situar as diferentes provas. Caso se compare as provas a que se submetem Percival e Boorz, por um lado, com as de Galaaz, por outro, percebe-se uma diferença essencial. Quando Percival empreende uma aventura, não sabemos de antemão se ele será vitorioso ou não; às vezes ele fracassa, às vezes é exitoso. A prova modifica a situação precedente: antes da prova, Percival (ou Boorz) não era digno de continuar à procura do Graal; depois dela, se ele vence, passa a sê-lo. O mesmo não diz respeito a Galaaz. Desde o início do texto, Galaaz é designado como o Bom Cavaleiro, o invencível, aquele que completará as aventuras do Graal, imagem e reencarnação de Jesus Cristo. É impensável que Galaaz fracasse; a forma condicional de partida não é mais respeitada. Galaaz não é eleito porque vence as provas, mas vence as provas porque é o eleito.

Isso modifica profundamente a natureza da prova; impõe-se mesmo distinguir dois tipos de provas e dizer que as de Percival ou Boorz são provas narrativas, enquanto as de Galaaz são provas rituais. Com efeito, as ações de Galaaz assemelham-se muito mais a ritos do que a meras aventuras. Sentar-se no Assento Perigoso sem perecer; retirar a espada da pedra; portar o escudo sem perigo etc. não são verdadeiras provas. O Assento estava inicialmente destinado a "seu mestre"; mas, assim que Galaaz se aproxima dele, a inscrição se transforma em "É aqui o assento de Galaaz". Trata-se assim de uma façanha da parte de Galaaz sentar-se nele? O mesmo ocorre com a espada: o rei Arthur declara que "os mais famosos cavaleiros da minha casa fracassaram hoje na tarefa de tirar a espada da pedra"; ao que Galaaz responde judiciosamente: "Senhor, não é nenhuma maravilha, pois a aventura, sendo minha, não podia ser deles". O mesmo ainda no que tange ao escudo que traz desgraça a todos salvo um; o cavaleiro celeste já havia explicado: "Tomas esse escudo e carrega-o [...] ao bom cavaleiro que se chama Galaaz [...] Diz-lhe

Poética da prosa

que o Alto Mestre lhe ordena carregá-lo" etc. Não há aqui, de novo, nenhuma façanha. Galaaz apenas obedece às ordens vindas de cima, apenas segue o rito que lhe é prescrito.

Assim que se descobre a oposição entre o narrativo e o ritual em *A demanda*, percebe-se que os dois termos dessa oposição são projetados sobre a continuidade da narrativa, de modo que esta se divide esquematicamente em duas partes. A primeira se parece com a narrativa folclórica, é a narrativa no sentido clássico da palavra; a segunda é ritual, pois, a partir de determinado momento, não se passa mais nada de surpreendente, os heróis se transformam em servidores de um grande rito, o rito do Graal (Pauphilet fala a esse propósito de Provas e Recompensas). Esse momento se situa no encontro de Galaaz com Percival, Boorz e a irmã de Percival; essa última anuncia o que os cavaleiros devem fazer e a narrativa é apenas a realização de suas palavras. Estamos assim do lado oposto da narrativa folclórica, tal como ela ainda aparece na primeira parte, apesar da presença do ritual em torno de Galaaz.

A demanda do Santo Graal está construída em torno da tensão entre essas duas lógicas: a narrativa e a ritual ou, caso se queira, a profana e a religiosa. Pode-se observar todas as duas desde as primeiras páginas: as provas, os obstáculos (tal como a oposição do rei Arthur no início da busca) remontam à lógica narrativa habitual; em contrapartida, o aparecimento de Galaaz e a decisão da busca – quer dizer, os acontecimentos importantes da narrativa – vinculam-se à lógica ritual. As aparições do Santo Graal não se encontram em uma relação necessária com as provas dos cavaleiros que, no intervalo, prosseguem.

A articulação dessas duas lógicas se faz a partir de duas concepções contrárias do tempo (nenhuma das quais coincide com a que é a mais habitual). A lógica narrativa implica, idealmente, uma temporalidade que se poderia qualificar como sendo aquela do "presente perpétuo". O tempo está constituído aqui pelo encadeamento de inúmeras instâncias do discurso; ora, estas definem a própria ideia do presente. Fala-se a todo instante do acontecimento que se produz durante o próprio ato da fala; há um paralelismo perfeito entre a série de acontecimentos dos quais se fala e a série de instâncias do discurso. O discurso jamais está atrasado, nunca está adiantado em relação ao que evoca. A todo instante, de igual modo, as personagens vivem no presente e tão somente no presente; a sucessão de eventos é regida por uma lógica que lhe é própria, ela não é influenciada por nenhum fator externo.

Em contrapartida, a lógica ritual repousa sobre uma concepção do tempo que é a do "eterno retorno". Nenhum acontecimento se produz aqui pela primeira ou pela última vez. Tudo já foi anunciado; e anuncia-se agora o que seguirá. A origem do rito se perde na origem do tempo; o que importa é que ele constitui uma regra já presente, já existente. Ao contrário do caso precedente, o presente "puro" ou "autêntico", que se sente plenamente como tal, não existe. Nos dois casos, o tempo está de algum modo suspenso, mas de maneira inversa: a primeira vez, pela hipertrofia do presente, a segunda, por seu desaparecimento.

A demanda do Santo Graal comporta, como toda narrativa, os dois tipos de lógica. Quando uma prova transcorre e não sabemos como terminará; quando a vivemos com o herói instante após instante e que o discurso permanece colado ao acontecimento: a narrativa obedece à lógica narrativa e habitamos o presente perpétuo. Quando, ao contrário, a prova é iniciada e se anuncia que seu desfecho foi pressagiado há muitos séculos, que ela não é mais, por consequência, do que a ilustração do

Poética da prosa

presságio, estamos no eterno retorno e a narrativa se desenrola segundo a lógica ritual. Essa segunda lógica, assim como a temporalidade do tipo "eterno retorno", saem aqui vencedoras do conflito entre ambas.

Tudo foi pressagiado. No momento em que a aventura acontece, o herói toma conhecimento de que é preciso apenas concretizar um presságio. Os acasos de seu caminho levam Galaaz a um mosteiro; a aventura do escudo se passa; de repente, o cavaleiro celeste anuncia: tudo foi previsto.

> "Eis portanto o que fareis", diz Josefes. "Lá onde Neciam será enterrado, colocai o escudo. É ali que aparecerá Galaaz, cinco dias depois de ter recebido a ordem da cavalaria. Tudo foi concluído como ele havia anunciado, uma vez que no quinto dia chegastes nesta abadia onde jaz o corpo de Neciam."

Não havia acaso nem mesmo aventura: Galaaz simplesmente desempenhou seu papel em um rito preestabelecido.

Dom Galvão recebe um rude golpe de espada de Galaaz: imediatamente se recorda:

> Eis concretizada a fala que ouvi no dia de Pentecostes, a propósito da espada sobre a qual pus minha mão. Foi-me anunciado que em breve eu receberia um golpe terrível, e desta mesma espada com a qual acaba de me atingir este cavaleiro. As coisas aconteceram tal como me fora predito.

O menor gesto, o mais ínfimo incidente concernem ao passado e ao presente ao mesmo tempo: os cavaleiros da Távola Redonda vivem em um mundo feito de evocações.

Esse futuro retrospectivo, restabelecido no momento da concretização de uma predição, é completado pelo futuro prospectivo, em que se é colocado diante da própria predição. O desfecho da intriga é contado, desde as primeiras páginas, com todos os detalhes necessários. Eis a tia de Percival:

> Pois sabemos bem, nessas paragens como em outros lugares, que no fim três cavaleiros terão, mais do que todos os outros, a glória da Demanda: dois serão virgens e o terceiro, casto. Dos dois virgens, um será o cavaleiro que procurais, e vós, o outro; o terceiro será Boorz de Gaunes. Esses três concluirão a Demanda.

O que há de mais claro e mais definitivo? E para que não se esqueça o presságio, ele nos é repetido sem cessar. Ou ainda a irmã de Percival, que prevê onde morrerão seu irmão e Galaaz: "Pela minha honra, enterrai-me no Palácio Espiritual. Sabeis por que vos peço isso? Porque Percival ali repousará e vós em seguida a ele".

O narrador da *Odisseia* se permitia declarar, vários cantos antes de um acontecimento ter lugar, como este iria se desenrolar. Assim, a propósito de Antínoo: "É ele o primeiro que experimentaria as flechas enviadas pela mão do eminente Ulisses" etc. O narrador de *A demanda* faz exatamente o mesmo, não há diferença na técnica narrativa dos dois textos (nesse ponto preciso): "Ele tirara o elmo; Galaaz fizera o mesmo; e eles trocaram um beijo, pois sentiam um pelo outro um grande amor: se viu bem na hora de sua morte, pois um sobreviveu apenas pouco tempo ao outro".

Enfim, se todo o presente já estava contido no passado, o passado, ele próprio, resta presente no presente. A narrativa retorna sem cessar, ainda que sub-repticiamente, a ela mesma. Quando se lê o início de *A demanda*, acredita-se tudo compreender: eis os nobres cavaleiros que decidem partir em busca etc. Mas é preciso que o presente se torne passado, lembrança, evocação, para que um outro presente nos ajude a compreendê-lo. Esse Lancelote que acreditamos ser forte e perfeito é um pecador incorrigível: vive no adultério com a rainha Genevra. Esse Dom Galvão, o primeiro que fez o voto de partir para a busca, não a concluirá jamais, pois seu coração é duro e ele não pensa suficientemente em Deus. Esses cavaleiros que nós admirávamos de início são pecadores inveterados que serão punidos: há anos eles não se confessam. O que observávamos com ingenuidade nas primeiras páginas eram apenas aparências, um simples presente. A narrativa consistirá em uma aprendizagem do passado. Mesmo as aventuras que nos pareciam obedecer à lógica narrativa revelam-se sinais de outra coisa, de partes de um imenso rito.

O interesse do leitor (e lê-se *A demanda do Santo Graal* com certo interesse) não decorre, como bem se vê, da questão que provoca habitualmente esse interesse: o que acontece depois? Sabe-se bem, e desde o início, o que acontecerá, quem alcançará o Graal, quem será punido e por quê. O interesse nasce de uma questão totalmente diferente: o que é o Graal? Trata-se de dois tipos diferentes de interesse e também de dois tipos diferentes de narrativa. Um se desenrola sobre uma linha horizontal: quer-se saber o que cada acontecimento provoca, o que ele faz. O outro representa uma série de variações que se empilham em uma vertical; o que se procura sobre cada acontecimento é saber o que ele é. O primeiro é uma narrativa de contiguidade, o segundo, de substituições. Em nosso caso, sabe-se desde o início que Galaaz concluirá com êxito a busca: a narrativa da contiguidade não tem interesse; mas não se sabe exatamente o que é o Graal e há, assim, lugar para uma apaixonante narrativa de substituições, em que se chega a compreender, aos poucos, o que estava posto desde o começo.

Essa mesma oposição se encontra certamente em outra parte. Os dois tipos fundamentais de romance policial – o romance de mistério e o romance de aventuras – ilustram essas mesmas duas possibilidades. No primeiro caso, a história está dada desde as primeiras páginas, mas é incompreensível: um crime foi cometido quase debaixo de nosso nariz, porém não conhecemos seus verdadeiros agentes nem os verdadeiros motivos. A investigação consiste em voltar o tempo todo sobre os mesmos acontecimentos, a verificar e corrigir os menores detalhes até que, ao fim, surja a verdade sobre essa mesma história inicial. No outro caso, nada de mistério, nada de voltar atrás: cada acontecimento provoca um outro e o interesse que nós temos pela história não vem da expectativa de uma revelação sobre os dados iniciais: é a expectativa de suas consequências que mantém o suspense. A construção cíclica de substituições se opõe de novo à construção unidirecional e contígua.

De modo mais geral, pode-se dizer que o primeiro tipo de organização é o mais frequente na ficção; o segundo, em poesia (estando bem entendido que elementos dos dois tipos encontram-se sempre juntos em uma mesma obra). Sabe-se que a poesia se funda essencialmente na simetria, na repetição (sobre uma ordem espacial), enquanto a ficção está construída sobre as relações de causalidade (uma ordem lógica) e de sucessão (uma ordem temporal). As substituições possíveis representam a mesma quantidade de repetições, e não é por acaso que uma confissão explícita de obediência a essa ordem aparece precisamente na última parte de *A demanda*, aquela em que a causalidade narrativa ou a contiguidade já não desempenham mais nenhum papel. Galaaz gostaria de levar seus companheiros consigo; Cristo recusa, alegando como razão apenas a repetição, não uma causa utilitária. "'Ah! Senhor', disse Galaaz, 'por que não permitis que todos venham comigo?' 'Porque eu não quero e porque isso tem de ser à semelhança de meus Apóstolos...'"

Das duas técnicas principais de combinação de intrigas, o encadeamento e o engaste, é a segunda que se deve esperar descobrir aqui; e é o que acontece. As narrativas encadeadas abundam em particular na última parte do texto, onde têm uma dupla função: oferecer uma nova variação sobre o mesmo tema e explicar os símbolos que continuam a aparecer na história. Com efeito, as sequências de interpretação, frequentes na primeira parte da narrativa, desaparecem aqui; a distribuição complementar das interpretações e das narrativas incrustadas indicam que ambas têm uma função semelhante. A "significação" da narrativa se realiza agora através das histórias engastadas. Quando os três companheiros e a irmã de Percival sobem na nave, todo objeto que ali se encontra torna-se pretexto de uma narrativa. Mais ainda: todo objeto é o desenlace de uma narrativa, seu último elo. As histórias engastadas suprem um dinamismo que então falta na narrativa-domínio: os objetos tornam-se heróis da história, ao passo que os heróis se imobilizam como objetos.

A lógica narrativa é comprometida ao longo da narrativa. Restam, no entanto, alguns traços do combate, como para nos lembrar de sua intensidade. Assim, da cena assustadora em que Leonel, furioso, quer matar seu irmão Boorz; ou dessa outra, em que a senhorita, irmã de Percival, dá seu sangue para salvar um doente. Esses episódios estão entre os mais perturbadores do livro e, ao mesmo tempo, é difícil descobrir sua função. Servem, claro, para caracterizar as personagens, reforçar a "atmosfera"; mas se tem também o sentimento de que a narrativa recuperou aqui seus direitos, que ela consegue emergir, para além dos inúmeros grilhões funcionais e significantes, na não significação que se revela também ser a beleza.

É como um consolo encontrar, em uma narrativa em que tudo está organizado, em que tudo é significante, uma passagem que expõe audaciosamente seu contrassenso narrativo e que forma, assim, o melhor elogio possível da narrativa. Diz-se, por exemplo: "Galaaz e seus dois companheiros cavalgaram tão bem que em menos de quatro dias estavam à beira do mar. E eles poderiam ter chegado muito antes, mas, não conhecendo muito bem o caminho, não haviam tomado o mais curto". Qual a importância disso? Ou ainda, de Lancelote: "Ele olhara ao redor sem descobrir seu cavalo; mas, depois de tê-lo procurado bem, o reencontrou, o selou e montou". De todos, o "detalhe inútil" talvez seja o mais útil à narrativa.

A busca do Graal

O que é o Graal? Essa questão suscitou múltiplos comentários; citemos a resposta do próprio Pauphilet: "O Graal é a manifestação romanesca de Deus. A busca do Graal, por conseguinte, nada mais é, sob o véu da alegoria, que a busca de Deus, o esforço dos homens de boa vontade para conhecer Deus". Pauphilet afirma essa interpretação contra uma outra, mais antiga e mais literal que, fundando-se em certas passagens do texto, queria ver no Graal um simples objeto material (embora ligado ao rito religioso), um recipiente utilizado à missa. Mas já sabemos que, em *A demanda do Santo Graal*, o inteligível e o sensível, o abstrato

Poética da prosa

e o concreto podem se tornar um só; do mesmo modo, não será surpresa ler certas descrições do Graal apresentando-o como um objeto material, e outras, como uma entidade abstrata. Por um lado, o Graal se iguala a Jesus Cristo e a tudo que este simboliza:

> Viram então sair do Cálice Sagrado um homem todo nu, cujos pés, mãos e corpo sangravam, e que lhes disse: "Meus cavaleiros, meus sargentos, meus filhos leais, vós que nesta vida mortal vos tornastes criaturas espirituais, e que tanto me procuraram que não posso mais me esconder diante de vossos olhos" etc.

Dito de outra forma, o que os cavaleiros procuravam – o Graal – era Jesus Cristo. Por outro lado, algumas páginas adiante, lemos: "Quando olharam no interior da nave, perceberam sobre o leito a mesa de prata que haviam deixado com o rei Peles. Nela se encontrava o Santo Graal, coberto de um tecido de seda vermelha". Evidentemente, não é Jesus que ali repousa coberto por um tecido, mas o recipiente. A contradição só existe para nós, que queremos isolar o sensível do inteligível. Para o conto, "o alimento do Santo Graal sacia a alma ao mesmo tempo que sustenta o corpo". O Graal são ambos ao mesmo tempo.

No entanto, o próprio fato de que existam essas dúvidas sobre a natureza do Graal é significativo. Essa narrativa conta a busca de alguma coisa; ora, aqueles que a buscam ignoram sua natureza. São obrigados a procurar não o que a palavra designa, mas o que ela significa; é uma busca de sentido ("a busca do Santo Graal [...] não cessará antes que se saiba a verdade"). É impossível determinar quem menciona primeiro o Graal; a palavra parece sempre ter estado lá; mas, mesmo na última página, não estamos certos de haver compreendido bem seu sentido: a busca do que o Graal quer dizer não termina nunca. Por isso, somos continuamente obrigados a relacionar esse conceito com outros, que aparecem ao longo do texto. Dessa configuração de relações resulta uma nova ambiguidade, menos direta que a primeira, mas também reveladora.

A primeira série de equivalências e de oposições vincula o Graal a Deus, mas também à narrativa por intermédio da aventura. As aventuras são enviadas por Deus; se Deus não se manifesta, não há mais aventuras. Jesus Cristo diz a Galaaz: "É preciso assim ir e acompanhar esse Cálice Sagrado que partirá esta noite do reino de Logres, onde nunca mais o verão e onde não sucederá mais nenhuma aventura". O bom cavaleiro Galaaz tem quantas aventuras quiser; os pecadores, como Lancelote e sobretudo como Galvão, procuram as aventuras em vão. "Galvão [...] caminhara muitos dias sem encontrar aventura"; cruza com Ivã: "Nada, respondeu ele, não tinha encontrado aventura"; parte com Heitor: "Oito horas caminharam sem nada encontrar". A aventura é ao mesmo tempo uma recompensa e um milagre divino; basta perguntar a um homem probo que vos diria a verdade. "'Rogo de nos dizer', falou Dom Galvão, 'porque não encontramos mais tantas aventuras como outrora.' 'Eis a razão', disse o homem probo. 'As aventuras que sucedem agora são os sinais e as aparições do Santo Graal' [...]"

Deus, o Graal e as aventuras formam, portanto, um paradigma cujas partes têm um sentido semelhante. Mas sabe-se, por outro lado, que a narrativa apenas pode nascer se há uma aventura a relatar. É disso que se queixa Galvão:

> Dom Galvão [...] cavalgara por muito tempo sem encontrar nenhuma aventura que valesse a pena ser lembrada. [...] Um dia,

Poética da prosa

ele encontrara Heitor de Mares, que cavalgava sozinho, e eles se reconheceram com alegria. Mas se queixaram um ao outro de não ter nenhuma proeza extraordinária para contar.

A narrativa se situa, assim, na outra extremidade da série de equivalências, que parte do Graal e passa por Deus e pela aventura; o Graal nada mais é senão a possibilidade de uma narrativa.

Existe, no entanto, outra série da qual a narrativa também faz parte e cujos termos não têm nenhuma similaridade com os da primeira. Já vimos que a lógica da narrativa estava sempre em recuo diante de uma outra lógica, ritual e religiosa; a narrativa é a grande derrotada desse conflito. Por quê? Porque a narrativa, tal como existe na época de *A demanda*, se vincula ao pecado, não à virtude; ao demônio, não a Deus. As personagens e os valores tradicionais do romance de cavalaria não são apenas contestados, mas ridicularizados. Lancelote e Galvão eram os campeões daqueles romances; aqui, eles são humilhados a cada página, e não se cessa de lhes repetir que as façanhas das quais eles são capazes não têm mais valor ("E não credes que as aventuras do presente sejam de massacrar homens ou eliminar cavaleiros", disse o homem probo a Galvão.) Eles são derrotados em seu próprio terreno: Galaaz é melhor cavaleiro que eles dois e derruba um e outro do cavalo. Lancelote se deixa insultar até pelos criados, vencido nos torneios; fitemo-lo em sua humilhação:

"Seria preciso que me escutásseis", disse o criado, "pois nada melhor podeis esperar. Fostes a flor da cavalaria terrena! Fraco! Ei-vos completamente enfeitiçado por aquela que não vos ama nem vos estima!" [...] Lancelote nada respondeu, tão aflito que teria preferido morrer. O criado, porém, injuriava-o e o ofendia com todas as vilanias possíveis. Lancelote escutava-o em tamanha confusão que não ousava erguer os olhos.

Lancelote, o invencível, não ousa erguer os olhos para aquele que o insulta; o amor que ele devota à rainha Genevra e que é o símbolo do mundo cavalheiresco é atirado na lama. Portanto, não é apenas Lancelote que se torna objeto de compaixão, mas também o romance de cavalaria.

Cavalgando, pôs-se a pensar que jamais havia sido posto em um estado tão miserável e que não havia lhe acontecido de participar de um torneio sem que fosse o vencedor. Esse pensamento o deixara desolado e ele disse para si que tudo lhe mostrava que era o maior pecador de todos os homens, pois suas faltas e sua desventura lhe haviam tirado a vista e a força.

A demanda do Santo Graal é uma narrativa que recusa precisamente o que constitui a matéria tradicional das narrativas: as aventuras amorosas ou guerreiras, as proezas terrestres. *Don Quichotte avant la lettre*, esse livro declara guerra aos romances de cavalaria e, por meio deles, ao romanesco. A narrativa não deixa de se vingar, por outro lado; as páginas mais apaixonantes são consagradas a Ivã, o Pecador; ao passo que sobre Galaaz não pode haver narrativa, propriamente falando; a narrativa é uma agulha, a escolha de uma via e não outra; ora, com Galaaz, a hesitação e a escolha não têm mais sentido: embora o caminho que ele segue possa se dividir em dois, Galaaz tomará sempre a "boa" via. O romance é feito para contar histórias terrestres; ora, o Graal é uma entidade celeste. Há, pois, uma contradição no próprio título desse livro: a palavra "busca" reconduz ao procedimento mais característico da narrativa e, assim, ao terrestre; o Graal é uma superação do terrestre em direção ao celeste. Assim, quando Pauphilet diz que "o Graal é a manifestação romanesca de Deus", ele coloca lado a lado dois termos aparentemente irreconciliáveis: Deus não se manifesta nos romances; os romances pertencem ao domínio do Inimigo, não ao de Deus.

Mas se a narrativa reconduz aos valores terrestres, e mesmo diretamente ao pecado e ao demônio (por essa razão, a busca do Graal procura sem cessar combatê-la), chegamos a um resultado surpreendente: a cadeia de equivalências semânticas, que partira de Deus, atingiu, pelo mecanismo da narrativa, seu contrário, o Demônio. Não procuremos ver nisso, porém, uma perfídia qualquer da parte do narrador: não é Deus que é ambíguo polivalente nesse mundo, é a narrativa. Quiseram se servir da narrativa terrestre com fins celestes, e a contradição permaneceu no interior do texto. Ela não estaria lá se se louvasse a Deus nos hinos ou sermões, nem se a narrativa tratasse das proezas cavaleirescas habituais.

A integração da narrativa nessas cadeias de equivalências e de oposições tem uma importância particular. O que aparecia como um significado irredutível e último – a oposição entre Deus e o demônio, ou a virtude e o pecado, ou mesmo, no nosso caso, entre a virgindade e a luxúria – não o é, e isso graças à narrativa. Parecia, à primeira vista, que a Escritura, que o Livro Sagrado constituía um obstáculo à recondução perpétua de uma camada de significações a outra; na verdade, esse obstáculo é ilusório, pois cada um dos dois termos que formam a oposição básica da última rede designa, por sua vez, a narrativa, o texto, quer dizer, a primeiríssima camada. Assim, o círculo é fechado e o recuo do "sentido último" não se deterá jamais.

Dessa forma, a narrativa aparece como o tema fundamental de *A demanda do Graal* (como o é em toda narrativa, mas sempre de modo diferente). Em suma, a busca do Graal é não somente a busca de um código e de um sentido, mas também de uma narrativa. De modo significativo, as últimas palavras do livro contam sua história: o último elo da intriga é a criação da narrativa que acabamos de ler.

> E depois que Boorz narrou as aventuras do Santo Graal tais como ele as tinha visto, elas foram escritas e conservadas na biblioteca de Salebières, de onde Mestre Gautier Map as tirou; com elas, ele compôs seu livro do Santo Graal, por amor ao rei Henrique, seu senhor, que mandou traduzir a história do latim para o francês...

Pode-se objetar que, se o autor quisesse dizer tudo isso, ele teria feito de forma mais clara; ademais, não se estará atribuindo a um autor do século XIII ideias do século XX? Uma resposta se encontra na própria obra *A demanda do Santo Graal*: o sujeito da enunciação desse livro não é uma pessoa qualquer, é a própria narrativa, é o conto. No começo e no fim de cada capítulo, vemos aparecer esse sujeito, tradicional na Idade Média: "Mas aqui o conto cessa de falar de Galaaz e retorna ao senhor Galvão. O conto relata que, quando Galvão foi separado de seus companheiros [...]". "Mas aqui o conto para de falar de Percival e retorna a Lancelote, que ficara na casa do homem probo [...]" Às vezes, essas passagens tornam-se muito longas; decerto sua presença não é uma convenção destituída de sentido: "Se perguntarem ao livro porque o homem não levou o ramo ao paraíso, em vez de levar a mulher, o livro responde que cabe a ela, e não a ele, levar esse ramo...".

Poética da prosa

Ora, ainda que o autor não pudesse compreender muito bem o que estava escrevendo, o conto, este sim, o sabia.

1968

11
O segredo da narrativa

I

Os romances de Henry James são mais conhecidos – ainda que não o suficiente na França – do que suas novelas, apesar de estas representarem uma boa metade de sua obra (o que não é um caso excepcional: o público prefere o romance à novela, o livro longo ao texto curto; não que o tamanho seja considerado como critério de valor, mas sobretudo porque não se tem tempo, ao se ler uma obra curta, de esquecer que ali se trata apenas de "literatura" e não da "vida"). Apesar de quase todos os grandes romances de James terem sido traduzidos para o francês, apenas um quarto das novelas o foram. Entretanto, não são apenas simples razões quantitativas que nos impelem para essa parte de sua obra: as novelas desempenham nela um papel especial. Elas se apresentam como estudos teóricos: nelas, James enuncia os grandes problemas estéticos de sua obra, e os resolve. Por esse motivo, as novelas constituem uma via privilegiada, que escolhemos para ingressar no universo complexo e fascinante do autor.

Os exegetas quase sempre ficaram confusos. Os críticos contemporâneos e posteriores concordaram em afirmar que as obras de James eram perfeitas do ponto de vista "técnico". Mas todos também concordaram em censurá-las pela falta de grandes ideias e ausência de calor humano; o tema delas era irrelevante (como se o primeiro indício de uma obra de arte não fosse, precisamente, o de tornar impossível a distinção entre "técnicas" e "ideias"). James foi catalogado entre os autores inacessíveis ao leitor comum; deixou-se aos profissionais a exclusividade de saborear sua obra demasiado complicada.

As duas novelas seguintes[1] bastam, por si só, para dissipar o mal-entendido. Mais do que "defendê-las", tentarei situá-las no interior do universo jamesiano, tal como ele se define em suas novelas.

II

Na célebre novela *O desenho do tapete* (1896), James conta que um jovem crítico, tendo acabado de escrever um artigo sobre um dos autores que ele mais admira – Hugh Vereker –, o encontra por acaso pouco tempo depois. O autor não esconde sua decepção pelo estudo que lhe foi dedicado. Não é que ele não tenha sutileza; mas não é capaz de designar o segredo de sua obra, segredo que é, ao mesmo tempo, seu princípio motor e seu sentido geral.

Há em minha obra uma ideia, especifica Vereker, sem a qual eu não teria dado a menor importância ao ofício de escritor. Uma

---

1 Este surgiu inicialmente como prefácio a *Maude Evelyn* e *A morte do leão*.

Poética da prosa

intenção das mais preciosas. Sua aplicação foi, me parece, um milagre de habilidade e de perseverança [...] Ele segue sua carreira, este meu pequeno truque, por todos os meus livros, e o resto, em comparação, são apenas jogos de superfície.

Pressionado pelas perguntas de seu jovem interlocutor, Vereker acrescenta:

Todo o conjunto de meus esforços conscientes não é outra coisa – cada uma de minhas páginas e de minhas linhas, cada uma de minhas palavras. O que há para descobrir é tão concreto quanto o pássaro na gaiola, a isca no anzol, o pedaço de queijo na ratoeira. É o que compõe cada linha, escolhe cada palavra, coloca um ponto em todos os *i*, traça todas as vírgulas.

O jovem crítico lança-se em uma pesquisa desesperada ("uma obsessão que para sempre me assombraria"); ao rever Vereker, ele tenta obter mais detalhes: "Conjecturei que devia ser um elemento fundamental do traçado geral, algo como uma imagem complicada em um tapete oriental. Vereker aprovou calorosamente essa comparação e empregou outra: 'É o fio', disse ele, 'que liga minhas pérolas'".

Enfrentemos o desafio de Vereker no momento em que nos aproximamos da obra de Henry James (este dizia, com efeito: "Então é isso naturalmente o que o crítico deveria procurar, e mesmo, na minha opinião, [...] o que o crítico deveria encontrar"). Tentemos descobrir a imagem no tapete de Henry James, esse esquema ao qual todo o resto obedece, tal como aparece em cada uma de suas obras.

A investigação de tal invariante só pode ser feita (as personagens de *O desenho do tapete* bem o sabem) superpondo as diferentes obras à maneira das famosas fotografias de Galton, lendo-as como transparências colocadas umas sobre as outras. Não gostaria, entretanto, de impacientar o leitor e contarei desde já o segredo, mesmo sob pena de ser menos convincente. As obras que iremos percorrer confirmarão a hipótese, em vez de deixar para o leitor o trabalho de formulá-la ele mesmo.

A narrativa de James apoia-se sempre na busca de uma causa absoluta e ausente. Explicitemos um por um os termos dessa frase. Existe uma causa: esta palavra deve ser considerada aqui em um sentido muito amplo; em geral, é uma personagem, mas às vezes também um acontecimento ou um objeto. O efeito dessa causa é a narrativa, a história que nos é contada. Absoluta: pois tudo, nessa narrativa, deve sua presença, em síntese, a essa causa. Mas a causa está ausente e partimos em sua busca: ela está não só ausente como na maioria das vezes é ignorada; tudo o que se supõe é sua existência, não sua natureza. Buscamo-la: a história consiste na busca, na perseguição dessa causa inicial, dessa essência principal. A narrativa cessa se conseguimos alcançá-la. Há, por um lado, uma ausência (da causa, da essência, da verdade), mas essa ausência determina tudo; por outro, uma presença (da busca) que nada mais é que a procura da ausência.

O segredo da narrativa jamesiana é, assim, precisamente a existência de um segredo essencial, de um não nomeado, de uma força ausente e muito poderosa, que impulsiona toda a máquina presente da narração. O movimento de James é duplo e, ao que parece, contraditório (o que lhe permite constantemente retomá-lo): por um lado, emprega todas as suas forças para alcançar a essência oculta, para desvelar o objeto secreto; por outro, afasta-o sempre, protege-o — até o fim da história, senão mais além. A ausência da causa ou da verdade está presente no texto, mais ainda, ela é sua origem lógica e sua razão de ser; a causa é o que, por sua ausência, faz surgir o texto. O essencial está ausente, a ausência é essencial.

Antes de ilustrar as diversas variações dessa "imagem do tapete", devemos lidar com uma possível objeção. É que nem todas as obras de James obedecem ao mesmo desenho. Para falar apenas das novelas, mesmo quando o descobrimos na maioria delas, há outras que não participam desse movimento. Devemos, pois, esclarecer dois pontos desde já. O primeiro é que essa "imagem" está ligada mais em específico a um período da obra de James: ela prevalece quase exclusivamente a partir de 1892 e até, pelo menos, 1903 (James está com seus 50 anos). James escreveu quase metade de suas novelas durante esses doze anos. A obra precedente só pode ser considerada, à luz dessa hipótese, como um trabalho preparatório, um exercício brilhante mas não original, que pode ser totalmente inscrito no âmbito das lições que James extraía de Flaubert e Maupassant. O segundo esclarecimento seria de ordem teórica, não histórica: pode-se presumir, assim me parece, que um autor se aproxima, em certas obras mais do que em outras, dessa "imagem no tapete", daquilo que resume e fundamenta o conjunto de seus escritos. Assim, seria possível explicar o fato de que, mesmo após 1892, James continue a escrever contos que se situam na linhagem de seus exercícios "realistas".

Acrescentemos uma comparação às que Vereker propôs a seu jovem amigo para nomear o "elemento fundamental"; digamos que o que acabamos de definir se parece com a grade que os diferentes instrumentos em uma formação de jazz têm em comum. A grade fixa pontos de referência, sem os quais o trecho não poderia ser tocado; mas esse fato não torna a parte do saxofone idêntica à do trompete. Da mesma forma, em suas novelas, James explora timbres muito diferentes, tonalidades que, à primeira vista, nada têm em comum, apesar de o esquema geral continuar idêntico. Tentaremos observar essas tonalidades uma por uma.

III

Comecemos pelo caso mais elementar: aquele em que a novela se forma a partir de uma personagem ou de um fenômeno, envolto em certo mistério que será dissipado no final. *Sir Dominick Ferrand* (1892) pode ser tomado como primeiro exemplo. É a história de um pobre escritor, Peter Baron, que vive na mesma casa de uma musicista viúva, Mrs. Ryves. Um dia, Baron compra para si uma velha escrivaninha; por mero acaso, percebe que ela possui um fundo falso e, portanto, uma gaveta secreta. A vida de Baron se concentra em torno desse primeiro mistério, que conseguirá desvendar: ele tira da gaveta alguns maços de cartas antigas. Uma visita inesperada de Mrs. Ryves — por quem ele está secretamente apaixonado — interrompe sua exploração; esta última teve uma intuição sobre um perigo que ameaça Peter e, avistando os maços de cartas, suplica a ele para que jamais as leia. Essa brusca ação cria dois novos mistérios: qual o conteúdo das cartas? E: como Mrs. Ryves pode ter tais intuições? O primeiro será resolvido algumas páginas depois: trata-se de cartas que contêm revelações comprometedoras sobre Sir Dominick Ferrand, estadista morto vários anos antes. Mas o segundo irá durar até o fim da novela, e seu esclarecimento será retardado por outros imprevistos, que dizem respeito às hesitações de Peter Baron quanto ao destino das cartas: é procurado pelo diretor de uma revista, a quem revelou a existência delas, e que lhe propõe

Poética da prosa

pelas mesmas altas somas de dinheiro. A cada tentação – pois ele é extremamente pobre – de tornar as cartas públicas, uma nova "intuição" de Mrs. Ryves, por quem está cada vez mais apaixonado, vem contê-lo.

Essa segunda força prevalece e, um dia, Peter queima as cartas comprometedoras. Segue-se a revelação final: Mrs. Ryves, em um ímpeto de sinceridade, confessa-lhe ser a filha ilegítima de Sir Dominick Ferrand, fruto dessa mesma ligação amorosa de que tratam as cartas descobertas.

Por trás desse enredo de *vaudeville* – personagens afastadas aparecem no final como sendo parentes próximos – desenha-se o esquema fundamental da novela jamesiana: a causa secreta e absoluta de todos os acontecimentos era um ausente, Sir Dominick Ferrand, e o mistério, a relação entre ele e Mrs. Ryves. Todo o estranho comportamento desta última baseia-se (com uma referência ao sobrenatural) na relação secreta; esse comportamento, por outro lado, determina o de Baron. Os mistérios intermediários (o que há na escrivaninha? Do que falam as cartas?) eram outras causas em que a ausência de conhecimento provocava a presença da narrativa. A aparição da causa suspende a narrativa: uma vez revelado o mistério, não há mais nada para contar. A presença da verdade é possível, mas ela é incompatível com a narrativa.

Na gaiola (1898) é um passo a mais na mesma direção. A ignorância, aqui, não é devida a um segredo que poderia ser revelado no fim da novela, mas à imperfeição dos nossos meios de conhecimento; e a "verdade" que nos é apresentada nas últimas páginas, ao contrário daquela, clara e definitiva, de Sir Dominick Ferrand, é apenas um grau menor de ignorância. A falta de conhecimento é motivada pela profissão da personagem principal e por seus interesses centrais: essa jovem (cujo nome jamais saberemos) é telegrafista, e toda a sua atenção se dirige a duas pessoas que ela só conhece por intermédio de seus telegramas: o capitão Everard e Lady Bradeen.

A jovem telegrafista dispõe de informações extremamente lacônicas quanto ao destino daqueles pelos quais se interessa. De fato, ela tem apenas três telegramas, em que se apoia para suas elucubrações.

O primeiro: "Everard. Hotel Brighton, Paris. Contente-se entender e acreditar. 22 a 26 e certamente 8 e 9. Talvez mais. Venha. Mary". O segundo: "Miss Dolman, Parade Lodge, Parade Terrace, Dover. Informe imediatamente o endereço certo, Hotel de France, Ostend. Ajuste sete nove quatro nove seis um. Telegrafe-me segundo endereço Burfield's". E o último: "Absolutamente necessário ver você. Pegue último trem Victoria se conseguir apanhar. Se não, primeira hora amanhã. Responda diretamente um ou outro endereço". A partir desse pobre esquema, a imaginação da telegrafista borda um romance. A causa absoluta é aqui a vida de Everard e de Milady; mas a telegrafista a ignora de todo, confinada como está em sua gaiola, no escritório dos Correios e Telégrafos. Quanto mais longa e difícil se torna sua busca, tanto mais emocionante: "Mas, se nada era mais impossível que o fato, nada, por outro lado, era mais intenso do que a visão" (James escreverá em uma outra novela: "o eco acabou se tornando mais nítido do que o som inicial").

O único encontro que ela tem com Everard fora dos correios (entre o segundo e o terceiro telegrama) não a esclarece muito sobre o caráter dele. Ela pode observar como ele é fisicamente, observar seus gestos, escutar sua voz, mas sua "essência" continua tão intangível, ou até mais, do que quando estavam

Poética da prosa

separados pela gaiola envidraçada: os sentidos só preservam as aparências, o secundário; a verdade lhes é inacessível. A única revelação – mas não ousamos mais aplicar-lhe esse termo – vem no final, durante uma conversa entre a telegrafista e sua amiga, Mrs. Jordan. O futuro esposo desta última, Mr. Drake, passa a servir Lady Bradeen; assim Mrs. Jordan poderá – muito pouco, aliás – ajudar a amiga a compreender o destino de Lady Bradeen e do capitão Everard. A compreensão é especialmente dificultada pelo fato de a telegrafista afetar saber muito mais do que sabe, para não se humilhar diante da amiga. Com suas respostas ambíguas, ela impede certas revelações:

"Como assim, você não sabe do escândalo? [pergunta Mrs. Jordan] [...] Rapidamente ela tomou posição observando o seguinte: Oh! Nada veio a público." No entanto, é preciso não sobrestimar os conhecimentos da amiga: quando questionada a respeito, Mrs. Jordan continua:

> – Bem, ele estava comprometido.
> Sua amiga se surpreendeu:
> – Como assim?
> – Não sei. Algo desagradável. Como já disse, descobriram alguma coisa.

Não há verdade, não há certeza, vamos nos ater a "algo desagradável". Uma vez terminada a novela, não podemos dizer que conhecemos o capitão Everard; apenas ignoramos um pouco menos que no início. A essência não se tornou presente.

Quando o jovem crítico, em *O desenho do tapete*, investigava o segredo de Vereker, fez a seguinte pergunta: "'É algo no estilo? Ou no pensamento? Um elemento da forma? Ou do contexto?'

Tzvetan Todorov

Vereker, indulgente, apertou novamente minha mão e senti que minha pergunta era bem obtusa [...]". Compreende-se a condescendência de Vereker, e se nos perguntassem o mesmo a respeito da imagem no tapete de Henry James, teríamos a mesma dificuldade para responder. Todos os aspectos da novela participam do mesmo movimento; aqui está a prova.

Já faz muito tempo que se salientou (o próprio James o fez) uma propriedade "técnica" dessas narrativas: cada acontecimento é descrito aqui por intermédio da visão de alguém. Não descobrimos diretamente a verdade sobre Sir Dominick Ferrand, e sim por intermédio de Peter Baron; de fato, nós leitores nunca vemos nada além da consciência de Baron. O mesmo se dá em *Na gaiola*: em nenhum momento o narrador apresenta diretamente ao leitor as experiências de Everard e de Lady Bradeen, mas apenas a imagem que a telegrafista faz delas. Um narrador onisciente poderia ter designado a essência; a jovem não é capaz disso.

James apreciava, acima de tudo, essa visão indireta, "that magnificent and masterly indirectness", como ele a chama em uma carta, e amplificou muito a exploração desse processo. É assim que ele mesmo descreve seu trabalho:

> Devo juntar à verdade que, tal como eram [os Moreen, personagens da novela *O pupilo*] ou tal como eles possam aparecer agora em sua incoerência, não pretendo tê-los realmente "apresentado"; tudo o que mostrei, em *O pupilo*, foi a visão conturbada que o pequeno Morgan tinha deles, refletida na visão, também bastante perturbada, de seu devotado amigo.

Não vemos os Moreen diretamente; vemos a visão que X tem da visão de Y que vê os Moreen. Um caso ainda mais complexo apresenta-se no final de *Na gaiola*: observamos a percepção da telegrafista a partir da percepção de Mrs. Jordan, a qual conta o que sabe a partir do que tirou de Mr. Drake que, por sua vez, só conhece o capitão Everard e Lady Bradeen de vista!

Falando de si mesmo na terceira pessoa, James diz ainda: "Levado a ver 'através' – a ver uma coisa através de outra, portanto, depois outras coisas ainda através daquela – ele se apropria, a cada expedição, quiçá com demasiada avidez, de tudo quanto for possível no caminho".

Ou, em outro prefácio: "Encontro mais vida no que é obscuro, no que se presta à interpretação do que no estrépito grosseiro do primeiro plano". Portanto, não será uma surpresa para nós se só virmos a visão de alguém e jamais diretamente o objeto dessa visão; ou mesmo encontrar nas páginas de James frases do tipo: "Ele sabia que eu não podia realmente ajudá-lo, e que eu sabia que ele sabia que eu não podia", ou então: "Oh, ajude-me a sentir os sentimentos que, eu sei, você sabe que eu gostaria de sentir...".

Mas essa "técnica" das visões, ou dos pontos de vista, sobre a qual tanto se escreveu, não é mais técnica do que, digamos, os temas do texto. Vemos agora que a visão indireta se inscreve em James na mesma "imagem do tapete", elaborada a partir de uma análise da intriga. Jamais mostrar à luz do dia o objeto da percepção, que provoca todos os esforços das personagens, nada mais é que uma nova manifestação da ideia geral segundo a qual a narrativa traduz a busca de uma causa absoluta e ausente. A "técnica" significa tanto quanto os elementos temáticos; estes, por sua vez, são tão "técnicos" (ou seja, organizados) quanto o resto.

Qual a origem dessa ideia em James? Em um certo sentido, ele nada mais fez além de elevar seu método de narrador a uma concepção filosófica. Existem, *grosso modo*, duas maneiras de caracterizar uma personagem. Eis um exemplo da primeira:

> Aquele padre de pele morena e ombros largos, até então condenado à austera virgindade do claustro, tremia e fervilhava diante dessa cena de amor, de noite e de volúpia. A jovem e bela moça entregue em desordem àquele ardente rapaz fazia correr chumbo fundido em suas veias. Sucediam nele movimentos extraordinários. Seus olhos mergulhavam com uma inveja lasciva em todos aqueles nós desfeitos [...]. (*O corcunda de Notre-Dame*)

E, aqui, um exemplo da segunda: "Notou suas unhas, mais compridas do que era hábito usar-se em Yonville. Era uma das grandes ocupações do escriturário cuidar delas; ele guardava, para esse fim, um canivete muito especial em sua escrivaninha" (*Madame Bovary*).

No primeiro caso, nomeiam-se diretamente os sentimentos da personagem (em nosso exemplo, esse caráter direto é atenuado pelas figuras de retórica). No segundo, a essência não é nomeada; ela nos é apresentada, por um lado, através da visão de alguém; por outro, a descrição dos traços de caráter é substituída pela de um hábito isolado: é a famosa "arte do detalhe", em que a parte substitui o todo, de acordo com a figura retórica bem conhecida da sinédoque.

James permaneceu durante muito tempo na trilha de Flaubert. Quando falávamos de seus "anos de exercício", era para evocar esses textos precisamente, nos quais ele conduz o emprego da sinédoque à perfeição (encontramos páginas semelhantes até o fim de sua vida). Mas nas novelas que nos interessam, James deu um passo a mais: ele tomou consciência do postulado sensualista

Poética da prosa

(e antiessencialista) de Flaubert e, em vez de conservá-lo como simples meio, transformou-o no princípio construtivo de sua obra. Apenas podemos ver as aparências, e sua interpretação continua duvidosa; somente a busca da verdade pode estar presente; a própria verdade, embora provoque todo o movimento, permanecerá ausente (como no caso de *Na gaiola*, por exemplo).[2]

Consideremos agora outro aspecto "técnico", a composição. O que é a novela clássica, tal como a encontramos, por exemplo, em Boccaccio? No caso mais simples, e se nos colocarmos em um nível bem geral, poderíamos dizer que ela conta a passagem de um estado de equilíbrio ou de desequilíbrio a outro estado semelhante. No *Decameron*, o equilíbrio inicial será muitas vezes constituído pelos laços conjugais de dois protagonistas; sua ruptura consiste na infidelidade da esposa; um segundo desequilíbrio, em um segundo nível, aparece no final: é a fuga da punição vinda da parte do marido enganado e que ameaça os dois amantes; ao mesmo tempo, um novo equilíbrio é instaurado, pois o adultério é elevado à posição de norma.

Permanecendo no mesmo nível de generalidade, poderíamos observar um desenho semelhante nas novelas de James. Assim, em *Na gaiola*, a situação estável da telegrafista no início será perturbada pelo surgimento do capitão Everard; o desequilíbrio atingirá seu ponto culminante durante o encontro no parque; o equilíbrio será restabelecido no final da novela pelo casamento entre Everard e Lady Bradeen: a telegrafista renuncia a seus

---

2 O próprio Flaubert escreveu em uma carta: "Você já acreditou na existência das coisas? Não será tudo uma ilusão? De verdadeiro, existem apenas os 'relatos', isto é, o modo como nós percebemos os objetos" (carta a Maupassant de 15 de agosto de 1878).

Tzvetan Todorov

devaneios, deixa o emprego, e logo ela própria se casa. O equilíbrio inicial não é idêntico ao do final: o primeiro permitia o sonho, a esperança; o segundo, não.

Entretanto, ao resumirmos assim o enredo de *Na gaiola*, apenas seguimos uma das linhas de força que animam a narrativa. A outra é a do aprendizado; contrariamente à primeira, que conhece o fluxo e o refluxo, esta obedece à gradação. No início, a telegrafista ignora tudo sobre o capitão Everard; no final, ela alcançou o máximo de seus conhecimentos. O primeiro movimento percorre uma horizontal: é composto pelos acontecimentos que preenchem a vida da telegrafista. O segundo evoca mais a imagem de uma espiral orientada verticalmente: são percepções sucessivas (mas não ordenadas de maneira cronológica) sobre a vida e a personalidade do capitão Everard. Da primeira vez, o interesse do leitor é direcionado ao futuro: em que se transformará a relação entre o capitão e a jovem? Na segunda, ele se dirige ao passado: quem é Everard, o que lhe aconteceu?

O movimento da narrativa segue a resultante dessas duas linhas de força: alguns acontecimentos servem à primeira, outros, à segunda; outros ainda, às duas ao mesmo tempo. Dessa forma, as conversas com Mrs. Jordan nada fazem para avançar a intriga "horizontal", enquanto os encontros com Mr. Mudge, seu futuro marido, são úteis exclusivamente a esta. Entretanto, é evidente que a busca do conhecimento prevalece sobre o desenrolar dos acontecimentos; a tendência "vertical" é mais forte do que a "horizontal". Ora, esse movimento no sentido da compreensão dos acontecimentos, que substitui o dos próprios acontecimentos, nos faz retornar à mesma imagem do tapete: presença da busca, ausência do que a provoca. A "essência" dos acontecimentos não é dada de imediato; cada fato, cada fenômeno aparece primeiro envolvido em um certo mistério; o interesse volta-se naturalmente para o "ser", mais do que para o "fazer".

Vejamos por fim o "estilo" de James, que sempre foi qualificado de demasiado complexo, obscuro, inutilmente difícil. De fato, também nesse nível, James circunda a "verdade", o próprio acontecimento (que muitas vezes resume a proposição principal) de múltiplas subordinadas, que são, cada uma, simples em si mesmas, mas cuja acumulação produz o efeito de complexidade; essas subordinadas são, porém, necessárias, pois elas ilustram os vários intermediários que devemos transpor antes de atingir o "núcleo". Eis um exemplo tirado da mesma novela:

> Havia momentos nos quais todos os fios telegráficos do país pareciam partir do cubículo onde ela penava para ganhar a vida e onde, no arrastar dos pés, no meio da agitação das fórmulas de telegramas, das discussões sobre os selos mal colados e no tilintar das moedas sobre o balcão, as pessoas que ela se habituara a recordar e a associar a outras e sobre as quais tinha suas teorias e interpretações não paravam de desfilar longamente diante dela, uma de cada vez.[3]

Se extrairmos dessa sentença emaranhada a oração básica, obteremos: "Havia momentos em que as pessoas não paravam de desfilar diante dela" (*"There were times when* [...] *the people* [...]

---

3 *"There were times when all the wires in the country seemed to start from the little holeand-corner where she plied for a livelihood, and where, in the shuffle of feet, the flutter of 'forms', the straying of stamps and the ring of change over the counter, the people, she had fallen into the habit of remembering and fitting together with others, and of having her theories and interpretations of, kept of before her their long procession and rotation."*

kept of before her their long procession and rotation"). Mas em torno dessa "verdade" banal e plana se acumulam inúmeras particularidades, detalhes, apreciações, bem mais presentes do que o núcleo da frase principal, que, causa absoluta, provocou esse movimento, mas ainda assim permanece em uma quase ausência. O teórico em estilística americano R. Ohmann observa a respeito do estilo de James: "Grande parte de sua complexidade resulta dessa tendência ao encadeamento; [...] os elementos encadeados têm uma importância infinitamente maior do que a oração principal". A complexidade do estilo jamesiano, deixemos claro, deriva exclusivamente desse princípio de construção, e de forma alguma de uma complexidade referencial, psicológica, por exemplo. O "estilo" e os "sentimentos", a "forma" e o "fundo" dizem todos a mesma coisa, repetem a mesma imagem do tapete.

IV

Essa variante do princípio geral nos permite penetrar o segredo: Peter Baron passa a saber, no final da novela, aquilo cuja investigação constituiu a mola do relato; na pior das hipóteses, a telegrafista teria podido conhecer a verdade sobre o capitão Everard; estamos, portanto, no terreno do *oculto*. Existe, entretanto, outro caso em que a "ausência" não se deixa vencer por meios acessíveis aos humanos: a causa absoluta é aqui um *fantasma*. Um tal herói não corre o risco de passar despercebido, por assim dizer: o texto se organiza naturalmente em torno de sua investigação.

Poderíamos ir mais longe e dizer: para que essa causa sempre ausente se torne presente, é preciso que ela seja um fantasma... Pois do fantasma, muito curiosamente, Henry James fala sempre

Poética da prosa

como de uma *presença*. Eis algumas frases, tiradas ao acaso de diferentes novelas (trata-se sempre de um fantasma): "Sua presença exercia uma verdadeira fascinação". "Sua presença é total. – Ele tem uma presença notável." "[...] presença tão formidável..." "Naquele momento, ele era, no sentido mais absoluto, uma viva, detestável e perigosa presença." "Sentiu um frio na espinha assim que a última sombra de dúvida quanto à existência, naquele lugar, de outra presença além da sua desapareceu." "Fosse qual fosse essa forma da 'presença' que esperava ali sua partida, ela jamais fora tão sensível a seus nervos como quando chegou ao ponto em que a certeza deveria ter aparecido." "Não estava ele agora na presença mais direta possível de alguma atividade inconcebível e oculta?" "Aquilo projetava uma sombra, aquilo surgia da penumbra, era alguém, o prodígio de uma presença pessoal." E assim por diante, até esta fórmula lapidar e falsamente tautológica: "A presença diante dele era uma presença". A essência nunca está presente a não ser que seja um fantasma, isto é, a ausência por excelência.

Qualquer novela fantástica de James pode nos provar a intensidade dessa presença. *Sir Edmund Orme* (1891) conta a história de um jovem que de repente vê aparecer, ao lado de Charlotte Marden, a jovem que ele ama, uma estranha personagem pálida, que passa curiosamente despercebida por todos, exceto para o nosso herói. Da primeira vez, esse visível-invisível senta-se ao lado de Charlotte na igreja. "Era um rapaz pálido, vestido de preto, com o ar de um cavalheiro." Ei-lo, depois, em um salão:

Seus trajes tinham algo de distinto, e ele parecia diferente dos que o cercavam. [...] Permanecia sem falar, jovem, pálido, belo, bem barbeado, correto, com olhos azuis extraordinariamente claros; havia nele algo antiquado, à maneira de um retrato de anos passados: sua cabeça, seu penteado. Estava de luto...

Ele se introduz na maior privacidade, nos encontros íntimos entre os dois jovens: "Ele ficava ali, olhando-me com uma atenção inexpressiva que emprestava um ar de gravidade à sua sombria elegância". O que leva o narrador a concluir: "De qual estranha essência ele era composto eu ignoro, não tenho nenhuma teoria a respeito. Era um fato tão positivo, individual e definitivo como qualquer um de nós (outros mortais)".

Essa "presença" do fantasma determina, sem dúvida, a evolução das relações entre o narrador e Charlotte, e, de forma mais geral, o desenvolvimento da história. A mãe de Charlotte também vê o fantasma e o reconhece: é o de um rapaz que se suicidou ao ser rejeitado por ela, objeto de seu amor. O fantasma retorna para garantir que a coqueteria feminina não aflija o pretendente da filha de quem provocou sua morte. No final, Charlotte decide se casar com o narrador, a mãe morre e o fantasma de Sir Edmund Orme desaparece.

A narrativa fantástica (*ghost story*) é uma forma que se presta bem aos desígnios de James. Ao contrário da história "maravilhosa" (do tipo das *Mil e uma noites*), o texto fantástico não se caracteriza pela simples presença de fenômenos ou de seres sobrenaturais, mas pela hesitação que se instaura na percepção que o leitor tem dos acontecimentos representados. Ao longo da história, o leitor se questiona (e muitas vezes uma personagem também o faz no interior do livro) se os fatos relatados se explicam por uma causalidade natural ou sobrenatural, se se trata de ilusões ou de realidades. Essa hesitação surge do fato de que o acontecimento extraordinário (e, pois, potencialmente sobrenatural) se produz não em um mundo maravilhoso, mas no contexto cotidiano, aquele que nos é mais habitual. O conto fantástico é, consequentemente, o relato de uma percepção; ora, já vimos as razões pelas quais tal construção se inscreve diretamente na "imagem do tapete" de Henry James.

Uma história como *Sir Edmund Orme* conforma-se muito bem com essa descrição geral do gênero fantástico. Boa parte das manifestações da presença oculta causam uma hesitação no narrador, hesitação que se cristaliza em frases alternativas do tipo "ou-ou". "Ou aquilo não passava de um erro, ou sir Edmund Orme tinha desaparecido." "O som que ouvi quando Chartie gritou – quero dizer, o outro som, mais trágico ainda – era o brado de desespero da pobre senhora sob o golpe da morte ou o soluço distinto (parecia a lufada de uma grande tempestade) do espírito exorcizado e apaziguado?" etc.

Outras características do texto são igualmente comuns ao gênero fantástico em geral. Assim, uma tendência à alegoria (mas que nunca se torna muito forte, pois, de outro modo, ela teria suprimido o fantástico): podemos questionar se não se trata apenas de um relato moralizador. O narrador interpreta assim todo o episódio:

> Era um caso de punição vingadora, os pecados das mães, sendo os pais inocentes, recaindo sobre os filhos. A infeliz mãe devia pagar com sofrimento os sofrimentos que infligira; e como a intenção de zombar das legítimas esperanças de um homem honesto podia ressurgir, em meu detrimento, na filha, era preciso estudar e vigiar essa jovem, a fim de que ela sofresse se me causasse o mesmo dano.

Da mesma forma, o conto segue a gradação das aparições sobrenaturais, usual na narrativa fantástica; o narrador é representado dentro da história, o que facilita a integração do leitor ao universo do livro; alusões ao sobrenatural encontram-se dispersas ao longo do texto, preparando-nos assim à sua aceitação. Mas, ao lado dessas características que integram o conto de James ao gênero fantástico, existem outras que o diferenciam e que o definem em sua especificidade. Isso pode ser observado com o exemplo de outro texto, o mais longo entre aqueles que podemos denominar de "novela" e provavelmente o mais famoso: *A volta do parafuso* (1896).

A ambiguidade dessa história também é importante. A narradora é uma jovem que ocupa a função de preceptora de duas crianças em uma propriedade campestre. A partir de certo momento, ela percebe que a casa é assombrada por dois antigos criados, já mortos, de costumes depravados. Essas duas aparições são ainda mais temíveis por terem estabelecido com as crianças um contato, que estas últimas, porém, fingem ignorar. A preceptora não tem dúvidas sobre sua presença ("isto não era — estou tão certa disso hoje quanto então — somente o efeito de minha infernal imaginação!", ou ainda: "Enquanto ela falava, a abominável, a vil presença estava lá, clara como o dia, e indomável") e, para expor sua convicção, ela encontra argumentos perfeitamente racionais:

> Para convencê-la categoricamente, bastava perguntar-lhe [à governanta] como, se eu tivesse inventado a história, me teria sido possível fazer, de cada pessoa que tinha me aparecido, um retrato que revelava nos mínimos detalhes seus sinais particulares, as quais ela instantaneamente reconheceu e nomeou.

Poética da prosa

A preceptora tentará, então, exorcizar as crianças: em decorrência, uma cairá gravemente doente e a outra só será "purificada" com a morte.

Mas poderíamos apresentar essa mesma série de eventos de maneira totalmente diferente, sem qualquer intervenção das potências infernais. O testemunho da preceptora é continuamente desmentido pelo dos outros ("Será possível ter uma desconfiança tão horrorosa, senhorita! Onde é que a senhora vê alguma coisa?", exclama a governanta; e a pequena Flora, uma das crianças: "Não sei o que a senhora quer dizer. Não vejo ninguém. Não vejo nada. Nunca vi"). Essa contradição chega ao ponto de, no final, fazer surgir uma suspeita terrível na preceptora: "De repente, de minha própria piedade pelo pobre pequeno surgiu a horrível inquietação de pensar que talvez ele fosse inocente. No momento, o enigma era confuso e sem fim, [...] pois se ele fosse inocente, Deus poderoso, então, o que era eu?".

Ora, não é difícil encontrar explicações realistas para as alucinações da preceptora. É uma pessoa exaltada e hipersensível; por outro lado, imaginar esse infortúnio seria o único meio de fazer retornar à propriedade o tio das crianças por quem ela está secretamente apaixonada. Ela mesma sente a necessidade de se defender contra uma acusação de loucura: "sem parecer duvidar de minha razão, ela aceitou a verdade", diz ela sobre a governanta, e, mais tarde: "bem sei que pareço louca...". Se acrescentarmos a isso que as aparições sempre ocorrem à hora do crepúsculo ou mesmo à noite e que, por outro lado, algumas reações das crianças, de outro modo estranhas, podem facilmente ser explicadas pela força de sugestão da própria preceptora, nada mais resta de sobrenatural nessa história; teríamos, em vez disso, a descrição de uma neurose.

Essa dupla possibilidade de interpretação provocou uma interminável discussão entre os críticos: os fantasmas realmente existem em *A volta do parafuso*, sim ou não? Ora, a resposta é evidente: ao manter a ambiguidade no núcleo da história, James nada mais fez que se conformar às regras do gênero. Mas nem tudo é convencional nessa novela: enquanto a narrativa fantástica canônica, praticada no século XIX, faz da hesitação da personagem seu tema principal e explícito, em James essa hesitação representada é praticamente eliminada, ela só persiste no leitor: tanto o narrador de *Sir Edmund Orme* quanto o de *A volta do parafuso* estão convencidos da realidade de sua visão.

Ao mesmo tempo, encontramos nesse texto traços da narrativa jamesiana que já observamos em outra parte. Não apenas toda a história é baseada em duas personagens fantasmagóricas, Miss Jessel e Peter Quint, como ainda a coisa essencial para a preceptora é: as crianças têm uma percepção dos fantasmas? Na investigação, a percepção e o conhecimento substituem o objeto percebido ou a perceber. A visão de Peter Quint assusta menos a preceptora do que a possibilidade, para as crianças, de terem igualmente uma visão. De modo parecido, a mãe de Charlotte Marden, em *Sir Edmund Orme*, temia menos a visão do fantasma do que sua aparição aos olhos da filha.

A fonte do mal (e também da ação narrativa) permanece oculta: são os vícios dos dois criados mortos, os quais jamais serão nomeados, que foram transmitidos para as crianças ("estranhos perigos ocorridos em estranhas circunstâncias, secretas desordens..."). O caráter agudo do perigo provém precisamente da ausência de informações sobre ele: "A ideia que me era mais difícil afastar era aquela, tão cruel, de que, o que quer que eu tivesse visto, Miles e Flora viam ainda mais: coisas

Poética da prosa

terríveis, impossíveis de adivinhar, e que surgiam dos terríveis momentos de sua vida em comum de outrora...".

À pergunta "o que realmente aconteceu na propriedade de Bly?", James responde de forma oblíqua: põe em dúvida o termo "realmente", afirma a incerteza da experiência em face da estabilidade – mas também da ausência – da essência. E mais ainda: não temos o direito de dizer "a preceptora é...", "Peter Quint não é...". Nesse mundo, o verbo *ser* perdeu uma de suas funções, a de afirmar a existência e a inexistência. Todas as nossas verdades são tão pouco fundamentadas quanto as da preceptora: o fantasma talvez tenha existido, mas o pequeno Miles paga com a vida o esforço de eliminar a incerteza.

Em sua última "história de fantasmas", *A bela esquina* (1908), James retoma mais uma vez o mesmo motivo. Spencer Brydon, que havia passado mais de trinta anos fora de seu país natal, retorna e se sente atormentado por uma questão: o que teria sido dele se tivesse ficado na América, o que ele poderia ter se tornado? Em certo momento de sua vida, ele teve de escolher entre duas soluções incompatíveis; escolheu uma, mas agora gostaria de recuperar a outra, realizar o impossível reencontro dos elementos mutuamente excludentes. Ele trata sua vida como uma narrativa, em que é possível voltar atrás nas ações e, a partir de uma bifurcação, tomar o caminho alternativo. Como se vê, mais uma vez, a novela se apoia na busca impossível da ausência: até que aquilo que a personagem que Spencer Brydon poderia ter sido, esse *alter ego* do condicional passado, se materialize, por assim dizer ou, em todo caso, se torne uma presença – isto é, um fantasma.

O jogo da causa absoluta e ausente continua; entretanto, esta não representa mais o mesmo papel de antes, esse jogo nada mais é que um cenário, marca da mesma "imagem do tapete". Porém, o interesse da narrativa está em outra parte. É menos o verbo *ser* que é questionado aqui do que o pronome pessoal *eu, mim*. Quem é Spencer Brydon? Enquanto o fantasma não aparece, Brydon o procura avidamente, convencido de que, mesmo que ele não faça parte de si mesmo, ele deve encontrá-lo para compreender o que ele é. O outro é e não é ele ("Duro e lúcido, espectral embora humano, um homem aguardava ali, composto da mesma substância e das mesmas formas, para se medir com seu poder aterrorizador"); mas, no momento em que ele se torna presente, Brydon compreende que ele lhe é totalmente estranho. "Tal personalidade não combinava em nada com a sua, e tornava qualquer alternativa monstruosa." Ausente, esse *eu* do condicional passado lhe pertencia; presente, não mais se reconhece nele.

Sua velha amiga, Alice Staverton, também viu o fantasma – em sonho. Como isso é possível? "Porque, como eu lhe disse semanas atrás, meu espírito, minha imaginação tinham de tal forma explorado o que você podia ou não podia ter sido." Esse estranho não é, portanto, tão estranho como teria querido Brydon, e há um jogo vertiginoso de pronomes pessoais na conversa entre as duas personagens.

— Pois bem, no alvorecer pálido e frio daquela manhã, eu também o vi.

— Me viu?

— Eu *o* vi.

— Ele lhe apareceu. [...]

— *Ele* não apareceu para mim.

— Você apareceu para si mesmo.

Entretanto, a última frase reafirma a diferença: "E ele não é – não, ele não é – *você*", murmura Alice Staverton. O descentramento se generalizou, o *eu* é tão incerto quanto o *ser*.

V

A primeira variante de nossa imagem do tapete instituía uma ausência natural e relativa: o segredo era de tal natureza que não era inconcebível desvendá-lo. A segunda variante descrevia, em contrapartida, a ausência absoluta e sobrenatural do fantasma. Uma terceira variante nos confronta com uma ausência ao mesmo tempo absoluta e natural, com a ausência por excelência: a *morte*.

Podemos observá-la, de início, em um conto muito próximo da variante "fantasmática": é *Os amigos dos amigos* (1896). Um homem viu o fantasma de sua mãe no momento em que esta morreu; o mesmo acontece com uma mulher e seu pai. Seus amigos em comum, a narradora em particular, chocados com essa coincidência, querem organizar um encontro entre ambos; mas todos os esforços para colocá-los frente a frente falham, cada vez por motivos insignificantes, aliás. A mulher morre; o homem (que é também o noivo da narradora) afirma tê-la encontrado na véspera de sua morte. Como ser vivo ou como fantasma? Jamais saberemos, e esse encontro resultará a ruptura do noivado entre ele e a narradora.

Enquanto ambos estavam vivos, seu encontro (seu amor) era impossível. A presença física teria matado a vida. Não que eles o saibam com antecedência: eles tentam – sempre em vão – se encontrar; mas após um último esforço (que fracassa pelo medo que a narradora sente), a mulher se resigna: "Jamais, jamais o verei". Algumas horas depois ela morre: como se a morte fosse necessária para que o encontro ocorresse (assim como ambos encontraram seus pais no momento de sua morte). No instante em que a vida – presença insignificante – termina, instaura-se o triunfo da ausência essencial, que é a morte. De acordo com o homem, a mulher o visitou entre dez e onze horas da noite, sem dizer palavra; à meia-noite, ela está morta. A narradora deve decidir se esse encontro "realmente" aconteceu ou se ele é da mesma natureza dos encontros com os pais agonizantes. Ela gostaria de optar pela primeira solução ("por um instante, senti alívio ao aceitar um dos dois fatos estranhos que na verdade me afetava, em suma, mais pessoalmente, mas que era o mais natural"); contudo, o alívio não dura: a narradora perceberá que essa versão, fácil demais, não explica a mudança ocorrida em seu companheiro.

Não se pode falar de morte "em si": sempre se morre para alguém. "Ela está enterrada, está morta para o mundo. Ela está morta para mim, mas ela não está morta para você", dirá a narradora a seu namorado; e também: "meus ciúmes não tinham morrido com aquela que os causara". Com razão: pois aquele encontro que nunca aconteceu em vida deu origem, aqui, a um amor extraordinário. Não sabemos nada mais do que acredita a narradora, mas ela consegue nos convencer: "Como você poderia ocultá-lo se você está loucamente apaixonado por ela, se você desfalece, quase até a morte [!], pela alegria que ela lhe dá? [...] Você a ama como nunca amou e ela retribui seu amor...". Ele não ousa negar e o noivado é rompido.

Rapidamente transpomos o próximo degrau: já que só a morte lhe dá condições de amar, ele próprio se refugiará nela.

Poética da prosa

Sua morte, quando, seis anos depois, chegou-me a notícia na solidão e no silêncio, acolhi-a como uma prova que apoiava minha teoria. Ela foi súbita, nunca foi muito bem explicada, esteve envolvida em circunstâncias nas quais vi claramente – oh! examinei-as uma a uma! – o traço oculto de sua própria mão. Era o resultado de uma necessidade, de um desejo insaciável. Para dizer exatamente o que penso: era uma resposta a um apelo irresistível.

A morte faz que uma personagem se torne a causa absoluta e ausente da vida. Mais ainda: a morte é fonte de vida, o amor nasce da morte em vez de ser interrompido por ela. Esse tema romântico (é o do *Espírito*, de Gautier) encontra seu pleno desenvolvimento em *Maude Evelyn* (1900). Essa novela conta a história de um rapaz, chamado Marmaduke, que se apaixona por Maude Evelyn, uma jovem morta quinze anos antes de ele tomar conhecimento de sua existência (note-se como é frequente que o título da novela enfatize precisamente a personagem ausente e essencial: *Sir Dominick Ferrand, Sir Edmund Orme, Maude Evelyn*; e também em outras novelas, como *Nona Vincent*).

O amor de Marmaduke – e portanto a "realidade" de Maude Evelyn – atravessa todas as fases de uma gradação. No início, Marmaduke apenas admira os pais da jovem, que se comportam como se ela não estivesse morta; em seguida, começa a pensar como eles, para afinal concluir (segundo as palavras de sua antiga amiga Lavínia): "Ele acredita tê-la conhecido". Mais tarde, Lavínia declara: "Ele se apaixonou por ela". Segue-se seu "casamento", após o qual Maude Evelyn "morre" ("Ele perdeu a mulher", diz Lavínia, para explicar seus trajes de luto). Marmaduke morre, por sua vez, mas Lavínia conservará sua crença.

Como de costume em James, a personagem, central e ausente, de Maude Evelyn não é observada diretamente, mas através de múltiplos reflexos. O relato é feito por uma certa Lady Emma, que tira suas impressões de conversas com Lavínia, que, por sua vez, reencontra Marmaduke. Este, contudo, só conhece os pais de Maude Evelyn, os Dedrick, que evocam a lembrança da filha; a "verdade" é portanto deformada quatro vezes! Além disso, essas visões não são idênticas, mas formam, igualmente, uma gradação. Para Lady Emma, trata-se simplesmente de loucura ("Ele era um completo insensato, ou totalmente corrompido?"): ela vive em um mundo em que o imaginário e o real formam dois blocos separados e impermeáveis. Lavínia obedece às mesmas normas, mas se dispõe a aceitar o ato de Marmaduke, que considera belo: "Eles sem dúvida se iludem, mas em consequência de um sentimento que [...] é belo quando ouvimos falar dele", ou ainda: "É claro que isso não passa de uma ideia, mas me parece que a ideia é bela". Para o próprio Marmaduke, a morte não é uma aventura rumo ao não ser, ao contrário, ela apenas lhe deu a possibilidade de viver a mais extraordinária experiência ("A moralidade daquelas palavras parecia ser a de que nada, enquanto experiência das humanas delícias, poderia ter uma importância especial"). Por fim, os Dedrick têm uma percepção totalmente literal da existência de Maude Evelyn: eles se comunicam com ela por intermédio dos médiuns etc. Temos aí uma exemplificação de quatro atitudes possíveis em relação ao imaginário ou, se preferirmos, em relação ao sentido figurado de uma expressão: a atitude realista de recusa e de condenação, a atitude estetizante de admiração mesclada de incredulidade, a atitude poética que admite a coexistência do ser e do não ser e, enfim, a atitude ingênua que consiste em tomar tudo ao pé da letra.

Poética da prosa

Vimos que, em sua composição, as novelas de James estavam voltadas para o passado: a busca de um segredo essencial, sempre evanescente, implicava que a narrativa fosse antes uma exploração do passado que uma progressão para o futuro. Em *Maude Evelyn*, o passado se torna um elemento temático, e sua glorificação, uma das principais afirmações da novela. A segunda vida de Maude Evelyn é o resultado dessa exploração: "É o resultado gradual de sua meditação sobre o passado; o passado, dessa forma, continua a crescer". O enriquecimento pelo passado não conhece limites; é por isso que os pais da jovem escolhem esse caminho: "Veja bem, eles não tinham muito o que fazer, os velhos pais, [...] com o futuro; então, fizeram o que podiam com o passado". E ele conclui: "Quanto mais vivemos no passado, mais coisas encontramos nele". "Limitar-se" ao passado significa: recusar a originalidade do acontecimento, considerar que se vive em um mundo de recordações. Se percorrermos de volta a cadeia de reações para descobrir a motivação inicial, o começo absoluto, colidiremos de repente com a morte, o fim por excelência. A morte é a origem e a essência da vida, o passado é o futuro do presente, a resposta precede a pergunta.

Ela, a narrativa, será sempre a história de uma outra narrativa. Tomemos mais uma novela em que uma morte constitui a mola principal, *The Tone of Time* [O tom do tempo] (1900). Assim como em *Os amigos dos amigos* tentava-se reconstruir a narrativa impossível de um amor para além da morte, ou, em *Maude Evelyn*, a da vida de uma morta, em *The Tone of Time* tenta-se reconstituir uma história que aconteceu no passado e cujo protagonista central está morto. Não para todos, porém. Mrs. Bridgenorth guarda a lembrança desse homem que era seu amante, e decide um dia encomendar seu retrato. Mas algo a impede em sua intenção e ela encomenda não o retrato *dele,* mas o de um cavalheiro distinto, não importa quem seja, de ninguém.

A pintora que deve executar a encomenda, Mary Tredick, por coincidência conhecia aquele mesmo homem; ele vive para ela também, mas de forma diferente: no ressentimento e no ódio que acompanharam o gesto pelo qual ela foi abandonada. O retrato, magnificamente concluído, não só faz que a vida daquele homem jamais nomeado continue, mas também lhe permite entrar de novo em movimento. Mrs. Bridgenorth triunfa: ela o possui, dessa forma, duplamente. "A atmosfera à nossa volta, toda vivaz, atestava que, por uma irrupção bruscamente contida, ela se apaixonara pelo quadro e que esses últimos minutos tinham bastado para ressuscitar uma ligação muito íntima." Ela só tem um receio: que Mary Tredick (de quem, entretanto, ela tudo ignora) fique enciumada.

Seu receio revela ter fundamento. Em um movimento impulsivo, Mary retoma o quadro e se recusa a cedê-lo. Agora, esse homem lhe pertence de novo: ela se vingou de sua feliz rival do passado. Por querê-lo possuir de forma mais plena, esta recomendara seu retrato; mas, uma vez materializado no quadro, a lembrança pode ser recuperada. Mais uma vez, a morte é essa causa absoluta e ausente que determina todo o movimento da narrativa.

Henry James escreveu outra novela que com certeza merece o primeiro lugar entre as explorações sobre a vida dos mortos, um verdadeiro réquiem: é *O altar dos mortos* (1896). Em nenhum outro lugar a força da morte, a presença da ausência é afirmada de forma tão intensa. Stransom, a personagem principal desse conto, vive em adoração aos mortos. Só conhece a ausência e a prefere a tudo. Sua noiva morreu antes do primeiro "beijo nupcial". Entretanto, a vida de Stransom não é afetada e ele se compraz em sua "eterna viuvez". Sua vida "ainda era regida por um pálido fantasma, ainda ordenada por uma presença soberana", ela se equilibra perfeitamente "em torno do vazio que constituía seu eixo central".

Um dia ele reencontra um amigo, Paul Creston, cuja mulher morrera alguns meses antes. De repente, ao lado dele, avista outra mulher, que seu amigo, ligeiramente confuso, apresenta como sendo a sua. Essa substituição da sublime ausência por uma vulgar presença choca profundamente Stransom.

> Aquela nova mulher, aquela figurante contratada, Mrs. Creston? [...] Afastando-se, Stransom sente-se muito determinado a nunca em sua vida se aproximar daquela mulher. Ela talvez fosse uma criatura humana, mas Creston não deveria tê-la exibido assim, não deveria, aliás, mostrá-la de jeito algum.

A mulher-presença é para ele uma figurante, uma falsificação, e fazê-la substituir a lembrança da ausente é totalmente monstruoso.

Pouco a pouco, Stransom elabora e amplia seu culto aos mortos. Quer "fazer algo por eles", e decide consagrar-lhes um altar. Cada morto (e eles são muitos: "Ele podia não ter tido mais lutos que a maioria dos homens, mas ele os contara mais") recebe um círio e Stransom mergulha em uma contemplação extática. "O deleite tornou-se mais pleno do que ele ousara esperar." Por que esse deleite? Porque ele permite a Stransom reintegrar seu passado:

> Parte da satisfação que esse vínculo propiciava a esse misterioso e irregular adorador decorria do fato de que ele reencontrava ali os

anos de sua vida passada, os laços, os afetos, as lutas, as sujeições, as conquistas, "uma rememoração" dessa aventurosa viagem cujas etapas são marcadas pelos inícios e fins das relações humanas.

Mas, também, porque a morte é purificação ("Aquele indivíduo só tivera de morrer para que tudo o que nele havia de desagradável fosse eliminado"), e porque permite o estabelecimento dessa harmonia para a qual a vida tende. Os mortos representados por círios estão infinitamente próximos dele. "Diferentes pessoas, pelas quais ele jamais demonstrara grande interesse, se aproximavam dele ao entrarem nas fileiras daquela comunidade." Consequência natural: "flagrava a si mesmo quase desejando que alguns de seus amigos morressem para que pudesse estabelecer com eles, daquele mesmo modo, relações mais encantadoras do que as que podia desfrutar com eles vivos".

Há mais um passo a ser dado e ele não detém Stransom: considerar sua própria morte. Ele já sonha com "esse futuro tão pleno, tão rico", e declara: "A capela nunca estará completa antes que brilhe um círio cujo esplendor fará empalidecer o de todos os outros, e que será o mais alto de todos. – De que círio o senhor quer falar? – Quero falar do meu, cara senhora".

De repente, uma nota falsa se introduz nesse elogio da morte. Stransom conheceu, junto ao seu altar, uma senhora de luto, que o atrai precisamente por sua devoção aos mortos. Mas, com o progresso da relação, ele descobre que a dama chora um único morto, e que esse morto é Acton Hague, amigo íntimo de Stransom, mas com quem ele se desentendera violentamente e que é o único morto para quem Stransom jamais acendeu um círio. A mulher o percebe e o encanto da relação é rompido. O morto está presente: "Acton Hague estava entre eles. Essa era a essência mesma da questão e sua presença era tanto mais sensível entre eles quanto mais próximos eles estavam". Assim, a mulher será levada a escolher entre Stransom e Hague (preferindo Hague), e Stransom, entre seu ressentimento por Hague e sua afeição pela dama (prevalecendo seu ressentimento). Vejamos esse diálogo comovente: "Dará a ele um círio? perguntou ela. [...] – Não posso fazer isso, declarou ele por fim. – Então, adeus". O morto decide a vida dos vivos.

E, ao mesmo tempo, os vivos continuam agindo sobre a vida dos mortos (a interpenetração é possível nos dois sentidos). Abandonado pela amiga, Stransom de repente descobre que sua afeição pelos mortos se dissipou. "Todas as luzes estavam apagadas. Todos os seus mortos estavam mortos pela segunda vez."

Será preciso então escalar mais um degrau. Stransom, após ter adoecido gravemente, volta à igreja. Traz em seu coração o perdão para Acton Hague. Sua amiga o encontra ali; uma transformação simétrica operou-se nela: está disposta a esquecer seu único morto e se consagrar ao culto *dos* mortos. Esse culto sofre assim sua última sublimação: não é mais o amor, a amizade ou o ressentimento que o determina; glorifica-se a morte pura, sem qualquer consideração por aqueles que ela atingiu. O perdão suprime a última barreira no caminho para a morte.

Então Stransom pode confiar à amiga sua própria vida na morte e expira em seus braços, enquanto ela sente um imenso terror apropriar-se de seu coração.

VI

Aqui nos confrontamos com a última variante dessa mesma imagem do tapete: aquela na qual o lugar que ocupavam sucessivamente o oculto, o fantasma e a morte será agora tomado pela *obra de arte*. Se, de forma geral, a novela, mais do que o romance, tem uma tendência a se transformar em uma meditação teórica, as novelas de James sobre a arte representam verdadeiros tratados de doutrina estética.

A coisa autêntica (1892) é uma parábola bastante simples. O narrador, um pintor, recebe um dia a visita de um casal que ostenta todos os sinais da nobreza. O homem e a mulher lhe pedem para posar para ilustrações de livros que ele poderia fazer, pois estão reduzidos a um estado de extrema pobreza. Estão certos de se prestarem bem a esse papel, pois o pintor deve representar com precisão as pessoas das classes abastadas às quais eles já haviam pertencido. "Pensamos [diz o marido] que se o senhor tivesse que desenhar pessoas como nós, pois bem, nós nos aproximaríamos muito do ideal. Ela, em particular – se o senhor precisar de uma mulher da sociedade, em um livro, sabe."

O casal é efetivamente o "artigo autêntico", mas essa propriedade não facilita em nada o trabalho do pintor. Muito pelo contrário, suas ilustrações vão se tornando cada vez piores, até que certo dia um de seus amigos faz-lhe notar que talvez a culpa fosse dos modelos... Por outro lado, os outros modelos do pintor não têm nada de autêntico, mas lhe possibilitam suas mais bem-sucedidas ilustrações. Uma certa Miss Churm "era uma simples suburbana sardenta, mas capaz de representar qualquer coisa, desde uma dama refinada até uma pastora"; um vagabundo italiano, chamado Oronte, é perfeitamente adequado às ilustrações que representam príncipes e cavalheiros.

A ausência de qualidades "reais" em Miss Churm e Oronte é o que lhes confere esse valor essencial, necessário à obra de arte; sua presença nos modelos "distintos" nada mais pode ser do

Poética da prosa

que insignificante. O pintor explica isso por sua "preferência inata pelo objeto sugerido ao objeto real; o defeito do objeto real com certeza era sua falta de virtudes evocadoras. "Amava as coisas que pareciam ser. Então, tinha-se certeza. Quanto a saber se elas o *eram* ou não, a questão era secundária e quase sempre fútil". Assim, veem-se no final as duas pessoas incultas e de origem plebeia interpretarem perfeitamente o papel de nobres, enquanto os modelos "nobres" lavam a louça – segundo "a lei perversa e cruel em virtude da qual a coisa autêntica podia ser tão menos preciosa que a não autêntica".

A arte não é, portanto, a reprodução de uma "realidade", não se segue a esta imitando-a; ela requer qualidades completamente diferentes, e ser "autêntico" pode até, como no caso presente, ser prejudicial. No terreno da arte, não há nada que seja preliminar à obra, que seja sua origem; é a própria obra de arte que é original, é o secundário a única coisa que é primária. Daí, nas comparações de James, certa tendência a explicar a "natureza" pela "arte", por exemplo: "um pálido sorriso que era como uma esponja úmida passada sobre tinta descorada", "um salão é sempre, ou deveria ser, uma espécie de quadro", "ela assemelhava singularmente uma ilustração ruim", ou ainda:

> Naquela época, muitas coisas me impressionavam na Inglaterra, como reproduções de algo que existira inicialmente na arte ou na literatura. Não era o quadro, o poema, a página de ficção que me pareciam ser uma cópia; essas coisas eram os originais, e a vida das pessoas felizes e distintas era feita à sua imagem.

Várias outras novelas, e em particular *A morte do leão* (1894), retomam o problema da "arte e a vida", mas sob outra perspectiva, que é a da relação entre a vida de um autor e sua obra. Um escritor torna-se famoso no final de sua vida; o interesse que o público lhe dedica, porém, não está ligado à sua obra, mas apenas à sua vida. Os jornalistas questionam com avidez detalhes de sua existência pessoal, os admiradores preferem ver o homem a ler seus textos; o final da novela testemunha, com seu movimento ao mesmo tempo sublime e grotesco, a indiferença profunda pela obra demonstrada pelas mesmas pessoas que afirmam admirá-la, ao admirar seu autor. E esse mal-entendido terá consequências funestas: não só o escritor não é mais capaz de escrever após seu "sucesso", como no final ele é morto (no real sentido do termo) por seus adoradores.

"A vida de um artista é sua obra, eis o lugar onde se deve observá-lo", diz o narrador, ele mesmo um jovem escritor, e também: "Livre, quem quer que fosse, de defender o interesse que me inspirava sua presença, eu defenderei o interesse que sua obra inspirava, ou, em outros termos, sua ausência". Essas palavras merecem reflexão. A crítica psicológica (questionada aqui depois da crítica "realista") considera a obra como uma presença – embora pouco importante em si mesma; e vê o autor como a causa ausente e absoluta da obra. James inverte a relação: a vida do autor não passa de aparência, contingência, acidente; é uma presença não essencial. A obra de arte em si é a verdade a ser buscada – mesmo sem esperança de encontrá-la. Para melhor compreender a obra, de nada vale conhecer seu autor; mais ainda: esse segundo conhecimento mata ao mesmo tempo o homem (a morte de Paraday) e a obra (a perda do manuscrito).

A mesma problemática anima a novela *A vida privada* (1892), na qual a configuração da ausência e da presença é representada nos mínimos detalhes. Duas personagens formam uma oposição.

Lord Mellifont é o homem da alta-roda, todo presença, todo não essencial. É o companheiro mais agradável; sua conversa é rica, fácil e instrutiva. Mas é inútil tentar alcançar o que nele há de profundo, de pessoal: ele só existe em função dos outros. Ele tem uma presença esplêndida, mas não dissimula nada: a tal ponto que ninguém consegue observá-lo *sozinho*. "Ele está ali quando outra pessoa também estiver", dizem dele. Assim que está só, "regressa ao não ser".

Comparada a ele, Clare Wawdrey ilustra a outra combinação possível de ausência e presença, possível graças ao fato de que ele é escritor, de que cria obras de arte. Esse grande autor tem uma presença nula, medíocre, seu comportamento não corresponde de modo algum à sua obra. O narrador relata, por exemplo, uma violenta tempestade durante a qual ele estava em companhia do escritor.

> Clare Wawdrey era decepcionante. Não sei ao certo o que eu esperava de um grande escritor exposto à fúria dos elementos, que atitude byroniana eu teria gostado que meu companheiro assumisse, mas com certeza nunca teria acreditado que em um caso assim ele me presenteasse com histórias – que eu já havia escutado – sobre Lady Ringrose...

Mas esse Clare Wawdrey não é o "verdadeiro": ao mesmo tempo que o narrador troca com ele fofocas literárias, outro Clare permanece sentado em seu gabinete, escrevendo páginas magníficas. "O mundo era estúpido e vulgar e o verdadeiro Wawdrey teria sido bem tolo se o frequentasse, quando podia, para bater papo e jantar fora, fazer-se substituir."

Assim, a oposição é perfeita: Clare Wawdrey é duplo, Lord Mellifont nem chega a ser um, ou ainda: "Lord Mellifont tinha uma vida totalmente pública à qual não correspondia nenhuma vida privada; assim como Clare Wawdrey tinha uma vida totalmente privada à qual não correspondia nenhuma vida pública". São dois aspectos complementares de um mesmo movimento: a presença é oca (Lord Mellifont), a ausência é uma plenitude (a obra de arte). No paradigma em que a inscrevemos, a obra de arte ocupa um lugar particular: mais essencial que o oculto, mais acessível que o fantasma, mais material que a morte, oferece o único meio de viver a essência. Esse outro Clare Wawdrey, sentado na escuridão, é secretado pela própria obra, é o texto que se escreve, a ausência mais presente de todas.

A simetria perfeita sobre a qual se funda esta novela é característica da maneira como Henry James concebe o enredo de uma narrativa. Via de regra, as coincidências e simetrias são abundantes. Pensemos em Guy Walsingham, mulher com pseudônimo masculino, e em Dora Forbes, homem com pseudônimo feminino, em *A morte do leão*; nas coincidências espantosas por meio das quais se elucida *La note du temps* [A nota do tempo] (é o mesmo homem que as duas mulheres amaram) ou *O altar dos mortos* (é o mesmo morto que determinou os dois comportamentos), no desenlace de *Sir Dominick Ferrand* etc. Sabemos que, para James, o interesse da narrativa não reside em seu movimento "horizontal", mas na exploração "vertical" de um mesmo acontecimento; isso explica o lado convencional e perfeitamente previsível da anedota.

The Birthplace [O local de nascimento] (1903) retoma e aprofunda o tema de *A morte do leão*, a relação entre a obra e a vida de seu autor. Essa novela conta o culto que o público devota ao maior poeta da nação, morto há centenas de anos, por meio da experiência de um casal, Mr. e Mrs. Gedge, conservadores do museu instalado na "casa natal" do poeta. Interessar-se realmente pelo poeta significaria ler e admirar sua obra; ao crer estarem se dedicando ao seu culto, coloca-se no lugar da ausência essencial uma presença insignificante. "Ele não vale um centavo para *eles*. A única coisa que os preocupa é essa concha vazia – ou melhor, como ela não está vazia, seu recheio estranho e absurdo."

Morris Gedge, que se sentiu tão feliz ao obter o cargo de conservador do museu (por causa de sua admiração pelo poeta), percebe a contradição sobre a qual repousa sua situação. Suas funções públicas lhe impõem afirmar a presença do poeta naquela casa, naqueles objetos; seu amor pelo poeta – e pela verdade – leva-o a contestar essa presença. ("Que me enforquem se ele está *aqui!*") Inicialmente, ignoramos quase tudo sobre a vida do poeta, pairamos na incerteza mesmo em relação aos pontos mais elementares. "Detalhes, não há. Faltam as conexões. Toda certeza – sobretudo no que concerne ao quarto de cima, nossa Casa Santa – é *inexistente*. Tudo isso é tão terrivelmente distante." Não sabemos nem se ele nasceu nesse quarto, ou mesmo se ele simplesmente nasceu... Gedge propõe então "modalizar" o discurso que, como guia, ele deve endereçar ao público. "Não poderia adotar um método um pouco mais discreto? O que podemos dizer é que certas coisas foram *ditas* sobre isso; é tudo o que *nós* sabemos."

Mesmo essa tentativa de substituir a realidade do *ser* pela do *dizer*, pela do discurso, não vai muito longe. Não se deve lamentar a escassez de informações sobre a vida do autor, e sim se alegrar com ela. A essência do poeta é sua obra, não sua casa, assim, é preferível que a casa não tenha *nenhum* traço dele. A mulher de um dos visitantes observa: "É uma pena, sabe, que ele *não esteja* aqui. Quero dizer, como Goethe em Weimar. Pois Goethe *está* em Weimar". Ao que seu marido responde: "Sim, querida; é este o azar de Goethe. Ele está pregado lá. *Este* homem não está em nenhum lugar. Desafio-a a agarrá-lo".

Resta uma última etapa a transpor e Gedge não hesita: "Na verdade, *não há* autor; isto é, não há autor sobre o qual pudéssemos discutir. Existem todas essas pessoas imortais – *na* obra; mas não há mais ninguém". Não só o autor é um produto da obra, como é também um produto inútil. A ilusão do *ser* deve ser dissipada; "tal Pessoa não *existe*".

A trama dessa novela retoma a mesma ideia (que encontramos até agora nas réplicas de Gedge). No começo, o conservador do museu tentara dizer ao público a verdade, o que lhe valeu a ameaça de ser expulso do cargo. Gedge escolhe então outra via: em vez de reduzir seu discurso ao mínimo permitido pelos fatos, ele o amplifica até o absurdo, inventando detalhes inexistentes mas verossímeis sobre a vida do poeta em sua casa natal. "Era um modo como qualquer outro, em todo caso, de reduzir o local ao absurdo": o excesso tem o mesmo significado que a supressão. Os dois meios se distinguem, contudo, por uma propriedade importante: enquanto o primeiro nada mais era que a enunciação da verdade, o segundo tem para ele as vantagens da arte: o discurso de Gedge é admirável, é uma obra de arte autônoma. E a recompensa não demora: em vez de ser despedido, Gedge tem, no fim da novela, seu salário duplicado – por causa de tudo o que ele fez pelo poeta...

As últimas novelas de James evitam uma formulação muito categórica de qualquer opinião. Permanecem na indecisão, na ambiguidade, nuanças atenuam as cores brilhantes do passado. *The Velvet Glove* [A luva de veludo] (1909) dá seguimento ao mesmo problema da relação entre a "arte" e a "vida", mas oferece uma resposta bem menos clara. John Berridge é um escritor de sucesso; em um salão mundano, encontra dois personagens admiráveis, o Lord e a Princesa, que encarnam tudo que ele sempre sonhou, são olímpicos descidos à terra. A Princesa finge-se apaixonada por Berridge e ele está prestes a perder a cabeça quando percebe que ela só quer dele uma coisa: que escreva o prefácio de seu último romance.

À primeira vista, esse conto é um elogio à "vida" comparada à escritura. Desde o começo da recepção, Berridge pensa: "O que valia uma aborrecida página de um relato fictício comparada à íntima aventura pessoal na qual o jovem Lord estava prestes a se atirar?". Quanto à Princesa, ele constata:

> [...] a perversidade realmente decadente, digna dos antigos romanos e dos bizantinos mais incontrolavelmente insolentes, que fazia com que uma mulher criada para viver e respirar o romance, uma mulher mergulhada no romance e que tivesse o gênio do romance, caísse no amadorismo e se pusesse a rabiscar seu romance, com erros de sintaxe, tiragens, publicidade, artigos de crítica, direitos autorais e outros detalhes fúteis.

Imaginando a si mesmo como um olímpico, Berridge repudia o máximo possível tudo o que estivesse relacionado à escrita.

> Antes de tudo, como belo prelúdio a uma carreira olímpica, ele nunca mais leria uma só linha de sua própria prosa, das coisas que escrevia. Tão inapto para compor uma obra como a sua quanto para compreender uma só palavra dela, ele seria tão capaz de contar com seus dedos quanto um Apolo de mármore de cabeça perfeita e punhos mutilados. Ele só aceitaria provar uma magnífica aventura pessoal, vivida graças a magníficas qualidades pessoais – nada menos...

Tzvetan Todorov

Mas a moral de Berridge não é necessariamente a moral do conto. Em primeiro lugar, a atitude do célebre escritor poderia ser utilmente confrontada com a da Princesa: ambos desejam se transformar no que não são. Berridge escreve belos romances, mas se vê, na imaginação, como um "amável pastor"; a Princesa partilha da vida dos deuses, embora queira ser uma romancista de sucesso. Ou, como o próprio James formula:

> Os valores secretos de outrem parecem superiores aos seus, com frequência mais elevados mas relativamente familiares, e contanto que você tenha o verdadeiro sentimento do artista em relação à vida, o apelo e a diversão das potencialidades assim sugeridas são mais válidas do que a suficiência, a quietude, a felicidade de suas certezas pessoais arquiconhecidas.

Por outro lado, para qualificar a "vida", que é afirmada perante a escrita, Berridge (e James) só têm uma palavra: ela é "romanesca". Os encontros do Lord devem ser "de um romanesco sublime" e ele mesmo se parece com as "distantes criaturas romanescas"; a Princesa não saberia viver uma aventura se esta não tivesse "o apelo total do romanesco". Acreditando que a Princesa o ama, Berridge só consegue comparar seu próprio sentimento aos livros: "Era um terreno no qual ele já se arriscara em suas peças de teatro, no palco, no plano artístico, mas sem jamais ousar sonhar que alcançaria tais 'realizações' no plano mundano". Não é, pois, a "vida" que é afirmada em comparação com o romance, mas sobretudo o papel de uma personagem em relação ao de um autor.

Aliás, John Berridge é tão incapaz de se tornar um "afável pastor" quanto a Princesa, uma romancista de grandes tiragens. Assim como Clare Wawdrey em *A vida privada* não podia ser ao mesmo

Poética da prosa

tempo um grande escritor e um brilhante cosmopolita, aqui Berridge deve retornar à sua condição não romanesca de romancista – depois de um gesto romanesco (beija a Princesa) destinado justamente a impedi-la de se comportar como uma romancista! A arte e a vida são incompatíveis, e é com uma serena amargura que Berridge exclamará no final: "Você é o próprio Romance...! O que mais lhe falta?". James deixa o leitor decidir para que lado o conduzirão suas preferências; e começamos a perceber aí uma inversão possível da "imagem do tapete".

VII

O segredo essencial é o motor das novelas de Henry James, ele determina sua estrutura. Mas há algo mais: esse princípio de organização tornou-se o tema explícito de pelo menos duas delas. De certa forma, são novelas metaliterárias, novelas dedicadas ao princípio construtivo da novela.

Evocamos a primeira bem no início desta discussão: é *O desenho do tapete*. O segredo cuja existência é revelada por Verek se torna uma força motriz na vida do narrador, e em seguida na de seu amigo George Corvick, da noiva e esposa deste, Gwendolen Erme; e por fim, do segundo marido desta última, Drayton Deane. Corvick afirma em algum momento ter descoberto o segredo, mas morre pouco depois; Gwendolen soube da solução antes da morte de seu marido, sem contudo comunicá-la a ninguém mais: ela mantém o silêncio até sua própria morte. Assim, no final da novela, continuamos tão ignorantes quanto no início.

Essa identidade é apenas aparente, entretanto, pois entre o começo e o final está situada toda a narrativa, isto é, a procura do segredo. Mas sabemos agora que o segredo de Henry James (e, por que não, o de Vereker) reside precisamente na existência de um segredo, de uma causa absoluta e ausente, bem como na tentativa de desvelar esse segredo, para tornar a ausência presente. O segredo de Vereker foi-nos comunicado, e isso da única maneira possível: se ele tivesse sido nomeado, não teria mais existido; ora, é precisamente sua existência que forma o segredo. Esse segredo é por definição inviolável, pois consiste em sua própria existência. A busca do segredo não deve terminar jamais, pois constitui o segredo em si. Os críticos já haviam interpretado nesse sentido *O desenho do tapete*: assim, Blackmur falava sobre a "exasperação do mistério sem a presença do mistério";[4] Blanchot evoca essa "arte que não decifra mas é a cifra do indecifrável"; com mais precisão, Philippe Sollers assim o descreve: "A solução do problema que nos é exposto não é outra coisa que a própria exposição desse problema".

Em um tom mais grave, e de novo com mais nuanças, *A fera na selva* (1903) retoma a mesma resposta. John Marcher acredita que um acontecimento, desconhecido e essencial, deve ocorrer em sua vida; ele a organiza inteiramente em função desse momento futuro. Eis como sua amiga descreve o sentimento que anima Marcher:

> Você disse que sempre teve, desde muito jovem, profundamente dentro de si, o sentimento de estar reservado para algo de raro e estranho, para uma possibilidade prodigiosa e terrível, que cedo ou tarde lhe aconteceria, da qual você sentia, até as entranhas, o presságio e a certeza, e que provavelmente o aniquilaria.

---

4 "Exasperation of the mystery without the presence of mystery". Em inglês no original. (N. T.)

Poética da prosa

Essa amiga, May Bartram, decide participar da espera de Marcher. Ele aprecia muito sua solicitude e não deixa de se questionar às vezes se essa coisa estranha não estaria ligada a ela. Assim, quando ela se muda para mais perto dele: "a grande coisa que ele tinha, por tanto tempo, sentido incubar no colo dos deuses, talvez fosse apenas este evento que o tocava tão de perto: a aquisição que ela acabara de fazer de uma casa em Londres". Da mesma forma, quando ela cai doente: "ele *se surpreendeu* questionando se o grande evento não estivesse *realmente* tomando forma, e se esta forma não seria nada mais do que a infelicidade de ver desaparecer de sua vida aquela encantadora mulher, aquela amiga admirável". Essa dúvida se transforma quase em convicção depois de sua morte: "A deterioração, a morte de sua amiga, a consequente solidão para ele – era isso a Fera na Selva, era isso o que os deuses geraram em seu regaço".

Entretanto, essa suposição nunca se transforma em total certeza e Marcher, embora tendo apreciado o esforço de May Bartram para ajudá-lo, passa a vida em uma infinita expectativa ("a redução do todo somente ao estado de espera"). Antes de morrer, May lhe diz que a Coisa não deve ser mais esperada – que ela já aconteceu. Marcher sente o mesmo, mas tenta em vão compreender em que consistia aquela Coisa. Até que um dia, diante da tumba de May, a revelação é feita: "ao longo de toda a sua espera, a própria espera era o seu quinhão". O segredo era a existência do próprio segredo. Horrorizado com essa revelação, Marcher se atira, soluçando, sobre o túmulo, e a novela termina com essa imagem.

"O fracasso não está na ruína, na desonra, em ser ridicularizado ou enforcado. O fracasso era não ser nada." Ora, Marcher poderia tê-lo evitado: bastaria que ele prestasse uma atenção diferente à existência de May Bartram. Ela não era o segredo procurado, como ele às vezes acreditara; mas amá-la lhe teria permitido evitar o desespero mortal que se apossa dele diante da verdade. May Bartram o compreendera: no amor do outro ela encontrara o segredo de sua própria vida; ajudar Marcher em sua busca era a sua "coisa essencial". "O que de melhor se pode desejar, perguntou ela a Marcher, a não ser me interessar por você?" E ela será recompensada: "Nunca estive tão certa de que minha curiosidade, como você a chama, será muito bem paga".

Marcher, por outro lado, diz a verdade quando exclama, assustado com a ideia de sua morte: "Sua ausência é a ausência de tudo". A busca do segredo e da verdade é sempre apenas uma busca, sem conteúdo algum; a vida de May Bartram tem por conteúdo seu amor por Marcher. A figura que observamos ao longo de todas as novelas atinge aqui sua forma última, superior – que é ao mesmo tempo sua negação dialética.

Se o segredo de Henry James, a imagem do tapete de sua obra, o fio que une as pérolas que são as novelas isoladas, é precisamente a existência de um segredo, como é possível que hoje possamos nomear o segredo, tornar a ausência presente? Não estaremos traindo desse modo o preceito jamesiano fundamental, que consiste na afirmação da ausência, na impossibilidade de designar a verdade por seu nome? Mas também a crítica (inclusive esta) sempre obedeceu à mesma lei: ela é a busca da verdade, não sua revelação, é a procura do tesouro mais do que o próprio tesouro; pois o tesouro só pode estar ausente. É preciso, uma vez terminada esta "leitura de James", começar a lê-lo, lançar-se em uma procura do sentido de sua obra, sabendo que esse sentido nada mais é do que a própria procura.

Poética da prosa

VIII

Henry James nasceu em 1843 em Nova York. Viveu na Europa a partir de 1875, primeiro em Paris, depois em Londres. Após algumas breves visitas aos Estados Unidos, tornou-se cidadão britânico e morreu em Chelsea em 1916. Nenhum evento especial marcou sua vida; ele a passou escrevendo livros: cerca de vinte romances, novelas, peças de teatro e artigos. Sua vida, em outras palavras, é perfeitamente insignificante (como toda presença): sua obra, ausência essencial, impõe-se assim com força ainda maior.

1969

12
Os fantasmas de Henry James

Histórias de fantasmas pontuam toda a longa carreira literária de Henry James. *De Grey: a Romance* [De Grey: um romance] foi escrito em 1868, quando seu autor tinha apenas 25 anos; *A bela esquina* (1908) é uma das últimas obras de James. Quarenta anos as separam, durante os quais são publicados cerca de vinte romances, mais de cem novelas, peças de teatro e artigos. Acrescentemos ainda que essas histórias de fantasmas estão longe de formar uma imagem simples e fácil de se apreender.

Algumas dentre elas parecem conformar-se à fórmula geral da narrativa fantástica. Esta se caracteriza não pela simples presença de acontecimentos sobrenaturais, mas pela maneira como o leitor e as personagens os percebem. Um fenômeno inexplicável acontece; para obedecer a seu espírito determinista, o leitor se vê obrigado a escolher entre duas soluções: ou imputar esse fenômeno a causas conhecidas, à ordem normal, qualificando de imaginários os fatos insólitos; ou então admitir a existência do sobrenatural, trazendo assim uma modificação ao conjunto das representações que formam sua imagem do mundo.

O fantástico dura o tempo dessa incerteza; assim que o leitor opta por uma dessas soluções, ele resvala no estranho ou no maravilhoso.

De Grey: a Romance corresponde já a essa descrição. A morte de Paul de Grey pode ser explicada de duas maneiras: de acordo com sua mãe, ele morreu depois de uma queda do cavalo; segundo o dr. Herbert, uma maldição pesa sobre a família De Grey: se uma primeira paixão for coroada pelo casamento, aquele que a vive deve morrer. A jovem que Paul de Grey ama, Margaret, está mergulhada na incerteza; ela terminará louca. Além disso, ocorrem alguns acontecimentos menores que podem ser coincidências, mas que podem também testemunhar a existência de um mundo invisível. Tal como quando Margaret solta um grito, sentindo um mal súbito; Paul o ouve, enquanto cavalgava tranquilamente a uns cinco quilômetros dali...

The Ghostly Rental [O aluguel fantasma] (1876) parece de início ser uma história de sobrenatural esclarecido. O capitão Diamond deposita a cada três meses determinada soma em uma casa abandonada, para acalmar o espírito de sua filha, que ele injustamente amaldiçoou e expulsou de casa. Quando um dia o capitão cai gravemente enfermo, pede a um jovem amigo (o narrador) para levar o dinheiro em seu lugar; este vai, com o coração trêmulo; descobre que o fantasma nada mais é do que a própria filha, ainda viva, que assim extorque dinheiro ao pai. Nesse momento, o fantástico retoma seus direitos: a jovem deixa o cômodo por um instante, mas retorna bruscamente, "os lábios entreabertos e os olhos dilatados" – acaba de ver o fantasma de seu pai! O narrador se informa mais tarde e fica sabendo que o

Poética da prosa

velho capitão faleceu no momento preciso em que sua filha viu o fantasma...

O mesmo fenômeno sobrenatural será evocado em outra novela, escrita vinte anos mais tarde, *Os amigos dos amigos* (1896). Duas pessoas vivem aqui experiências simétricas: cada um vê seu genitor do sexo oposto no momento em que esse morre, a centenas de quilômetros de distância. Entretanto, é difícil qualificar esta última novela de fantástica. Cada texto possui uma dominante, um elemento que subjuga os demais, que se torna o princípio gerador do conjunto. Ora, em *Os amigos dos amigos*, a dominante é um elemento temático: a morte, a comunicação impossível. O fato sobrenatural representa um papel secundário: contribui para a atmosfera geral e permite que as dúvidas da narradora (quanto a um encontro *post mortem* das mesmas duas personagens) encontrem uma justificativa. A hesitação também está ausente do texto (ela não estava representada em *The Ghostly Rental*, mas ali era perceptível), que por isso mesmo escapa à norma do fantástico.

Outros aspectos estruturais da novela também podem alterar seu caráter fantástico. Em geral, as histórias de fantasmas são relatadas na primeira pessoa. Isso permite uma identificação do leitor com a personagem (esta representa o papel daquele); ao mesmo tempo, a palavra do narrador-personagem possui características dúplices: ela está para além da prova da verdade, enquanto palavra do narrador, mas deve submeter-se a essa prova, enquanto palavra da personagem. Se o autor (quer dizer, um narrador não representado) nos diz que viu um fantasma, a hesitação não é mais permitida; se uma simples personagem o faz, pode-se atribuir suas palavras à loucura, a uma droga, à ilusão, e a incerteza novamente perde seu lugar. Em posição privilegiada com relação aos dois, o narrador-personagem facilita a hesitação: queremos acreditar nele, mas não somos obrigados a fazê-lo.

Sir Edmund Orme (1891) ilustra bem esse último caso. O narrador-personagem vê ele mesmo um fantasma, várias vezes seguidas. Entretanto, nada mais contradiz as leis da natureza assim como as conhecemos. O leitor se vê aprisionado em uma hesitação sem saída: vê a aparição com o narrador e, ao mesmo tempo, não pode se permitir crer nela... Visões bem semelhantes produzirão um efeito diferente quando forem relatadas por personagens que não o narrador. Assim, em *The Real Right Thing* [A verdadeira coisa certa] (1890), duas personagens, um homem e uma mulher (assim como em *Sir Edmund Orme*), veem o marido defunto desta última, que não quer que o recém--chegado tente escrever sua biografia... Mas o leitor se sente muito menos incitado a crer, pois vê essas duas pessoas de fora e pode facilmente explicar suas visões pelo estado de extremo nervosismo da mulher e pela influência que ela exerce sobre o outro homem. Também em *The Third Person* [A terceira pessoa] (1900), uma história de fantasmas humorística, em que duas primas, solteironas sufocadas pela inação e pelo tédio, começam a ver um parente contrabandista, falecido vários séculos antes. O leitor sente demasiadamente a distância entre o narrador e as personagens para poder levar as visões destas últimas as sério. Enfim, em uma novela como *Maude Evelyn* (1900), a hesitação é reduzida a zero: a narrativa é conduzida aqui na primeira pessoa, mas a narradora não tem a menor confiança nas afirmações de outra personagem (que ela, aliás, só conhece indiretamente) que afirma viver com uma jovem morta há quinze anos. Aqui, deixamos o sobrenatural para entrar na descrição de um caso supostamente patológico.

Poética da prosa

A interpretação alegórica do acontecimento sobrenatural representa outra ameaça para o gênero fantástico. Já em *Sir Edmund Orme,* podíamos ler toda a história como a ilustração de certa lição moral; o narrador, aliás, não deixa de formulá-la:

> Era um caso de punição vingadora, os pecados das mães, sendo os pais inocentes, recaindo sobre os filhos. A infeliz mãe devia pagar com sofrimento os sofrimentos que infligira; e como a intenção de zombar das legítimas esperanças de um homem honesto podia ressurgir, em meu detrimento, na filha, era preciso estudar e vigiar essa jovem, a fim de que ela sofresse se me causasse o mesmo dano.

É claro que, se lemos a novela como uma fábula, como a encenação de uma moral, não conseguiremos mais experimentar a hesitação "fantástica". Outro conto de James, *A vida privada* (1892), aproxima-se ainda mais da alegoria pura. O escritor Clare Wawdrey leva uma vida dupla: uma de suas encarnações tagarela sobre temas mundanos com os amigos, enquanto a outra escreve, no silêncio, páginas geniais. "O mundo era estúpido e vulgar e o verdadeiro Wawdrey teria sido bem tolo se o frequentasse, quando podia, para bater papo e jantar fora, fazer-se substituir". A alegoria é tão evidente que a hesitação de novo é reduzida a zero.

Owen Wingrave (1892) teria sido um exemplo bastante puro do fantástico se o acontecimento sobrenatural representasse nele um papel mais importante. Em uma casa mal-assombrada, uma jovem põe à prova a coragem de seu pretendente: pede-lhe para ir a um lugar considerado perigoso no meio da noite. O resultado é trágico: "na soleira de uma porta escancarada,

Owen Wingrave, vestido como ele [uma testemunha] o vira na véspera, jazia morto no mesmo lugar em que seu antepassado tinha sido descoberto...". Foi o fantasma ou o medo que matou Owen? Não o saberemos, mas, na verdade, essa questão não tem muita importância: o ponto central da novela é o drama que vive Owen Wingrave, que, por um lado, tenta defender seus princípios, mas, por outro, quer preservar a confiança daqueles que o amam (sendo essas duas aspirações contraditórias). Mais uma vez, o fantástico tem uma função subordinada, secundária. No entanto, o acontecimento sobrenatural não é explicitamente apresentado como tal – ao contrário do que se passava em uma novela da juventude de James, *O romance de uns velhos vestidos* (1868), no qual exatamente a mesma cena não permitia ao leitor qualquer hesitação. Eis a descrição do cadáver: "Seus lábios se afastavam em um movimento de súplica, de terror, de desespero, e sobre sua testa e suas faces pálidas brilhavam as marcas de dez feridas horrendas, feitas por duas mãos de espectro, duas mãos vingativas". Nesse caso, deixamos o fantástico para entrar no maravilhoso.

Existe pelo menos um exemplo em que a ambiguidade é mantida ao longo de todo o texto e no qual ela desempenha um papel dominante: é a famosa *A volta do parafuso* (1898). James foi tão bem-sucedido em sua "jornada"[1] que os críticos formaram desde então duas escolas distintas: aqueles que acreditam que a propriedade de Bly era *realmente* assombrada por maus espíritos e aqueles que explicam tudo pela neurose da narradora... Evidentemente, não é necessário escolher entre as duas soluções

---

1 No original *tour*, trocadilho com o título da tradução em francês, *Tour d'écrou*. (N. T.)

Poética da prosa

contrárias; a regra do gênero implica que a ambiguidade seja mantida. Entretanto, a hesitação não é representada no livro: as personagens creem ou não creem, não hesitam entre as duas alternativas.

... O leitor atento, tendo chegado até aqui, já deve sentir certa irritação: por que tentam persuadi-lo de que todas essas obras pertencem a um gênero, quando cada uma delas nos obriga a considerá-la, antes de tudo, como uma exceção? O centro em torno do qual tentamos dispor as novelas individuais (apesar de termos sido tão malsucedidos) talvez não exista. Ou, em todo caso, ele está em outra parte: a prova é que, para inserir essas histórias dentro do molde do gênero, precisamos mutilá-las, ajustá-las, acompanhá-las de notas explicativas...

Se esse leitor conhece bem a obra de James, pode ir mais longe e dizer: a prova de que, em James, o gênero fantástico não tem nenhuma homogeneidade e, portanto, nenhuma pertinência é que os contos mencionados até aqui não constituem um grupo bem isolado, que se oporia a todos os outros textos. Ao contrário: existem inúmeros intermediários que tornam a passagem das obras fantásticas para as não fantásticas imperceptível. Além daquelas, já citadas, que fazem o elogio da morte ou da vida com os mortos (*Maude Evelyn*, mas também *O altar dos mortos*), há as que evocam as superstições. Assim, *O último dos Valérios* (1874) é a história de um jovem conde italiano que crê nos antigos deuses pagãos e deixa sua vida organizar-se em função dessa crença. É esse um fato sobrenatural? Ou *The Author of "Beltraffio"* [O autor de "Beltraffio"] (1885): a mulher de um célebre escritor acredita que a presença do marido é prejudicial à saúde de seu filho; querendo prová-lo, ela acaba provocando a morte da criança. Simples fato estranho ou intervenção de forças ocultas?

Esses não são os únicos fenômenos insólitos com que James nos entretém. As intuições de Mrs. Ryves, em *Sir Dominick Ferrand* (1892), são outro exemplo: como é possível que essa jovem seja "prevenida" cada vez que uma ameaça pesa sobre seu vizinho, Peter Baron? Que dizer daqueles sonhos proféticos de Allan Wayworth, que vê a heroína de sua peça no momento exato em que o protótipo da heroína visita a atriz responsável pelo papel (*Nona Vincent*, 1892)? Esse sonho, aliás, é tão diferente do que teve George Dane, nessa utopia jamesiana que é *The Great Good Place* [O grande lugar bom] (1900), sonho que mantém estranhas relações com a vigília? E as perguntas podem ser multiplicadas – como, aliás, testemunha a escolha feita pelos editores ao reunir as *"ghost stories"* de Henry James: eles nunca alcançam o mesmo resultado.

A desordem cessa, entretanto, quando desistimos de procurar o fantasma do gênero fantástico e retornamos ao projeto que unifica a obra de James. Esse autor não confere importância ao acontecimento bruto e concentra toda a sua atenção na relação entre a personagem e o acontecimento. Além disso, o núcleo de uma narrativa será usualmente uma ausência (o oculto, os mortos, a obra de arte) e sua busca será a única presença possível. A ausência é um objetivo ideal e intangível; a prosaica presença é tudo de que podemos dispor. Os objetos, as "coisas" não existem (ou, quando existem, não interessam a James); o que o intriga é a experiência que suas personagens podem ter dos objetos. Não há outra "realidade" além da psíquica; o fato material e físico está normalmente ausente e sobre ele nunca saberemos mais do que a maneira como ele é vivido por diferentes pessoas. A narrativa fantástica está necessariamente centrada em torno de uma percepção e, como tal, é útil a James, sobretudo porque o objeto da percepção sempre teve para ele uma existência fantasmática.

Poética da prosa

Mas o que interessa a James é a exploração de todos os recônditos dessa "realidade psíquica", de toda a variedade de relações possíveis entre o sujeito e o objeto. Daí sua atenção para os casos particulares que são as alucinações, a comunicação com os mortos, a telepatia. Por isso mesmo, James efetua uma escolha temática fundamental: ele prefere a percepção à ação, a relação com o objeto ao próprio objeto, a temporalidade circular ao tempo linear, a repetição à diferença.

Poderíamos ir mais longe e dizer que o desenho de James é fundamentalmente incompatível com o do conto fantástico. Pela hesitação que este desperta, levanta-se a questão: isso é real ou imaginário? É um fato físico ou apenas psíquico? Para James, ao contrário, nada há de real senão o imaginário, não há fatos senão os psíquicos. A verdade é sempre particular, é a verdade de alguém; por conseguinte, perguntar-se "será que esse fantasma existe *verdadeiramente*?" não tem sentido, desde que ele exista para alguém. Nunca se alcança a verdade absoluta, o padrão-ouro foi perdido, estamos condenados a nos limitar às nossas percepções e à nossa imaginação – que, de resto, não são tão diferentes.

É aqui que um leitor – mais atento ainda – pode nos deter novamente. De fato, ele nos dirá, você não fez nada mais, até aqui, do que substituir o gênero formal (a narrativa fantástica) por um gênero de autor (a narrativa jamesiana) que tem, aliás, ela própria, uma realidade formal. Mas ainda assim perdemos a especificidade de cada texto de James. Querer reduzir a obra a uma variante do gênero é uma ideia já de início falsa; ela se baseia em uma analogia viciosa entre os fatos da natureza e as obras do espírito. Cada rato em particular pode ser considerado uma variante da espécie "rato"; o nascimento de um novo espécime não modifica em nada a espécie (ou, em todo caso, essa modificação é insignificante). Uma obra de arte (ou científica), pelo contrário, não pode ser apresentada como o simples produto de uma combinatória *preexistente*, é também isso, mas, ao mesmo tempo, ela transforma essa combinatória, instaura um novo código do qual ela é a primeira (a única) mensagem. Uma obra que fosse o puro produto de uma combinatória *preexistente* não existe para a história da literatura. A menos, é claro, que se reduza a literatura a um caso excepcional, que é a literatura de massa: o romance policial de mistério, a série *noir*, o romance de espionagem fazem parte da história literária, não tal ou qual livro em particular, que apenas exemplifica, ilustra o gênero preexistente. Significar, em história, é proceder a partir da diferença, não só da repetição. Assim, a obra de arte (ou científica) comporta sempre um elemento transformador, uma inovação do sistema. A ausência de diferença equivale à inexistência.

Tomemos, por exemplo, a última história de fantasmas escrita por James, e a mais densa: *A bela esquina* (1908). Todos os nossos conhecimentos sobre a narrativa fantástica e sobre a narrativa jamesiana não bastam para compreendê-la, para explicá-la de maneira satisfatória. Consideremos mais de perto esse texto para observar o que ele tem de *único* e *específico*.

O retorno de Spencer Brydon para a América, depois de 33 anos de ausência, é acompanhado de uma descoberta singular: ele começa a duvidar de sua própria identidade. Sua existência, até então, aparecia-lhe como a projeção de sua própria essência; de volta à América, ele percebe que poderia ter sido outro. Ele possui habilidades de arquiteto, de construtor, das quais nunca fez uso; ora, durante os anos de sua ausência, Nova York viveu uma verdadeira revolução arquitetônica.

Se ele apenas tivesse permanecido em sua terra, teria antecedido o inventor do arranha-céu. Se ele tivesse ficado em sua terra, teria descoberto seu gênio a tempo de lançar alguma nova variedade de horrenda lebre arquitetônica, e de acossá-la até que ela se enfurnasse em uma mina de ouro.

Se tivesse ficado em casa, ele poderia ter sido um milionário... Esse condicional passado começa a obcecar Brydon: não porque ele lamente não ter se tornado milionário, mas porque ele descobre que poderia ter tido outra existência; e, então, seria ela a projeção da mesma essência ou de outra? "Descobriu que tudo se resumia ao problema do que ele poderia ter sido pessoalmente, como teria conduzido sua vida e se 'desenvolvido', se ele não tivesse, desde o começo, desistido." Qual é sua essência? E existe uma? Brydon crê na existência da essência, pelo menos no que concerne aos outros, por exemplo sua amiga Alice Staverton: "Oh, você é uma pessoa que nada consegue mudar. Você nasceu para ser o que é, em qualquer lugar, não importa como...".

Então Brydon decide encontrar-se, conhecer-se, apreender sua identidade autêntica; ele parte para uma difícil demanda. Consegue localizar seu *alter ego* graças à existência de duas casas, cada uma correspondendo a uma versão diferente de Spencer Brydon. Retorna, noite após noite, à casa de seus ancestrais, cercando o outro cada vez mais de perto. Até que uma noite... encontra fechada uma porta que deixara aberta; compreende que a aparição está ali; quer fugir mas não consegue; ela lhe barra o caminho; ela se torna presente; ela descobre seu rosto... E uma imensa decepção se apodera de Brydon: o *outro* é um estrangeiro. "Ele perdera suas noites em uma perseguição grotesca e o êxito de sua aventura fora um ludíbrio. Uma tal identidade não o representava em ponto *algum...*" A busca fora em vão, o outro não é mais sua essência do que ele próprio. A sublime essência-ausência não existe, a vida que Brydon levou fez dele um homem que nada tem a ver com aquele que teria feito outra vida. O que não impede a aparição de avançar, ameaçadora, e Brydon não tem outra solução senão desaparecer no nada – na inconsciência.

Quando ele acorda, percebe que sua cabeça não repousa mais sobre as lajes frias de sua casa deserta, mas sobre os joelhos de Alice Staverton. Ela entendera o que se passava e viera procurá-lo na casa para ajudá-lo. Duas coisas se tornam então claras para Brydon. Primeiro, que sua busca era vã. Não pelo resultado decepcionante, mas porque a busca em si não fazia sentido: era a busca de uma ausência (sua essência, sua identidade autêntica). Tal busca não somente era ineficaz (o que não é grave), mas ela é também, de maneira profunda, um ato egoísta. Ele mesmo a caracteriza como "um simples e frívolo egoísmo" e Alice Staverton o confirma: "Você não se importa com nada além de você". Essa procura, ao postular o ser, exclui o outro. Aqui vem a segunda descoberta de Brydon, a de uma presença: Alice Staverton. Abandonando a busca infrutífera de seu ser, ele descobre o outro. E pede apenas uma coisa: "Oh, mantenha-me, mantenha-me consigo!, implorou, enquanto o rosto de Alice pairava ainda sobre ele; como única resposta, o rosto se inclinou novamente e ficou próximo, ternamente próximo". Tendo partido à procura de um *eu* profundo, Brydon acaba por descobrir o *tu*.

Esse texto significa portanto a inversão da figura que víamos voltar ao longo de toda a obra jamesiana. A ausência essencial e a presença insignificante não dominam mais seu universo:

Poética da prosa

a relação com outrem, a presença, mesmo a mais humilde, é afirmada em face da busca egoísta (solitária) da ausência. O *eu* não existe fora de sua relação com o outro; o ser é uma ilusão. Dessa forma, James inclina-se, no final de sua obra, para o ouro lado da grande dicotomia temática que discutimos anteriormente: a problemática do homem só perante o mundo dá lugar a uma outra, a da relação do ser humano com o humano. O *ser* é expulso pelo *ter*, o *eu* pelo *tu*.

Essa inversão do projeto jamesiano já fora anunciada em várias obras anteriores. *O altar dos mortos* (1895) é, à primeira vista, um verdadeiro elogio da morte. Stransom, a personagem principal, passa a vida em uma igreja onde acende círios em memória de todos os mortos que conheceu. Prefere claramente a ausência à presença, os mortos aos vivos ("Aquele indivíduo só tivera de morrer para que tudo o que nele havia de desagradável fosse eliminado") e acaba por desejar a morte de seus próximos: "flagrava a si mesmo quase desejando que alguns de seus amigos morressem para que pudesse estabelecer com eles, daquele mesmo modo, relações mais encantadoras do que as que podia desfrutar com eles vivos". Mas pouco a pouco uma presença se introduz nessa vida: a de uma mulher que vem à mesma igreja. Essa presença se torna, imperceptivelmente, tão importante que, quando um dia a mulher desaparece, Stransom descobre que seus mortos não existem mais para ele, morreram uma segunda vez. O homem conseguirá reconciliar-se com sua amiga, mas será tarde demais: chegou a hora em que ele próprio deve fazer sua entrada no reino dos mortos. Tarde demais: essa mesma conclusão se lê em *A fera na selva* (1903), na qual a narrativa apresenta uma personagem, Marcher, que passou sua vida a procurar a ausência, sem apreciar a presença de May Bartram a seu lado. Esta vive na presença: "Que se pode desejar de melhor, perguntou ela a Marcher, do que me interessar por você?". É apenas depois da morte de sua amiga que Marcher compreende a amarga lição que lhe é dada; mas é tarde demais e ele deve aceitar seu fracasso, fracasso que consiste em "não ser nada". *A bela esquina* é, portanto, a versão menos desesperada dessa nova figura jamesiana: graças ao fantasma, a lição é compreendida antes da morte. A grande, a difícil lição da vida, consiste precisamente em rejeitar a morte, em aceitar viver (isso se aprende). A presença da morte nos faz compreender — tarde demais! — o que significava sua ausência; é preciso tentar viver a morte antecipadamente, compreender antes de sermos surpreendidos pelo tempo.

... Decididamente, dirá aqui nosso leitor exigente, você só saiu do mau caminho para nele cair de novo. Você devia falar--nos de uma novela, do que ela tem de específico e de único, e ei-lo mais uma vez prestes a constituir um gênero, mais próximo dessa novela que os anteriores, talvez, mas de qualquer modo um gênero, do qual ela é apenas uma das ilustrações possíveis!

De quem é a culpa? Não seria da própria linguagem, essencialista e genérica por natureza? Assim que falo, entro no universo da abstração, da generalidade, do conceito, e não mais das coisas. Como nomear o individual, quando até mesmo os nomes próprios, como se sabe, não pertencem propriamente ao indivíduo? Se a ausência de diferença equivale à inexistência, a diferença pura é inominável: ela é inexistente para a linguagem. O específico, o individual nada mais é que um fantasma, esse fantasma que produz a palavra, essa ausência que tentamos em vão apreender, que captamos tão pouco antes quanto depois do discurso, mas que produz, em seus interstícios, o próprio discurso.

Poética da prosa

Ou então, para fazer ouvir o individual, o crítico deve calar-se. Eis por que, ao apresentar *A bela esquina,* eu nada disse sobre as páginas que formam seu centro e que constituem um dos pontos mais altos da arte de Henry James. Deixo que falem por si.

1969

13
O número, a letra, a palavra

Talvez cause surpresa ver se interromper uma série de estudos sobre o funcionamento da narrativa por um ensaio para reconstituir uma teoria da linguagem: aqui, a de Khlébnikov, anteriormente a de Constant, mais adiante a de Artaud. O acaso da cronologia seria o único responsável por isso? O sentido dessa alternância, que eu pretendia fosse uma síntese, para mim é outro. Em um dos primeiros capítulos deste livro, afirmei que a linguagem engloba e explica a literatura; em um outro, que a estrutura da narrativa se torna inteligível através da estrutura da linguagem. Mas de que linguagem se trata?

De Homero a Artaud, as obras literárias têm afirmado a esse respeito algo diferente do que disseram os filósofos em tempos mais recentes e os linguistas de hoje. Se decidirmos levá-los a sério, veremos assim que a perspectiva se inverte: é a literatura que compreende e explica a linguagem, ela é uma teoria da linguagem que não se pode mais ignorar caso se queira entender o funcionamento literário com o auxílio de categorias linguísticas. Daí essa necessidade absoluta: se quisermos fazer da linguagem uma teoria da literatura, devemos ler atentamente a literatura como teoria da linguagem.

"Descobrir" um autor do passado, traduzir suas teorias para um vocabulário contemporâneo, relacioná-las com as teorias atuais: essa é uma tarefa não só sedutora como também pouco cativante — exatamente por sua facilidade; é ao mesmo tempo uma atividade que nos fornece a imagem fiel, ainda que caricatural, de qualquer interpretação e de qualquer leitura. A menos que se deixe as frases do autor falarem por si mesmas (mas em que língua?), é possível apenas tentar aproximá-las entre si, por contraste ou similaridade. Se sinto a necessidade de apresentar estes textos, é porque eu talvez quisesse tornar seu autor um de meus próprios precursores.

Com Velimir Khlébnikov, líder dos futuristas russos, inspirador dos formalistas e de várias gerações de poetas soviéticos, a tentação é grande, de fato. Os temas principais de seus escritos teóricos são hoje palavras de ordem: os números, a escrita, a soberania do significante (este último termo assinala já uma tentativa de aproximação...). Mas se seu único mérito é o de ter sido o precursor de certo crítico parisiense, seria essa uma razão suficiente para tentarmos tirá-lo do esquecimento?

Perceber que certo lugar-comum vigente já foi enunciado há cerca de cinquenta anos não tem nenhum interesse particular a não ser para um historiador das ideias; sobretudo porque os próprios lugares-comuns são verdades de ontem, não de hoje. Quando Khlébnikov compara a oposição entre linguagem prática e linguagem "autônoma" à oposição entre a razão e os sentimentos; quando diz que "a natureza do canto [está] em sair de si" e que a obra deve ser "concebida como fuga de si"; ou mesmo quando ele apresenta a vida da linguagem como um conflito permanente entre o "som puro" e a "razão", entre o significante e o significado, entre o sensível e o inteligível, sentimo-nos um

Poética da prosa

pouco frustrados. A própria familiaridade com essas ideias nos faz desconfiar delas.

A consciência do perigo que corremos nos ajudará, talvez, a deslocar nosso objetivo sem, no entanto, modificá-lo por inteiro. Se Khlébnikov não emitisse uma sonoridade atual, não conseguiríamos lê-lo hoje; mas, em vez de considerar sua obra como uma série de citações heterogêneas, podemos tentar reconstituir o sistema do texto. Este seria o único meio de não reduzi-lo ao já conhecido, de não aprisioná-lo em uma atualidade tão estreita que ela sinta já estar ultrapassada. Tentaremos, pois, estabelecer uma série de deslocamentos no texto de Khlébnikov (em vez de substituições-traduções), dispor os elementos do jogo de tal modo que sua regra apareça claramente.

A parte mais estranha das doutrinas de Khlébnikov é, sem dúvida, aquela dedicada aos números. À primeira vista, trata-se de uma nova versão do mito do eterno retorno: os elementos semelhantes, nos diz Khlébnikov, estão separados por intervalos temporais idênticos ou, em todo caso, redutíveis uns aos outros com o auxílio de algumas fórmulas simples. Eis aqui a prova.

As datas de criação dos Estados estão separadas por $(365 + 48) \, n = 413 \, n$. Por exemplo, Inglaterra 827, Alemanha 1240, Rússia 1653. Ou uma outra série: Egito 3643 a.C., Roma 753 a.C, França 486, Normandia 899.

As grandes guerras estão separadas por $(365 - 48) \, n = 317 \, n$.

A luta pela dominação dos mares que separam uma ilha da terra firme, a Inglaterra e a Alemanha, em 1915, viu 317,2 anos antes ocorrer a grande guerra entre a China e o Japão sob o reinado de

Kublai Khan: em 1281. A guerra russo-japonesa de 1905 ocorreu 317 anos depois da guerra anglo-espanhola de 1588.

Da mesma forma para os eventos da vida de uma pessoa, embora sejam contados aqui os dias e não os anos. Assim, sobre Púchkin: "Casou-se no 317° dia depois de seu noivado com Natália Gontcharova, e a primeira manifestação da série anacreôntica... ocorreu $317\,n$ dias antes de seu casamento".

Igualmente para o nascimento de homens célebres, que formam séries homogêneas. Vejamos os lógicos: Aristóteles 384 a.C., John Stuart Mill 1804, ou seja, 365,6. Ou Ésquilo 525 a.C, Maomé 571, Ferdusi 935, Hafez 1300: os intervalos que os separam são todos divisíveis por 365. Ou os "fundadores do classicismo": Confúcio 551 a.C. e Racine 1639: a diferença é de 365,6 (Khlébnikov comenta: "Podemos imaginar o sorriso enojado da França e sua interjeição de repulsa: ela não aprecia a China").

Até aqui, todas as regularidades concernem ao tempo, e Khlébnikov liga explicitamente a lei dos números à temporalidade. Os textos que a abordam intitulam-se: "O tempo medida do mundo", "A concepção matemática da história", e uma de suas "Proposições" exige: "Introduzir generalizadamente o conceito de tempo em vez do conceito de espaço".

Mas livrar-se do conceito de espaço não é assim tão simples. Em primeiro lugar, o conceito de tempo – circular, repetitivo – já evoca uma temporalidade "espacializada"; o tempo "puro" seria aquele em que o instante presente é pura diferença, sem qualquer semelhança com os momentos anteriores ou seguintes: a repetição congela, a irreversibilidade é feita de diferenças. Por outro lado, Khlébnikov mostra que a lei dos números rege não apenas os intervalos temporais, mas também o espaço.

No que diz respeito à distância entre os planetas: "A superfície de um retângulo, em que um lado é igual ao raio da Terra e o outro igual à distância percorrida pela luz em um ano, é igual à superfície descrita pela reta que liga o Sol à Terra, durante 317 dias". Ou ainda: "A superfície do glóbulo sanguíneo é igual à superfície do globo terrestre dividida por 365 elevado à décima potência".

Mais: essas mesmas leis, esse mesmo número 365 ($\pm$ 48), regem não só os períodos e as distâncias, mas também uma variedade de conjuntos homogêneos contáveis. Assim, o corpo humano contém 317,2 músculos, Petrarca escreveu 317 sonetos em homenagem a Laura,

> o número de pessoas que concluíram o Instituto Bestoujev durante 25 anos foi de 317,11, o distrito de Astracã contava com 317 membros em 1913; o número de navios que entraram e saíram da Inglaterra durante seis meses de luta submarina, dividido pelo número de navios afundados, tem por quociente o número 317.

"Conforme a lei de 14 de junho de 1912, a Alemanha devia ter no mar 317 unidades de combate. Em 1911, havia na Suécia 317,95 finlandeses e norueguenses." "A guarda japonesa sobre a linha da Manchúria meridional era composta por 617 + 17 homens = 317 × 2. Durante a guerra franco-prussiana houve um morto a cada 365 balas..."

O importante não é, portanto, o tempo ou o espaço, mas, como escreve Khlébnikov, "a medida, a ordem e a harmonia". Seu objetivo principal é denunciar o "assim chamado acaso", mostrar que não existe nada fortuito, que o arbitrário nada mais é do que uma relação ainda ignorada. A harmonia universal reina; o homem deve honrá-la com um cálculo generalizado, que revelará suas regras: "As leis do mundo coincidem com as leis do cálculo". O próprio número nada mais é do que a melhor maneira de formular essas regularidades; não é um fim em si, e às vezes ele não pode intervir. Assim, as constatações relativas ao ritmo das guerras acompanham outras, referentes à disposição geográfica das capitais. "Se ligarmos com um traço as cidades: 1) Bizâncio (Constantinopla), 2) Sofia, 3) Viena, 4) Petersburgo, 5) Volgogrado; Kiev aparece situada no centro de uma teia de aranha cujos raios idênticos partem na direção das quatro capitais." Ou, de novo, essas reflexões sobre o fato de uma mesma letra ser encontrada na inicial do nome dos cidadãos mais célebres de um país. Assim, para a Alemanha, as letras-chave são Sch- e G-: Schiller, Schlegel, Schopenhauer, Schelling; Goethe, mas também Heine, Heise, Hegel, Habsburgo, Hohenzollern, que a transcrição russa grafa como Geine, Geise, Gegel...

O cálculo generalizado dará sentido ao passado; e, ao mesmo tempo, permitirá prever o futuro. "As capitais e as cidades surgirão em torno das antigas segundo o arco de um círculo de raio $R/2\pi$, em que R é a metade do diâmetro terrestre." Em 1912, Khlébnikov escreve um texto no qual questiona, após um cálculo: "Não seria razoável esperar a queda de um Estado em 1917?". Da mesma forma como foi possível deduzir a existência de planetas desconhecidos, de elementos químicos nunca observados ainda, deve-se poder descrever as futuras obras da mente. É suficiente, para isso, observar suas leis nas obras já existentes. Assim, na primeira estrofe de um de seus poemas, Khlébnikov observa a presença de quatro letras, cada uma repetida cinco vezes. Em consequência, "a ilha de pensamentos no interior do discurso autônomo, de forma análoga à mão que tem cinco dedos, deve ser construída sobre cinco raios do som, vocálico ou consonantal, que trespassa a palavra como uma mão". "Deve-se construir os versos segundo a lei de Darwin."

Nada é arbitrário; tudo, pois, deve ser motivado, e a melhor motivação é a natureza. O número 365 não é escolhido de maneira arbitrária, é a duração "natural" do ano. Uma das primeiras metas de Khlébnikov serão as unidades de medida.

Fundar um novo sistema de unidades de acordo com os seguintes princípios: as dimensões do globo terrestre no tempo, o espaço e as forças são consideradas a unidade inicial, e a cadeia de grandezas decrescentes na razão de 365 vezes, unidades derivadas: a, $\frac{a}{365}$, $\frac{a}{365^2}$. Assim, os segundos e minutos irrelevantes terão desaparecido, restando 24 horas divididas em 365 partes; o "dia do dia" será igual a 237 segundos e a unidade seguinte, 0,65 segundo. A unidade de superfície será 59 cm² = $\frac{K}{365^7}$, onde K = a superfície da Terra. A unidade de comprimento será $\frac{R}{365^3}$ = 13 cm, onde R = o raio da Terra...

"Calcular qualquer trabalho em batimentos cardíacos, unidade monetária do futuro, pela qual cada ser vivo é igualmente rico..."

No horizonte desse sistema hiper-racionalista, delineia-se — embora de maneira indistinta — a sombra de uma teologia. Se os eventos deste mundo obedecem a um ritmo regular, é porque o princípio desse ritmo vem de outro lugar. Para Khlébnikov, esse princípio absoluto é o do mundo das estrelas. "A ciência do terrestre se torna um capítulo da ciência do celeste." E em outra "proposição", ele preconiza: "Transmitir progressivamente o poder ao céu estrelado...".

A concepção de Khlébnikov sobre a linguagem é apenas um caso particular dessa teoria da harmonia universal e do cálculo generalizado (será preciso especificar que ela deve ser lida em um nível diferente daquele em que consideramos as teorias linguísticas atuais?). A observação inicial é a seguinte: graficamente, todas as palavras da linguagem são o produto de uma combinatória baseada nas 28 letras do alfabeto (mais uma vez, Khlébnikov naturaliza: 28 é o número dos dias de um mês, ao passo que o alfabeto russo contém 35 letras); o mesmo também é válido para os sons. É preciso então efetuar uma operação análoga no plano do sentido e descobrir os "nomes elementares" da língua, que correspondem aos elementos químicos de Mendeleiev, e cujas combinações produzem a aparente variedade das significações. "Toda a plenitude da língua deve ser decomposta em unidades fundamentais de *verdades essenciais* e será possível, então, elaborar para as 'sono-matérias' uma espécie de lei de Mendeleiev ou de lei de Moseley, ponto culminante do pensamento químico."

Para proceder a essa análise, Khlébnikov propõe três hipóteses sucessivas.

A primeira é de que existem tantos "nomes elementares" quanto letras no alfabeto, ou seja, 28.

Em segundo lugar, o sentido de um tal nome é o denominador comum do sentido de todas as palavras que contêm a mesma letra na inicial. Todas as palavras que começam com M têm algo em comum no sentido, e esse "algo" é a significação do "nome elementar" (da letra) M.

Recusamo-nos a investigar os sucessores de Khlébnikov; mas não podíamos deixar de assinalar aqui a existência de um precursor (mesmo que Khlébnikov o ignorasse). Em seu tratado sobre *As palavras inglesas*, Mallarmé já havia formulado essa segunda hipótese. "Nela [= a consoante inicial] – escreve ele – reside a virtude radical, algo como o sentido fundamental da palavra..."

Poética da prosa

E ele se dedica a descrever o significado de cada letra quando ela é a inicial.

A primeira hipótese, aquela que permite finalizar o sistema, não está presente em Mallarmé; ora, é ela que fundamenta a terceira suposição de Khlébnikov, que já trata da própria natureza do sentido dos "nomes elementares": "Os corpos elementares da língua – os sons do alfabeto – são os nomes das diversas formas de espaço, a enumeração dos casos de sua vida".

Eis o ponto mais alto do pensamento de Khlébnikov sobre o sentido das letras. Antes, ele ainda não havia encontrado a unidade de todos os sentidos e experimentava soluções diferentes. Em um texto intitulado "Sobre os nomes elementares da língua", ele analisa quatro consoantes e propõe a seguinte interpretação: M = divisão, V = subtração, K = adição, S = multiplicação. A letra V ilustra bem a evolução de suas ideias. A princípio, ele a interpreta como "a penetração do grande pelo pequeno", em seguida vem "o ato de subtração". "O nome-V inicia os nomes dos animais que causavam danos à vida agrária dos antigos [...] Aquilo que era protegido... começa igualmente pelo nome-V..." Enfim, a última versão (que reaparece em vários textos) é: "V em todas as línguas indica a rotação de um ponto em torno de outro".

A análise de Khlébnikov torna-se assim cada vez mais abstrata; a de Mallarmé continua próxima dos significados individuais das palavras. É interessante também comparar essas duas interpretações em relação a outro ponto: na medida em que Khlébnikov reivindica a universalidade, poderíamos tentar verificar se as intuições dos dois poetas são semelhantes. As coincidências são raras; elas só nos parecem ocorrer em relação às letras T e G. Mallarmé escreve sobre a primeira: "Essa letra que representa, entre todas, a interrupção"; e Khlébnikov: "T indica a direção na qual um ponto imóvel criou uma ausência de movimentos orientados na mesma direção, a rota negativa e sua direção por trás do ponto imóvel". Mas a divergência nem sempre é tão significativa, precisamente por causa da diferença de nível no qual se situam as duas análises.

Mallarmé também impele a sua em outro sentido: ele estuda não só o significado global da inicial, mas também as modificações que nela provocam as outras consoantes presentes na palavra. Por exemplo: "As palavras iniciadas por C, consoante de ataque pronto e decisivo, apresentam-se em grande número, recebendo dessa letra inicial o significado de atos vivos como abraçar, fender, escalar, graças à adição de um *l*; e com *r*, de explosão e de fratura..."; o que lhe permite falar sobre "essas consoantes finais que vêm acrescentar como que seu sentido secundário à noção expressa pelas do início". Khlébnikov se satisfaz, a esse respeito, com uma comparação, sem entrar em detalhes: "Uma palavra separada assemelha-se a um pequeno grupo de trabalho em que o primeiro som da palavra é como o presidente da união que gera todo o conjunto de sentidos da palavra".

Eis como Khlébnikov descobre o sentido de cada letra:

L é a passagem dos movimentos dos pontos sobre uma reta para o movimento sobre a superfície transversal a essa reta. Pois a gota de chuva [*liven'*] caiu, tornando-se assim parte da poça [*luzha*]. E a poça é um corpo líquido em forma de prancha, transversal à direção da gota. O prado [*lug*] e a ravina [*log*] são lugares com poças [*luzhi*]. O desenho da prancha [*lapa*], dos esquis [*luzhi*], do barco [*lodka*] é transversal à direção do peso do homem...

A partir daí torna-se possível compreender melhor o sentido de outras palavras que começam com a mesma letra e que à primeira vista são independentes; é o cálculo do sentido das palavras.

Não é apropriado, portanto, dar a seguinte definição: o L é a passagem dos pontos de um corpo unidimensional para um corpo bidimensional, sob a influência da interrupção do movimento, é o ponto de passagem, o ponto de encontro do mundo unidimensional com o mundo bidimensional. A palavra *ljubit'* [amar] não vem daí? Nela, a consciência de um homem seguia em sua queda uma única dimensão: mundo unidimensional. Mas uma segunda consciência chega e vemos criar-se o mundo bidimensional de dois homens, transversal ao primeiro, como o plano da poça é transversal à chuva que cai.

Não é, pois, um acaso que uma palavra comece por L e que seu sentido inclua o do "nome elementar" L. A relação entre o significante e o significado não é arbitrária, e sim necessária (Mallarmé também escreveu: "Uma ligação tão perfeita entre o significado e a forma de uma palavra, que parece causar uma só impressão, a de seu sucesso, para a mente e para o ouvido, é frequente..."). Essa motivação é também devida à natureza: "Aparentemente, a língua é tão sábia quanto a natureza". "A língua é sábia porque ela mesma faz parte da natureza."

Uma vez que a relação entre a letra e o sentido da letra é a mesma para todas as línguas (contrariamente à relação entre uma palavra e seu sentido), torna-se possível eliminar a diversidade das línguas. "O objetivo de uma única língua universal cientificamente elaborada parece cada vez mais claro para a humanidade." Eis como proceder:

Ao comparar as palavras começadas por CH, observamos que todas representam um corpo no invólucro de um segundo; CH significa invólucro. [...] Se se verificar que CH tem em todas as línguas o mesmo significado, o problema da língua universal estará, pois, resolvido: todos os tipos de calçados serão chamados CH do pé, todos os tipos de taças, CH da água: é claro e simples.

(Notemos aqui a existência de um outro representante da mesma família poética. Alfred Jarry escrevia cerca de dez anos antes: "Para quem sabe ler, o mesmo som ou a mesma sílaba tem sempre o mesmo sentido em todas as línguas.")

A língua universal é possível pois ela nada mais seria do que a redescoberta de uma língua anterior a Babel, ideal e muda, que sempre existiu, a arquilíngua. "Lembremos de passagem que além da língua das palavras existe a língua muda dos conceitos constituídos de unidades mentais (tecido dos conceitos que lideram a principal)." O único meio de materializá-la hoje é a escrita. A analogia proposta por Khlébnikov é surpreendente, tanto pelo que exprime quanto pelo que deixa intuir. As línguas sonoras atuais se parecem com as moedas de cada país;

enquanto sons de troca originais que permitem trocar os produtos racionais, [elas] dividiram a humanidade poliglota em campos de batalha alfandegária, em séries de mercados verbais, fora dos quais a língua deixa de existir. Cada sistema monetário sonoro reivindica a supremacia e por isso as línguas, enquanto tais, servem para dividir a humanidade e comandam guerras de fantasmas.

A escrita, ao contrário, só pode corresponder ao ouro, esse equivalente universal aceito em todos os países. "Os signos gráficos mudos reconciliarão a polifonia das línguas."

A preocupação quanto ao motivo que anima Khlébnikov o impele para ainda mais longe: não basta que a relação entre significante e significado seja necessária, é preciso que ela seja analógica. "Na vida, sempre foi assim: no princípio, o signo do conceito era o simples traçado desse conceito." É preciso excluir as letras enquanto significantes (apesar de elas terem permitido a organização do significado) e substituí-las por desenhos dos conceitos, por ideogramas. V significa a rotação. "Para mim, V toma a forma de um círculo com um ponto dentro dele..."

Se as letras têm um significado independente das palavras nas quais estão incluídas (embora sejam função do sentido dessas palavras), torna-se então possível formar combinações de letras, que serão dotadas de sentido sem que elas sejam palavras da língua. Tal é a origem da *zaoum'*, a linguagem transracional, a invenção mais famosa de Khlébnikov e de seus amigos futuristas (em particular Kruchenykh). Encontramos palavras transracionais desde os primeiros poemas futuristas de Khlébnikov, e ele escreve:

A linguagem desenvolveu-se naturalmente a partir de algumas unidades fundamentais do alfabeto. [...] Se considerarmos as combinações desses sons em uma ordem livre, por exemplo: *bobeobi*, ou *dyr bul shchil*, ou *mantch! mantch!*, ou *chi breo zo!*, as palavras desse tipo não pertencem a nenhuma língua mas, ao mesmo tempo, dizem algo indefinível, mas que nem por isso deixa de existir.

Não pertencem a nenhuma língua mas dizem algo: tais são os limites estreitos dentro dos quais se movem as palavras transracionais. Khlébnikov procura especificar esses limites em uma reflexão sobre a linguagem da magia, que oferece o exemplo mais puro de discurso transracional. É preciso distinguir o que *é compreensível* para a razão daquilo que *é significativo*. Os encantamentos e as fórmulas mágicas não são compreensíveis, mas não deixam de ter significado.

> Atribui-se a essas palavras incompreensíveis um poder superior sobre o homem. Confere-se a elas o poder de controlar o bem e o mal, e de reger o coração dos mansos [...] Não as compreendemos por enquanto. Reconhecemos isso com honestidade. Mas não há qualquer dúvida de que essas sequências sonoras são uma série de verdades universais cintilando diante do crepúsculo de nossa alma.

Ademais, "as preces de inúmeros povos são escritas em uma língua incompreensível para os recitantes". Uma metáfora, mais uma vez, nos dá a melhor descrição dessa intelecção transracional. "Será que a terra compreende o caráter dos grãos que o trabalhador lança nela? Não. Mas os campos outonais ainda crescem em resposta a esses grãos."

A linguagem transracional está ameaçada por sérios perigos. O primeiro é a razão onipotente, o cálculo generalizado, e é o próprio Khlébnikov que destrói o que acaba de edificar. Essa linguagem só é transracional nos encantamentos, em estado selvagem; uma vez descobertos os "nomes elementares" da língua, o "alfabeto da razão", a razão retoma seus direitos. "Desse modo, a linguagem transracional deixa de ser transracional. Torna-se um jogo com o alfabeto do qual somos conscientes, uma nova arte no limiar da qual nos quedamos."

O outro grande adversário do transracional é um dos princípios fundamentais da própria linguagem, o princípio de repetição. Para pertencer à linguagem, uma entidade deve possuir a tendência à repetição; senão, ela corre o risco de ser não apenas incompreensível, como também ser não significante. Khlébnikov evidencia o perigo em seus *Carnets*: "O que foi escrito com a ajuda de palavras novas apenas não toca a consciência". E constata, em relação a algumas de suas próprias palavras transracionais:

No momento em que foram escritas, as palavras transracionais de Aquenáton moribundo "mantch, mantch!" em *Ka* quase provocavam sofrimento; não conseguia lê-las, vendo relâmpagos entre mim e elas; agora elas não são mais nada para mim. Por quê – eu mesmo não sei.

A incapacidade de reprodução transforma o discurso transracional em "nada"; ele só pode, por definição, existir enquanto limite.

Não se pode escrever "com a ajuda de palavras novas apenas". A língua existente deve continuar a servir, apesar de não ser tão racional quanto aquela fundada no "alfabeto da razão", apesar de ela não obedecer às leis da harmonia universal tão perfeitamente. E ademais, por meio de uma análise particular, é possível descobrir essas mesmas leis nas línguas reais. Essa análise é desenvolvida por Khlébnikov a propósito do que ele chama de a "declinação das raízes" (Jakobson fala, em seu livro sobre Khlébnikov, do processo de "etimologia poética", por analogia com a etimologia popular).

A língua russa conhece a declinação. Uma palavra com desinência zero no nominativo leva *a* no genitivo, *u* no dativo etc. Khlébnikov presume que uma alternância semelhante também ocorre nas raízes; ou seja, palavras "diferentes" aparecem como casos umas das outras. Além disso, seu significado está em relação, direta ou inversa, com o sentido geral do caso cuja desinência se alterna na raiz.

O genitivo responde à pergunta "de onde?"; o acusativo, à pergunta "para onde?". Eis como as raízes se declinam segundo os casos. "Se tomarmos o par *vol* [boi] e *val* [onda], a ação de conduzir é orientada para o boi doméstico que conduz o homem, e parte da onda, que conduz sobre o rio o homem e o barco." Ou ainda: "*Beg* [fuga] é provocada pelo temor, e *bog* [deus] é a criatura para a qual o temor deve ser dirigido".

Ao lado dessa declinação das raízes apresenta-se uma "derivação das raízes". *Sem'* significa "sete" em russo, e *semja*, "família". Khlébnikov conclui daí que a família primitiva era composta por sete pessoas ("cinco crianças e dois pais") e que o número "sete" é a palavra "família" truncada. *Eda* significa "refeição", *edinica*, "um": isso porque o homem primitivo comia sozinho, "não precisava de ajuda externa durante as refeições". Mallarmé havia descoberto relações semelhantes com referência ao inglês: antecipou-se a Khlébnikov nessa via cratiliana[1] da análise linguística.

Que achado mais encantador, por exemplo, feito mesmo para compensar tanta decepção, que este vínculo reconhecido entre palavras como HOUSE, a *casa*, e HUSBAND, o *marido* que é seu chefe; entre LOAF, um *pão*, e LORD, um *senhor*, sendo sua função a de distribuí-lo; entre SPUR, *espora*, e TO SPURN, *desprezar*; TO GLOW, *brilhar*, e BLOOD, o *sangue*; WELL!, *bem*, e WEALTH, *a riqueza*; ou ainda THRASH, a *eira* para debulhar grãos, e THRESHOLD, a *soleira*, comprimida ou unida como um pavimento? [...] A reviravolta no significado pode se tornar absoluta a ponto, entretanto, de ser tão interessante quanto uma verdadeira analogia: é assim que HEAVY parece livrar-se subitamente do sentido de

---

1 Referência ao *Crátilo* de Platão. (N. T.)

peso que representa, para apresentar HEAVEN, o *céu*, alto e sutil, considerado como estadia espiritual.

Khlébnikov ressalta, aliás, exatamente a mesma relação em russo entre *ves*, "peso", e *vys'*, "altura"! Jarry analisa de modo semelhante a palavra *indústria*, inspirando-se no modelo da palavra *alfabeto*: "IN-DÚS-TRIA, um, dois, três, em todas as línguas".

A descoberta da declinação das raízes conduz logicamente a uma atividade que explora seus resultados e que Khlébnikov chama de criação de palavras, a "verbocriação". Por que se contentar apenas com os "casos" presentes na língua, quando seria possível declinar todas as raízes e obter palavras novas cujo sentido teríamos deduzido? Por que ficar apenas com as combinações de letras e de afixos que a língua utiliza e não forjar novas combinações?

Esses neologismos serão compreensíveis para todos, pois sua criação terá obedecido às leis já existentes da língua. Dessa forma serão criadas não só novas combinações sonoras, mas também novos conceitos. Eis um exemplo, adaptado do russo para o francês:

> A direção [*direction / pravitel'sivo*] que só se apoiasse no fato de agradar [*plaire*] moralmente [*nravit'sja*] poderia ser qualificada assim: uma *plirection*. [...] Ou *plirect*, ou *plevoir*, ou *plirigeant*: é fácil notar que trocando o *d* pelas letras *pl*, passamos do campo do verbo "dirigir" [*diriger*] para o campo abarcado por *plaire*.

Assim, um cálculo generalizado, digno de Leibniz, recupera seus direitos. Como de costume, Khlébnikov parte da lei e só questiona suas realizações específicas *a posteriori*. Algumas palavras são inventadas sem ele ter tido tempo de pensar em seu significado: "A palavra flores [*tsvety*] permite construir as *flores do mal* [*mvety*], palavra carregada de imprevisível". O mesmo impulso o anima em suas "Proposições": "Lembrando que n^0 é o signo do ponto, n^1 o símbolo da reta, n^2 e n^3 os símbolos da superfície e do volume, encontrar os espaços das potências fracionárias: $n^1/_2$, $n^2/_3$, $n^1/_3$, onde estão?".

Esse poeta jamais fala de poesia nem de literatura; a oposição entre literatura e não literatura não parece fazer sentido para ele. Sua concepção da linguagem culmina, entretanto, em outra oposição: aquela entre a linguagem prática e a linguagem autônoma (*samovitaja rech'*). Na linguagem prática, a palavra não é percebida em si mesma, mas como um substituto do objeto que ela designa.

> Como uma criança que, durante a brincadeira, imagina que a cadeira sobre a qual está sentada é um verdadeiro puro-sangue e, como para ela a cadeira substitui o cavalo, durante o discurso oral e escrito, a pequena palavra "sol" substitui, no mundo convencional da conversação humana, a estrela magnífica e majestosa. O astro majestoso, tranquilo e resplandecente, substituído por um joguete verbal, prontamente se deixa colocar no dativo e no genitivo, casos aplicados a seu substituto na língua. Mas essa igualdade é convencional: se o verdadeiro astro desaparece e só resta a palavra "sol", ele não poderá mais brilhar no céu e aquecer a Terra, a Terra congelará, se transformará em floco de neve sob o impacto do espaço universal. [...] A boneca sonora "sol" nos permite, em nosso jogo humano, puxar as orelhas e os bigodes da augusta estrela com nossas míseras mãos mortais, com todos esses dativos que jamais seriam aprovados pelo verdadeiro Sol...

Poética da prosa

Ao mesmo tempo que se aproxima o significante do significado, deve-se mostrar a diferença entre o signo e seu referente. E mais: Khlébnikov sugere deixar de utilizar as palavras com essa função referencial e comunicativa, pois elas a executam mal, sendo que, aliás, dispomos de um instrumento muito mais aperfeiçoado para tal: os números.

As mentes mais perspicazes não têm outra forma de definir o pensamento por meio da palavra, a não ser como uma medida pouco perfeita do mundo. [...] A reflexão verbal não apresenta a condição fundamental que permita a medição, ou seja, a constância da unidade de medida; os sofistas Protágoras e Górgias são os primeiros pilotos audaciosos que mostraram o perigo que há em navegar sobre as ondas da palavra. Cada nome é apenas uma medida aproximada, a comparação de várias grandezas, de tipos de sinais de igualdade. Leibniz, ao exclamar: "virá o tempo em que os homens substituirão as discussões ofensivas pelo cálculo" (clamarão: *calculemus*), Novalis, Pitágoras, Amenófis IV previram a vitória do número sobre a palavra como técnica de pensamento.

É preciso liberar as palavras de uma função que os números podem cumprir melhor que elas: a de ser uma "técnica de pensamento". A partir daí, elas poderão reassumir a função que é a sua: serem palavras autônomas. "Arma obsoleta do pensamento, a palavra ainda assim ficará para as artes." "As línguas ficarão para a arte e serão libertas de um peso ofensivo. O ouvido está cansado." Existem, de um lado, as matemáticas, de outro, as metáforas: não existe nada entre elas.

O pensamento de Khlébnikov, como se vê, não conhece o meio-termo. Sua vida também não, e por isso ela é lida como

Tzvetan Todorov

um texto: em vez de buscar a glória literária, ele viveu suas ideias. Mais surpreendente ainda é ler suas "Proposições" sobre a organização social do universo, em que seu extremismo linguístico se transforma em um fourierismo igualmente puro: "Introduzir uma inovação na posse das terras, reconhecendo que a superfície da propriedade da qual cada indivíduo pode desfrutar não pode ser inferior à superfície do globo terrestre. Assim estarão resolvidas as disputas entre Estados".

E também:

> Transformação dos direitos locativos, direito de ser proprietário de um imóvel em não importa que cidade com direito de mudar constantemente de lugar (direito à moradia isento de determinação espacial). A humanidade itinerante não limita seus direitos de propriedade a um local único.

Enfim: "Exigir das alianças armadas dos homens que elas contestem a opinião dos futuristas, que afirma que todo o globo terrestre lhes pertence".

1969

14
A arte segundo Artaud

Artaud disse o que ele "quis dizer" tão bem e com tanta abundância que seria possível questionar se não é superficial se interpor, como exegeta, entre seu texto e seus leitores – passados ou futuros. Fazer essa pergunta é levantar ao mesmo tempo toda a problemática ligada ao estatuto do que se chama atualmente "a leitura".

De fato, o comentário dócil, cujo limite é a paráfrase, é mal justificado a respeito de um texto cuja compreensão primária não acarreta dificuldades excepcionais. Mas o perigo inverso é ainda mais inquietante: ao fugir do muito particular, arriscamos chegar à generalização excessiva, despojando o texto comentado de sua especificidade; este se transforma então em simples exemplo de um esquema abstrato e anônimo. Esse perigo é abordado, sob a forma de uma negação característica, nos dois melhores comentários sobre Artaud. Blanchot, em *O livro por vir*, escreve: "Seria tentador aproximar o que nos diz Artaud do que nos dizem Hölderlin, Mallarmé [...] Mas é preciso resistir à tentação das afirmações demasiado gerais. Cada poeta diz o mesmo, e contudo não é o mesmo, é único, nós o sentimos". Derrida, em *A escritura e a diferença*, examina longamente o que ele chama de "a violência da exemplificação" e começa sua leitura recusando-se a "constituir Artaud como exemplo do que ele nos ensina". Mas Derrida finaliza a leitura, no entanto, pela constatação de certo fracasso ("a violência da exemplificação, aquela mesma que não pudemos evitar, no momento em que pretendíamos defender--nos dela").

A leitura não poderá se constituir a não ser evitando esse duplo empecilho, a paráfrase e a exemplificação. Ela será respeitosa com o texto, até à sua própria literalidade; ao mesmo tempo, não se satisfará com sua ordem aparente, mas tentará restabelecer o sistema textual. Ela procederá por escolha, deslocamento, superposição: são operações que desestruturam a organização imediatamente observável de um discurso. Para articular esse sistema, teremos de traduzir em termos diferentes alguns dos elementos que o constituem. Buscaremos ser fiéis não à letra nem a um "espírito" hipotético, e sim ao princípio da letra. Ao fazer isso, porém, perceberemos que a leitura só é capaz de afastar um dos perigos simétricos que a ameaçam tornando-se vulnerável ao outro; para nós, a leitura é mais uma linha divisória do que um território.

Irei me contentar, aqui, com uma matéria menos complexa do que o conjunto dos escritos de Artaud: são os textos teóricos que ele produziu entre 1931 e 1935, ou seja, *O teatro e seu duplo* e os escritos que o acompanham. Trata-se já de uma escolha extremamente importante: em primeiro lugar, porque os textos desse período são relativamente homogêneos e não permitem, portanto, levantar qualquer problema em termos de evolução.

Por outro lado – e isso é mais grave –, esse período é provavelmente o único em que é possível isolar os "textos teóricos" do "restante", ou, se preferirem, "a obra" da "vida". Isso porque, precisamente, Artaud torna essa divisão (como tantas outras) impossível. Para ele, a ruptura entre a carne e o Verbo não existe. Prisioneiros de nossas categorias tradicionais, ficamos perplexos diante de seus escritos, que ora gostaríamos de ler como "documentos" sobre sua vida, ora como uma "teoria", ora como "obras". O texto de *O teatro e seu duplo*, contudo, nos autoriza a colocar provisoriamente entre parênteses os demais aspectos dessa produção e a considerá-la como teoria. Nós a interrogaremos sob a perspectiva deste conceito ambíguo (questionado pelo próprio Artaud), que nos parece ter aqui uma utilidade estratégica: a *Arte*.

A reflexão de Artaud sobre o teatro poderia ser resumida em uma fórmula muito mais fácil de entender hoje do que há quarenta anos, mas que nada nos ensina se nos satisfizermos com sua brevidade: é preciso considerar o teatro como uma linguagem. Essa afirmação retorna várias vezes ao longo das páginas de *O teatro e seu duplo*; citarei aqui apenas uma formulação que encontramos na descrição do teatro balinês:

> através desse labirinto de gestos, atitudes, gritos lançados ao ar, através das evoluções e das curvas que não deixam inutilizada nenhuma porção do espaço cênico, surge o sentido de uma nova linguagem física baseada nos signos e não mais nas palavras.[1]

---

1 Artaud, *Le théâtre et son double*, p.80-1.

O teatro é uma linguagem diferente daquela que utilizamos no cotidiano; circunscrever essa diferença é compreender o sentido da fórmula de Artaud; o teatro e a linguagem entram em uma relação que não é analógica, mas de contiguidade. Uma certa linguagem, a verbal, provocou a morte do teatro; outra linguagem, a *simbólica*,[2] pode ressuscitá-lo.

É preciso, pois, começar pela instauração de um processo contra a linguagem verbal ou, mais exatamente, contra as "ideias do Ocidente sobre a palavra".[3] O principal argumento de acusação – do qual os outros são apenas ramificações – é o seguinte: essa linguagem é o resultado de uma ação, em vez de ser a própria ação. A linguagem verbal, tal como a concebemos na Europa, é apenas o resultado de um processo, como o cadáver é o resultado de uma vida, e é necessário livrar-se dessa concepção cadavérica da linguagem. "Por natureza e por causa de seu caráter determinado, fixado de uma vez para sempre, [as palavras] detêm e paralisam o pensamento em vez de permitir e favorecer seu desenvolvimento".[4] A criação da linguagem está desconectada de seu resultado, as palavras. No teatro, esse "desligamento" é simbolizado pelo papel atribuído à palavra *escrito*: ela nada mais é, mesmo em seu significante, do que um resultado imutável, e não um ato. "Para o teatro, tal como é praticado aqui, uma palavra escrita vale tanto quanto a mesma palavra pronunciada [...] Tudo o que diz respeito à enunciação particular de uma palavra, à vibração que ela pode difundir no espaço, escapa-lhes".[5] Se é possível reduzir

---

2 Esse termo não aparece em Artaud; ele prefere falar de linguagem "espacial", "concreta" etc.

3 Artaud, *Oeuvres complètes*, V, p.14.

4 Id., *Le théâtre et son double*, p. 167-8.

5 Ibid., p.179.

tão facilmente a diferença existente entre enunciação presente e ausente (a enunciação sendo, aliás, apenas uma parte da criação da linguagem) é porque nos habituamos a identificar a linguagem com o enunciado isolado e fixo.

O processo contra a linguagem verbal define, em seu cerne, o que é a linguagem simbólica (da qual o teatro é o melhor exemplo). Uma linguagem que não está separada de seu devir, de sua própria criação.

Enquanto a linguagem verbal se satisfaz de ser o ponto final de um processo, a linguagem simbólica será um trajeto entre a necessidade de significar e seu resultado. "O teatro encontra-se exatamente no ponto em que o espírito precisa de uma linguagem para produzir suas manifestações".[6] Essa nova "linguagem parte da *necessidade* da palavra mais do que da palavra já formada. [...] Ela refaz poeticamente o trajeto que levou à criação da linguagem".[7]

Percebemos agora que é preciso entender a criação em um sentido muito mais amplo do que a *enunciação*: esta cria uma frase em uma língua já existente; aquela é a constituição da própria linguagem. Assim, o caráter principal das linguagens simbólicas – e mais particularmente do teatro – é que elas não dispõem de um sistema de signos preestabelecidos; falar uma linguagem simbólica significa precisamente inventá-la, e a repetição será, isto posto, o limite da arte.

Apesar disso, a enunciação imita a criação e retira desse mimetismo um privilégio. Daí a atenção que Artaud concede à palavra dita; daí também sua preferência por aquilo que – pela

---

6 Ibid., p.17.
7 Ibid., p.167.

explicitação dos dois interlocutores –, na escrita, mais se aproxima da fala: a carta dirigida a alguém. É impressionante ver o lugar que ocupam, nas *Obras completas* de Artaud, os escritos em forma de cartas: desde a "Correspondência com Jacques Rivière" até as "Cartas de Rodez". E ele explica: "Permita-me que lhe apresente um artigo em forma de carta. É meu único meio de lutar contra um sentimento absolutamente paralisante de gratuidade e de superá-lo depois de mais de um mês pensando nisso...".[8]

Essa primeira característica constitutiva da linguagem simbólica (a de que "os signos vão sendo inventados à sua medida")[9] é surpreendente para aquele que utiliza o termo "linguagem" em seu sentido clássico. Seu polo de atração não é mais a Ordem e sim o Caos: "a linguagem da cena, caso exista e caso se forme, será por natureza destrutiva, ameaçadora, anárquica, ela evocará o caos".[10] Ora, a linguagem verbal é um princípio de organização e de classificação, graças àquilo que suporta seu funcionamento: a repetição. Será, pois, precisamente sobre a repetição que Artaud deixará incidir sua condenação mais dura:

> Deixemos aos peões a crítica de textos, aos estetas a crítica das formas, e reconheçamos que o que já foi dito não está mais por dizer; que uma expressão não vale duas vezes; que toda palavra pronunciada está morta e só age no momento em que é pronunciada, que uma forma empregada não serve mais e só convida a procurar outra, e que o teatro é o único lugar do mundo em que um gesto feito não é feito duas vezes.[11]

---

8 Id., *Oeuvres complètes*, IV, p.293.

9 Ibid., V, p.37.

10 Ibid., IV, p.290.

11 Id., *Le théâtre et son double*, p.115.

Poderíamos pensar que essa virulenta recusa da repetição equivale a um elogio à improvisação; tanto é que Artaud dirá também: "essa linguagem [...] tira sua eficácia de sua criação espontânea em cena".[12] Ele denunciou, por outro lado, a supremacia do autor no teatro, cujo resultado é tornar o espetáculo um mero reflexo do texto (e o reflexo de um morto tampouco vive): "O autor é aquele que dispõe da linguagem da fala e [...] o diretor é seu escravo. [...] Com isso, renunciaremos à superstição teatral do texto e à ditadura do escritor...".[13] Portanto, nenhum texto pré-escrito. Mas a improvisação também não cai propriamente nas suas graças:

> Meus espetáculos nada terão a ver com as improvisações de Copeau. Tão forte elas mergulham no concreto, no exterior, elas tomam pé na natureza aberta e não nas câmaras fechadas do cérebro, e nem por isso serão entregues ao capricho da inspiração inculta e irrefletida do ator.[14]

Não se deve confundir "a inspiração inculta", que nada mais é senão a projeção de um texto não consciente, com a liberdade procurada por Artaud.

Essa aparente contradição pode ser encontrada nos limites de uma frase: "os espetáculos serão feitos diretamente no palco [...] o que não quer dizer que esses espetáculos não serão rigorosamente compostos e fixados de uma vez por todas antes de ser apresentados".[15] O espetáculo não deve ser espontâneo nem

---

12 Ibid., p.58.
13 Ibid., p.187.
14 Ibid., p.166.
15 Id., *Oeuvres complètes*, V, p.41.

pré-escrito: essa é outra oposição que perde sua pertinência aos olhos de Artaud. Uma linguagem que vai sendo inventada é irreconciliável com a ideia de um pré-texto; mas, para que ela seja linguagem, uma precisão matemática terá de reger seu funcionamento. Essa precisão só poderá ser alcançada através de uma lenta elaboração em cena, que, uma vez concluída, necessita ser anotada.

> Essas imagens, esses movimentos, essas danças, esses ritos, essas músicas, essas melodias truncadas, esses diálogos que se interrompem serão cuidadosamente anotados e descritos tanto quanto possível com palavras, sobretudo nas partes não dialogadas do espetáculo, sendo que o princípio é conseguir anotar ou cifrar, como em uma partitura musical, o que não pode ser descrito com palavras.[16]

Um pós-texto, assim, eliminará qualquer tentativa de improvisação.

Voltemos agora para a descrição da linguagem simbólica, e tentemos levantar seus traços específicos. Em primeiro lugar, seu significante, particularmente rico no teatro (é nisso, entre outras coisas, que o teatro é privilegiado em relação às outras artes): Artaud enumerou várias vezes seus componentes. "Todos os meios de expressão utilizáveis em cena, como música, dança, artes plásticas, pantomima, mímica, gesticulações, entonações, arquitetura, iluminação e cenário".[17] O teatro deve obrigatoriamente empregar esse significante múltiplo; "a fixação do

---

16 Id., *Le théâtre et son double*, p.194.
17 Ibid., p.55-6.

Poética da prosa

teatro em uma linguagem – palavras escritas, música, luzes, sons – indica sua perdição em curto prazo, pois a escolha de uma linguagem demonstra o gosto que se tem pelas facilidades daquela linguagem".[18] Mas – nova dicotomia suprimida por Artaud – essa multiplicidade dos significantes não significa uma pluralidade de linguagens; pelo contrário, a linguagem teatral só é capaz de se constituir se, nela, a música deixar de ser música, a pintura, pintura, e a dança, dança. "Seria inútil dizer que ela recorre à música, à dança ou à mímica. É evidente que ela utiliza movimentos, harmonias, ritmos, mas apenas no que eles podem contribuir para uma espécie de expressão central, sem proveito de uma arte particular".[19] O significante deve ser a uma só vez diverso e uno; poder-se-ia descrever o traço específico da linguagem simbólica pelo *transbordamento* do significante, uma superabundância (e uma sobredeterminação) do que significa em relação ao que é significado.

Para obter uma "matemática refletida" na utilização da linguagem simbólica, é preciso inventariá-la, quer dizer, expor minuciosamente cada uma de suas camadas significantes. Artaud já havia esboçado seu programa. Deste modo, quanto à mímica: "As dez mil e uma expressões do rosto, consideradas em estado de máscaras, poderão ser rotuladas e catalogadas, com o objetivo de participarem direta e simbolicamente dessa linguagem concreta da cena...".[20] Quanto à iluminação: "Para produzir qualidades de tons particulares, deve-se reintroduzir na luz um elemento de sutileza, densidade, opacidade, com o objetivo de

18 Ibid., p.17.
19 Ibid., p.137.
20 Ibid., p.143.

produzir calor, frio, raiva, medo etc.".[21] E especialmente quanto à respiração, à qual ele dedica vários textos: "A cada sentimento, a cada movimento do espírito, a cada vibração da afetividade humana corresponde uma respiração que lhe pertence...".[22]

O significante da linguagem simbólica é diferente daquele da linguagem verbal; o mesmo vale para o significado: um e outro não falam sobre a "mesma coisa". "Os pensamentos que exprime [esta linguagem física – concreta] escapam à linguagem articulada";[23] "no domínio do pensamento e da inteligência [existem] atitudes que as palavras são incapazes de assimilar, e que os gestos e tudo o que participa da linguagem no espaço alcançam com mais precisão do que elas".[24]

Quais são esses dois significados distintos? Aquele da linguagem verbal é bem conhecido: é insubstituível para "elucidar um caráter, relatar os pensamentos humanos de uma personagem, expor estados de consciência claros e precisos";[25] é, em suma, tudo aquilo que poderia ser designado como a "psicologia". É evidentemente muito mais difícil designar o significado da linguagem simbólica com o auxílio das palavras, e Artaud evoca várias vezes essa dificuldade ("Admito que tive dificuldade de especificar com *palavras* o tipo de linguagem extraverbal que pretendo criar").[26] Por isso é preciso contentar-se, aqui, com indicações gerais: são as "coisas da inteligência",[27] "sentimen-

---

21 Ibid., p.145.
22 Ibid., p.196.
23 Ibid., p.54.
24 Ibid., p.107-8.
25 Ibid., p.59.
26 Id., *Oeuvres complètes*, V, p.161.
27 Id., *Le théâtre et son double*, p.95.

Poética da prosa

tos, estados de alma, ideias metafísicas",[28] "ideias, atitudes do espírito, aspectos da natureza".[29] Não estaríamos traindo o pensamento de Artaud ao dizer que esse significado é, sobretudo, de ordem "metafísica". Duas redes semânticas parecem se urdir por trás dessa oposição: a repetição, o psicológico, o verbal, em uma, revezam com a diferença, o metafísico, o não verbal, na outra. Encontraremos, em outra parte, uma distribuição inversa da repetição e da diferença.

A relação entre significante e significado não é a mesma na linguagem verbal e na linguagem simbólica. Na primeira, essa relação é puramente abstrata, ou, como dizemos hoje, arbitrária: não há nenhum motivo particular para que tais sons, tal grafia evoquem uma ideia e não outra. Na segunda, por outro lado, ao serem evocadas, as ideias devem "comover, de passagem, todo um sistema de analogias naturais".[30] O que é uma analogia natural? Eis o exemplo citado por Artaud: "Essa linguagem representa a noite por meio de uma árvore na qual um pássaro que já fechou um olho começa a fechar o outro".[31] A noite, representada pelo pássaro que dorme é, em termos retóricos, uma sinédoque; a relação entre os dois é motivada (a parte pelo todo). Eis ainda outra evocação dos atores balineses: "Os atores, com seus trajes, compõem verdadeiros hieróglifos animados que se movem".[32] O ator deixa de ser uma presença plena, ele é o signo que remete a uma ausência; esta também não é uma palavra – assim como a noite, denominação de conveniência, não o era no caso

---

28 Ibid., p.99.
29 Ibid., p.57.
30 Ibid., p.164.
31 Ibid., p.57.
32 Ibid., p.91.

precedente. A propriedade característica do hieróglifo é ainda outra: é a relação analógica entre o significante e o significado, entre a imagem gráfica e a ideia.

Artaud não utiliza o termo "metáfora" (provavelmente por associá-lo a um esteticismo gratuito); mas a semelhança (a analogia) e a contiguidade (a sinédoque) formam a matriz de todas as figuras retóricas. Estas seriam, então, nada mais que um inventário das relações possíveis entre significantes e significados nas linguagens simbólicas. É esse, em todo caso, o postulado de Artaud:

> Pego os objetos, as coisas da extensão como as imagens, como as palavras, que reúno e faço responderem-se uma à outra segundo as leis do simbolismo e das analogias vivas. Leis eternas que são as de toda poesia e de toda linguagem viável; e, entre outras coisas, as dos ideogramas da China e dos velhos hieróglifos egípcios.[33]

As figuras retóricas são o código do simbolismo.

O princípio analógico explica os esforços de Artaud para descobrir os "duplos" do teatro (em particular nos artigos iniciais de O teatro e seu duplo): a peste, a pintura de Lucas Van den Leyden, a alquimia. "O teatro [...] assim como a peste [...] refaz o elo entre o que é e o que não é";[34] "essa pintura é o que o teatro deveria ser";[35] "há ainda entre o teatro e a alquimia uma semelhança maior".[36] Considera esse princípio de tal forma essencial que ele determina o título de seu livro: "Esse título responderá a

---

33 Ibid., p.168.
34 Ibid., p.38.
35 Ibid., p.52.
36 Ibid., p.71.

todos os duplos do teatro que creio ter encontrado após tantos anos: a metafísica, a peste, a crueldade".[37]

É preciso não confundir a relação entre o significante e o significado com aquela que existe entre o signo e seu referente. Enquanto a primeira deve ser reforçada pela analogia, a segunda, ao contrário, deve ser desnaturalizada: é necessário romper o automatismo que nos leva a tomar a palavra pela coisa, considerar uma como o produto natural da outra. Essa relação, nos lembra Artaud, é puramente arbitrária:

> É preciso admitir que tudo, na destinação de um objeto, no sentido ou na utilização de uma forma natural, tudo é questão de convenção. Quando a natureza deu a uma árvore a forma de uma árvore, poderia igualmente ter-lhe dado a forma de um animal ou de uma colina, teríamos pensado *árvore* diante do animal ou da colina, e tudo ficaria no mesmo.[38]

A função da linguagem simbólica é evidenciar essa arbitrariedade: "Compreende-se assim que a poesia é anárquica na medida em que põe em questão todas as relações entre objetos e entre as formas e suas significações".[39] Assim, por outros meios, a linguagem simbólica se aproxima novamente do Caos. A analogia que se instaura no interior do signo abala as falsas analogias no exterior: "A poesia é uma força dissociadora e anárquica que, pela analogia, pelas associações, pelas imagens, só vive quando convulsiona as relações conhecidas".[40]

---

37 Id., *Oeuvres complètes*, V, p.272.

38 Id., *Le théâtre et son double*, p.61.

39 Ibid., p.62.

40 Id., *Oeuvres complètes*, V, 40.

Uma linguagem que não está isolada do processo de sua criação; um significante múltiplo, "transbordante" e concreto; um significado metafísico, que não se deixa designar por palavras; uma relação analógica entre o significante e o significado: tais são as principais características da "linguagem simbólica", mais exatamente das artes, mais particularmente ainda do teatro. Todas essas propriedades foram identificadas por oposição à linguagem verbal. Contudo, Artaud também observa que não é impossível manusear a linguagem verbal *como* uma linguagem simbólica. A diferença, como já notamos, não é tanto entre dois tipos de linguagens independentes, e sim entre duas concepções da linguagem ("oriental" e "ocidental") e, por conseguinte, entre dois empregos (ou funções) da linguagem. Artaud escreverá: "Ao lado desse sentido lógico, as palavras serão tomadas em um sentido encantatório, verdadeiramente mágico – por sua forma, suas emanações sensíveis e não mais apenas pelo seu sentido".[41] Basta, pois, acentuar a função *mágica* em vez da função lógica da linguagem verbal para que ela se alinhe entre os outros sistemas simbólicos.

Como se efetua essa transformação? Pelo emprego de todas as propriedades que acabamos de enumerar; e também por uma *concretização* do significante. A linguagem utilizada em sua função lógica tende a eliminar o significante, a substituir os sons reais por sons abstratos; para manifestar a função mágica,[42] é preciso

---

41 Id., *Le théâtre et son double*, p.189.

42 Mas devolver à linguagem sua "eficácia mágica" é ao mesmo tempo renunciar a outra concepção "ocidental", segundo a qual a linguagem se opõe à ação. Ou, como diz Artaud, "o estado mágico é o que leva ao ato" (*Oeuvres complètes*, IV, p.281). Este seria o último traço específico das linguagens simbólicas: elas restabelecem, "de modo material,

Poética da prosa

voltarmos, por pouco que seja, às fontes respiratórias, ativas da linguagem, se relacionarmos as palavras aos movimentos físicos que lhes deram origem, se o aspecto lógico e discursivo da palavra desaparecer sob seu aspecto físico e afetivo, isto é, se as palavras, em vez de serem consideradas apenas pelo que dizem, gramaticalmente falando, forem ouvidas sob seu ângulo sonoro, forem percebidas como movimentos.[43]

O significante requer aqui uma autonomia da qual ele foi privado pelo emprego lógico da linguagem: "Os sons, os ruídos, os gritos, são buscados primeiro por sua qualidade vibratória e, a seguir, pelo que representam".[44] É por isso que, em suas descrições do trabalho do ator, Artaud insiste sempre na elaboração do som puro: "Ela [a linguagem] impele a voz. Utiliza vibrações e qualidades de voz. Faz ritmos baterem loucamente. Martela sons".[45]

Instaura-se assim um duplo processo. Por um lado, o ator, o cenário, o gesto perdem sua materialidade opaca, deixam de ser uma substância presente para se tornar signo. Por outro lado – mas nesse mesmo movimento –, o signo deixa de ser abstrato, não é uma simples referência, mas se torna uma matéria cuja aspereza retém o olhar. Nada é mais precioso para Artaud, nessa visão da linguagem teatral, do que "o aspecto revelador da matéria que parece de repente se disseminar em signos para

---

imediatamente eficaz, o sentido de certa ação ritual e religiosa" (*Oeuvres complètes*, V, p.114-5). A linguagem é ação.

43 Artaud, *Le théâtre et son double*, p.181-2.

44 Ibid., p.124.

45 Ibid., p.138.

nos ensinar a identidade metafísica do concreto e do abstrato".[46] A linguagem simbólica (o teatro) abole a oposição entre essas duas categorias, ela deve se tornar "uma espécie de demonstração experimental da identidade profunda do concreto e do abstrato".[47]

Essa não é a primeira dicotomia que o texto de Artaud torna obsoleta. O homem e a obra, o uno e o múltiplo, o prescrito e o improvisado, o abstrato e o concreto: são as tantas oposições que seu pensamento se recusa a reconhecer. E não é um acaso: a estrutura opositiva caracteriza a linguagem verbal e a lógica que dela resulta.

"Isso" e "o contrário" não são mais pertinentes; em contrapartida, para a linguagem simbólica, as leis da identidade e do terceiro excluído não funcionam nela. Mais ainda: é próprio da natureza da linguagem simbólica combater a lógica opositiva, reiterar incessantemente o oximoro,

> resolver por meio de conjunções inimagináveis e estranhas para nossos cérebros de homens ainda despertos, resolver ou mesmo aniquilar todos os conflitos produzidos pelo antagonismo entre a matéria e o espírito, a ideia e a forma, o concreto e o abstrato...[48]

Uma dicotomia semelhante é pulverizada na resposta que Artaud dá a outra grande questão: por que a arte? (Apesar de tudo o que antecede poder ser considerado como resposta a: o que é a arte?). A arte pela arte, a arte fora da vida é uma ideia puramente "ocidental" e limitada; "chegamos a ponto de atribuir

---

46 Ibid., p.89.
47 Ibid., p.164.
48 Ibid., p.78.

Poética da prosa

à arte apenas um valor de recreação e repouso, mantendo-a na utilização puramente formal das formas".[49] Essa limitação absurda da arte deve findar: "estamos todos extenuados com as formas puramente digestivas do teatro atual, que não passa de um jogo sem eficácia";[50] "se ainda existe algo de infernal e de verdadeiramente maldito nestes tempos é deter-se artisticamente em formas, em vez de ser como supliciados que são queimados e fazem sinais sobre suas fogueiras".[51] Note-se, aliás, que a concepção realista (a arte como imitação da vida) não passa de uma variante do modelo da arte pela arte: uma como a outra mantêm o isolamento entre a arte e a "vida".

Mas a atitude inversa, aquela que quer submeter a arte a objetivos específicos, é igualmente insustentável. "Precisamos de uma ação verdadeira, mas sem consequência prática. Não é no plano social que a ação do teatro se expande. E menos ainda no plano moral e psicológico".[52] Sujeitar o teatro a objetivos políticos é trair de uma só vez o teatro e a política. Eis um texto de Artaud que não deixa qualquer dúvida quanto à sua posição diante desse problema:

> Creio na ação real do teatro, mas não exercida no plano da vida. Depois disso, é inútil dizer que considero vãs todas as tentativas feitas na Alemanha, na Rússia ou na América nos últimos tempos, para *submeter* o teatro às finalidades sociais e revolucionárias imediatas. Esses procedimentos de encenação empregados, pelo fato de se *submeterem* aos dados mais rigorosos do materialismo dialético,

---

49 Ibid., p.105.
50 Ibid., p.318.
51 Ibid., p.18.
52 Ibid., p.75.

pelo fato de voltarem as costas à metafísica que menosprezam, persistem, por mais modernos que sejam, em uma encenação segundo a acepção mais grosseira dessa palavra.[53]

Esse gesto – fazer um teatro subserviente – está carregado de uma ideologia independente (e mais poderosa) do que a ideologia que esse teatro pretende defender. Submeter o teatro (ao que quer que seja) é fazer uma "encenação" no sentido limitado e estreito que foi dado a essa expressão pela tradição ocidental; é aceitar ao mesmo tempo todos os pressupostos dessa tradição, e vê-los esmagar aquilo a que se pretendia submeter o teatro.

Essa ideia de Artaud, aliás, não era nova, na época de *O teatro e seu duplo*. Alguns anos antes acontecera sua ruptura estrondosa com os surrealistas, aos quais ele censurava precisamente por quererem submeter a arte a objetivos políticos imediatos, e assim mantê-la prisioneira de uma pesada tradição metafísica. "O surrealismo não morreu no dia em que Breton e seus adeptos acreditaram ter que se aliar ao comunismo e procurar no terreno dos fatos e da matéria imediata a realização de uma ação que só podia normalmente desenrolar-se na esfera íntima do cérebro?", escreveu Artaud em 1927.

A arte não deve ser nem gratuita nem utilitária; é preciso afastar os dois termos dessa falsa alternativa e tomar consciência de sua função essencial. Ora, ela é, como escreve Artaud, metafísica. Longe de se satisfazer com um puro jogo de formas ou com uma modificação nas condições materiais externas do homem, o teatro deve procurar atingir o ser humano no que ele tem de mais profundo e modificá-lo. "O teatro deve continuar, por

---

53 Id., *Oeuvres complètes*, V, p.36.

Poética da prosa

todos os meios, a questionar não apenas todos os aspectos do mundo objetivo e descritivo externo, mas o mundo interno, ou seja, do homem considerado metafisicamente".[54] O teatro "deve tentar atingir as regiões profundas do indivíduo e criar nele uma espécie de alteração real, mesmo que oculta, da qual ele não perceberá as consequências a não ser mais tarde".[55] A arte não tem que *representar* a vida no que ela tem de mais essencial, deve *sê-la*.

O trajeto, portanto, é o seguinte: a arte deve tender para uma autonomia total, para uma identificação com sua essência. Mas, assim que o limite for alcançado, essa mesma essência se dissipa, e o termo "arte" deixa de fazer sentido. Alcançar o centro é fazê-lo desaparecer; a arte superior não é outra coisa além da "vida", ou da "metafísica" (no sentido que Artaud dá a esse termo). A via que conduz à máxima eficiência passa pelo mais extremo desprendimento.

O "centro" também é minado de outra maneira: pela relação necessária que existe entre os sistemas simbólicos e o devir (e, por meio dele, o Caos). "A mais bela arte é aquela que mais nos aproxima do Caos".[56] A arte como sistema simbólico rejeita a própria ideia de essência estável, morte, pois; uma vez fixada, essa essência se lhe torna estranha, pois a arte se define por uma renúncia ao descanso: "ideias claras são ideias mortas".[57] Ela é um questionamento permanente de sua própria definição, ou ainda, se quisermos: a arte nada mais é senão uma busca desesperada de sua essência.

1969

---

54 Id., *Le théâtre et son double*, p.140.
55 Ibid., p.106.
56 Ibid., p.290.
57 Ibid., p.59.

15
As transformações narrativas

O conhecimento da literatura é constantemente ameaçado por dois perigos opostos: ou se constrói uma teoria coerente mas estéril; ou nos contentamos em descrever "fatos", imaginando que cada pedrinha será útil ao grande edifício da ciência. Assim é com os gêneros, por exemplo. Ou se descreve os gêneros "tal como existiram", ou, mais exatamente, tal como a tradição crítica (metaliterária) os consagrou: a ode ou a elegia "existem" porque encontramos essas denominações no discurso crítico de certa época. Mas, desse modo, renuncia-se a qualquer esperança de construir um sistema dos gêneros. Ou parte-se das propriedades fundamentais do fato literário e declara-se que suas diferentes combinações produzem os gêneros. Nesse caso, ou somos obrigados a permanecer em uma generalidade decepcionante e nos contentamos, por exemplo, com a divisão em lírico, épico e dramático; ou então encaramos a impossibilidade de explicar a ausência de um gênero que teria a estrutura rítmica da elegia anexada a uma temática jubilosa. Ora, a finalidade de uma teoria dos gêneros é explicar o sistema dos gêneros *existentes*: por que estes, e não outros? A distância entre a teoria e a descrição permanece irredutível.

O mesmo ocorre com a teoria da narrativa. Até um certo momento, dispúnhamos apenas de comentários, às vezes argutos e sempre caóticos, sobre a organização de tal ou qual narrativa. Em seguida veio Propp: a partir de cem contos de fadas russos, ele postulou a estrutura da narrativa (pelo menos é assim que sua tentativa foi compreendida, na maioria das vezes). Nos trabalhos que se seguiram a esse estudo, muito foi feito para aperfeiçoar a coerência interna de sua hipótese; claramente menor foi o esforço para preencher o vazio entre sua generalidade e a diversidade das narrativas particulares. Nesse momento, a tarefa mais urgente das análises da narrativa situa-se precisamente neste terreno médio: na *especificação* da *teoria*, na elaboração de categorias "intermediárias" que descrevam não mais o geral, mas o genérico; não mais o genérico, mas o específico.

Proponho-me, em seguida, a introduzir na análise da narrativa uma categoria, a da *transformação narrativa*, cujo estatuto é precisamente "intermediário". Procederei em três tempos. Por meio de uma *leitura* de análises já existentes, tentarei demonstrar de uma só vez a ausência e a necessidade dessa categoria. Em um segundo tempo, *descreverei*, seguindo uma ordem sistemática, seu funcionamento e suas variedades. Enfim, evocarei rapidamente, com alguns exemplos, as *utilizações* possíveis da noção de transformação narrativa.

Antes, algumas palavras sobre o contexto mais geral no qual se inscreve este estudo. Mantenho a distinção entre aspectos verbal, sintático e semântico do texto;[1] as transformações discutidas

---

1 Cf. Todorov, *Grammaire du Décaméron*, p.18-9.

aqui se referem ao aspecto sintático. Distingo, por outro lado, os *níveis* de análise seguintes: o predicado (ou motivo, ou função); a oração; a sequência; o texto. O estudo de cada um desses níveis só pode ser realizado em relação ao nível que lhe é hierarquicamente superior: por exemplo, aquele dos predicados, no âmbito da oração; o das orações, no âmbito da sequência etc. Essa delimitação rigorosa concerne à análise e não ao objeto analisado; é até possível que o texto literário se defina pela impossibilidade de manter a autonomia dos níveis. A presente análise refere-se à narrativa, não à narrativa literária.

Leitura

Tomachevski foi quem primeiro tentou estabelecer uma tipologia dos predicados narrativos. Ele postulou a necessidade de "classificar os motivos segundo a ação objetiva que eles descrevem",[2] e propôs a seguinte dicotomia: "Os motivos que alteram a situação são chamados motivos dinâmicos; aqueles que não a alteram, motivos estáticos".[3] A mesma oposição é retomada por Greimas, que escreve:

> Deve-se introduzir a divisão da classe dos predicados postulando uma nova categoria classemática, aquela que realiza a oposição "estatismo" *versus* "dinamismo". Segundo eles comportem o sema "estatismo" ou o sema "dinamismo", os sememas predicativos são capazes de fornecer informações seja sobre os estados, seja sobre os processos que concernem aos actantes.[4]

---

2 *TL*, p.271.
3 *TL*, p.272.
4 Greimas, *Sémantique structurale*, p.122.

Tzvetan Todorov

Sinalizo aqui outras duas oposições semelhantes, mas que não são relevantes no mesmo nível. Propp distingue (após Bedier) os motivos constantes dos motivos variáveis, dando aos primeiros o nome de funções e aos segundos, o de atributos. "As denominações (e também os atributos) das personagens mudam, suas ações ou funções não".[5] Mas a constância ou a variabilidade de um predicado só pode ser estabelecida no interior de um gênero (em seu caso, o conto de fadas russo); é uma distinção genérica e não geral (aqui, proposicional). Quanto à oposição feita por Barthes entre função e índice, ela se situa no nível da sequência e concerne às orações, não aos predicados ("duas grandes classes de funções, umas distribucionais, outras integrativas").[6]

A única categoria de que dispomos para descrever a variedade dos predicados é, por conseguinte, a do estatismo-dinamismo, que retoma e explicita a oposição gramatical entre adjetivo e verbo. Procuraríamos em vão outras distinções nesse mesmo nível: parece que tudo o que é possível afirmar sobre os predicados, no plano sintático, esgota-se nesta característica: "estático-dinâmico", "adjetivo-verbo".

Contudo, se nos voltarmos não para as afirmações teóricas, mas para as análises de textos, perceberemos que um aperfeiçoamento da tipologia predicativa é possível, ou melhor, que ele é sugerido por essas análises (sem que, porém, seja explicitamente formulado). Ilustraremos essa afirmação pela leitura de uma parte da análise à qual Propp submete o conto de fadas russo.

---

5 Propp, *Théorie de la littérature*, p.29.
6 Ibid., p.8.

Poética da prosa

Eis o resumo das primeiras funções narrativas, analisadas por Propp. "1. Um dos membros da família sai de casa. 2. Impõe-se ao herói uma proibição. 3. A proibição é transgredida. 4. O agressor procura obter uma informação. 5. O agressor recebe informações sobre sua vítima. 6. O agressor tenta enganar sua vítima para apoderar-se dela ou de seus bens. 7. A vítima deixa-se enganar, ajudando assim involuntariamente seu inimigo. 8. O agressor causa dano ou prejuízo a um dos membros da família ou provoca uma carência. 9. É divulgada a notícia do dano ou da carência, faz-se um pedido ao herói ou lhe é dada uma ordem, mandam-no embora ou deixam-no ir. 10. O pedinte aceita ou decide reagir. 11. O herói deixa a casa" etc.[7] Como se sabe, o número total dessas funções é de 31 e, segundo Propp, cada uma delas é indivisível e incomparável às outras.

Entretanto, basta comparar, duas a duas, as proposições citadas para perceber que os predicados muitas vezes têm traços em comum e opostos; que portanto é possível identificar categorias subjacentes que definam a combinatória da qual as funções de Propp são o produto. Devolve-se a Propp, assim, a repreensão que ele dirigiu ao seu antecessor Veselovski: a recusa de expandir a análise até as menores unidades (esperando que ela nos seja devolvida). Essa exigência não é nova; Lévi-Strauss já escrevia:

Não se excluiu a possibilidade de que essa redução pudesse ser levada ainda mais longe, e que cada parte, tomada isoladamente, seja analisável em um pequeno número de funções recorrentes, de modo que as várias funções discriminadas por Propp

---

7 Ibid., p.36-8.

constituiriam, na verdade, o grupo das transformações de uma única e mesma função.[8]

Seguiremos essa sugestão na presente análise; mas veremos que a noção de transformação tomará aqui um sentido bem diferente.

A justaposição de 1 e 2 já nos mostra uma primeira diferença. 1 descreve uma ação simples e que realmente aconteceu; 2, por outro lado, evoca duas ações simultaneamente. Se no conto se lê: "Não diga nada a Baba Yaga, caso ela venha" (exemplo de Propp), existe, por um lado, a ação possível mas não real da informação de Baba Yaga; por outro, a ação atual de proibição. Em outras palavras, a ação de informar (ou dizer) não é apresentada no modo indicativo, mas como uma obrigação negativa.

Se compararmos 1 e 3, outra diferença vem à luz. O fato de que um dos membros da família (o pai, a mãe) esteja fora de casa é de natureza diferente do fato de que uma das crianças viole a proibição. O primeiro descreve um estado que dura um tempo indefinido; o segundo, uma ação pontual. Nos termos de Tomachevski, o primeiro é um motivo estático, o segundo, um motivo dinâmico: um estabelece a situação; o outro a modifica.

Se agora compararmos 4 e 5, perceberemos outra possibilidade de levar a análise mais longe. Na primeira proposição, o agressor procura se informar; na segunda, ele se informa. O denominador comum das duas as proposições é a ação de se informar; mas, no primeiro caso, ela é descrita como uma intenção, e no segundo, como algo realizado.

---

8 Lévi-Strauss, La structure et la forme, *Cahiers de l'institut de Science Economique Appliquée*, p.27-8.

Poética da prosa

As proposições 6 e 7 apresentam o mesmo caso: primeiro tenta-se enganar, em seguida engana-se. Mas a situação é aqui mais complexa, pois, ao mesmo tempo em que se passa da intenção à realização, resvala-se do ponto de vista do agressor para o da vítima. Uma mesma ação pode ser apresentada sob diferentes perspectivas: "o agressor engana" ou "a vítima é enganada"; nem por isso deixa de ser uma única ação.

A proposição 9 nos permite outra especificação. Essa proposição não designa uma nova ação, mas o fato de o herói tomar conhecimento dela. A 4 descrevia, aliás, uma situação semelhante: o agressor tenta se *informar*; mas informar-se, aprender, saber, são ações de segundo grau, elas pressupõem outra ação (ou outro atributo), que deve ser, precisamente, aprendida.

Em 10 encontramos outra forma já observada: antes de sair de casa, o herói decide sair de casa. Ainda uma vez, não se pode colocar a decisão no mesmo plano que a partida, pois uma pressupõe a outra. No primeiro caso, a ação é um desejo, uma obrigação ou uma intenção; no segundo, ela realmente acontece. Propp acrescenta também que se trata do "início da reação"; mas "iniciar" não é uma ação por inteiro, é o aspecto (inceptivo) de outra ação.

Não é necessário ir adiante para ilustrar o princípio que defendemos. Já pressentimos a possibilidade de, a cada vez, levar a análise sempre mais longe. Notemos, entretanto, que essa crítica traz à tona diferentes aspectos da narrativa, dos quais manteremos apenas um. Não nos alongaremos mais quanto à ausência de distinção entre motivos estáticos e dinâmicos (adjetivos e verbos). Claude Bremond enfatizou outra categoria negligenciada por Propp (e por Dundes): não se devem confundir duas ações diferentes com duas perspectivas sobre a mesma ação. O *perspectivismo* próprio da narrativa não deve ser "reduzido"; ao contrário, ele representa uma de suas características mais importantes. Ou, como escreve Bremond:

> A possibilidade e a obrigação de passar assim, por meio da conversão dos pontos de vista, da perspectiva de um agente àquela de um outro, são essenciais [...] Elas implicam a impugnação, no nível de análise em que trabalhamos, das noções de "herói", de "vilão" etc., concebidas como placas presas para sempre nas costas das personagens. Cada agente é seu próprio herói. Seus parceiros são qualificados, em sua perspectiva, como aliados, adversários etc. Essas qualificações se invertem quando passamos de uma perspectiva para outra.[9]

E, em outro lugar: "A mesma sequência de eventos admite estruturações diferentes, dependendo de como a construímos em função dos interesses desse ou daquele participante".[10]

Mas esse é outro ponto de vista que manterei aqui. Propp rejeita qualquer análise paradigmática da narrativa. Essa rejeição é explicitamente formulada: "Presumiríamos que a função A excluísse algumas outras funções, pertencentes a outros contos. Poderíamos esperar encontrar vários pivôs, mas o pivô é o mesmo para todos os contos maravilhosos".[11] Ou ainda: "Se lermos todas as funções em sequência, veremos que uma função resulta da outra por uma necessidade lógica e artística. Vemos, de

---

9 Bremond, La logique des possibles narratifs, *Communications*, p.64.

10 Id., Postérité américaine de Propp, *Communications*, p.162.

11 Propp, op. cit., p.32.

Poética da prosa

fato, que nenhuma função exclui a outra. Todas elas pertencem ao mesmo pivô, e não a vários pivôs".[12]

É verdade que, no decurso da análise, Propp é levado a con tradizer seu próprio princípio, mas, a despeito de algumas observações paradigmáticas "selvagens", sua análise se mantém fundamentalmente sintagmática. Foi o que provocou uma reação, igualmente inadmissível a nosso ver, de alguns comentadores de Propp (Lévi-Strauss e Greimas), que rejeitam qualquer pertinência à ordem sintagmática, à sucessão, e se encerram em um paradigmatismo igualmente exclusivo. Basta citar uma frase de Lévi-Strauss: "A ordem de sucessão cronológica se dissipa em uma estrutura matricial atemporal"[13] ou de Greimas: "A redução, tal como a operamos, exigiu uma interpretação paradigmática e acrônica das relações entre funções [...] Essa interpretação paradigmática, condição mesma do entendimento do significado da narrativa em sua totalidade..." etc.[14] Recusamo-nos, de nossa parte, a escolher entre uma ou outra dessas duas perspectivas; seria inaceitável privar a análise da narrativa do duplo benefício que pode ser auferido dos estudos sintagmáticos de Propp e das análises paradigmáticas de um Lévi-Strauss.

No caso que nos interessa aqui, e para identificar a categoria da *transformação*, fundamental para a gramática narrativa, devemos combater a rejeição, por Propp, de qualquer perspectiva paradigmática. Não sendo idênticos entre si, os predicados que encontramos ao longo da cadeia sintagmática são comparáveis, e a análise só tem a ganhar ao pôr em evidência as relações que eles mantêm entre si.

---

12 Ibid., p.72.
13 Lévi-Strauss, op. cit., p.29.
14 Greimas, op. cit., p.204.

Tzvetan Todorov

Descrição

Por razões de terminologia, começarei por notar que o termo "transformação", em Propp, surge no sentido de uma transformação semântica, não sintática; que a encontramos em Claude Lévi-Strauss e A.-J. Greimas com um sentido semelhante, mas, como veremos, muito mais restrito; que a encontramos, enfim, na teoria linguística atual com um sentido técnico, que não é exatamente o nosso.

Diz-se que duas proposições estão em relação de transformação quando um predicado permanece idêntico em ambas. Seremos obrigados a distinguir de imediato entre dois tipos de transformação. Chamemos o primeiro de *transformações simples* (ou *especificações*): elas consistem em modificar (ou em acrescentar) um certo operador que especifica o predicado. Os predicados básicos podem ser considerados como sendo dotados de um operador zero. Esse fenômeno lembra, na língua, o processo do auxílio, entendido em sentido amplo: ou seja, o caso em que um verbo acompanha o verbo principal, especificando-o ("X começa a trabalhar"). Não se deve esquecer, todavia, que nos colocamos na perspectiva de uma gramática lógica e universal, não naquela de uma língua específica; não insistiremos no fato de que em francês, por exemplo, esse operador poderia ser designado por formas linguísticas diversas: verbos auxiliares, advérbios, partículas e outros termos lexicais.

O segundo tipo será o das *transformações complexas* (ou *reações*), caracterizadas pelo aparecimento de um segundo predicado que é enxertado no primeiro e não pode existir independente dele. Enquanto no caso das transformações simples há um só predicado e, por conseguinte, um único sujeito, no caso das

Poética da prosa

transformações complexas a presença de dois predicados possibilita a existência de um ou dois sujeitos. "X pensa que matou sua mãe" é, tal como "Y pensa que X matou a mãe", uma transformação complexa da proposição "X matou sua mãe".

Notemos aqui que a derivação descrita é puramente lógica, não psicológica: diremos que "X decide matar sua mãe" é a transformação de "X mata sua mãe", embora psicologicamente a relação seja a inversa. A "psicologia" intervém aqui como objeto de conhecimento, não como instrumento de trabalho: as transformações complexas designam, como se vê, operações psíquicas ou a relação entre um evento e sua representação.

A transformação tem, aparentemente, dois limites. Por um lado, *ainda* não há transformação se a mudança de operador não pode ser estabelecida de forma evidente. Por outro, não há *mais* transformação se, em vez de duas "trans-formas" de um mesmo predicado, encontramos dois predicados autônomos. O caso mais próximo dos predicados transformados, que devemos distinguir com cuidado, será o das ações que são *consequência*s umas das outras (relação de implicação, de motivação, de pressuposição). Por exemplo, nas orações "X odeia sua mãe" e "X mata sua mãe", elas não têm mais um predicado em comum e a relação entre ambas não é de transformação. Um caso mais próximo ainda, aparentemente, é o das ações que designamos com verbos causativos: "X incita Y a matar sua mãe", "X faz com que Y mate sua mãe" etc. Muito embora tal frase evoque uma transformação complexa, nos deparamos aqui com dois predicados independentes e uma consequência; a confusão vem do fato de a primeira ação ficar totalmente escamoteada, só conservamos sua finalidade (não nos foi explicado como X "incita" ou "faz" etc.).

Para enumerar as diferentes espécies de transformações, adotarei uma dupla hipótese. De início, limitarei as ações consideradas àquelas que o léxico francês codifica, sob a forma de verbos com complemento. Por outro lado, na descrição de cada espécie, utilizarei termos que muitas vezes coincidem com as categorias gramaticais. Essas duas suposições poderiam ser modificadas sem que a existência da transformação narrativa fosse questionada por isso. Os verbos agrupados no interior de um tipo de transformação são reunidos pela relação entre o predicado básico e o predicado transformado. Eles se separam, entretanto, pelas pressuposições implícitas em seu sentido. Por exemplo, "X confirma que Y matou sua mãe" e "X revela que Y matou sua mãe" operam a mesma transformação de descrição, mas "confirmar" pressupõe que esse fato já era conhecido, "revelar", que X é o primeiro a afirmá-lo.

I. *Transformações simples*

1. Transformações de modo. A língua exprime essas transformações, relacionadas com a possibilidade, a impossibilidade ou a necessidade de uma ação por meio de verbos modais como *devoir, pouvoir* [dever e poder] ou por um de seus substitutos. A proibição, muito frequente na narrativa, é uma necessidade negativa. Um exemplo de ação é: "X deve cometer um crime".

2. Transformações de intenção. Nesse caso, indica-se a intenção que o sujeito da frase tem de cumprir uma ação, e não a ação ela mesma. Esse operador é formulado na língua por intermédio de verbos como: *essayer, projeter, préméditer* [tentar, planejar, premeditar]. Exemplo: "X planeja cometer um crime".

3. Transformações de resultado. Enquanto, no caso precedente, a ação era vista em estado emergente, o presente tipo de transformação a formula como já concluída. Em francês, designa-se essa ação com verbos como *reussir à, parvenir à, obtenir* [conseguir, chegar a, obter]; nas línguas eslavas, é o aspecto perfectivo do verbo que denota o mesmo fenômeno. É interessante notar que as transformações de intenção e de resultado, precedentes e posteriores ao mesmo predicado de operador zero, já haviam sido descritas por Claude Bremond sob a denominação de "tríade"; mas esse autor considera-as como ações independentes, casualmente encadeadas, e não como transformações. Nosso exemplo torna-se: "X consegue cometer um crime".

4. Transformações de maneira. Todos os outros grupos de transformações desse primeiro tipo poderiam ser caracterizados como "transformações de maneira": especifica-se a maneira como se desenrola uma ação. Todavia, isolei dois subgrupos mais homogêneos, reunindo nessa seção fenômenos bastante variados. A língua designa essa transformação, sobretudo por meio de advérbios; mas encontraremos com frequência verbos auxiliares com a mesma função: *s'empresser de, oser, exceller à, s'acharner à* [apressar-se, ousar, distinguir-se, empenhar-se]. Um grupo relativamente coerente será formado pelos índices de intensidade, dos quais uma forma se encontra no comparativo e no superlativo. Nosso exemplo torna-se, aqui: "X se apressa a cometer um crime".

5. Transformações de aspecto. A.-J. Greimas já indicou a proximidade existente entre os advérbios de maneira e os aspectos do verbo. Em francês, o aspecto encontra sua expressão menos ambígua em verbos auxiliares como *commencer, être en train de, finir* [começar, estar fazendo, acabar] (inceptivo, progressivo, terminativo). Vamos destacar a proximidade referencial entre os aspectos inceptivo e terminativo e as transformações de intenção e de resultado; mas a categorização dos fenômenos é diferente, as ideias de finalidade e de vontade estão aqui ausentes. Outros aspectos são o durativo, o pontual, o iterativo, o suspensivo etc. O exemplo torna-se: "X começa a cometer um crime".

6. *Transformações de estatuto.* Retomando o termo "estatuto", no sentido conferido a ele por B. L. Whorf, pode-se designar assim a substituição da forma positiva de um predicado pela forma negativa ou pela forma oposta. Como se sabe, o francês exprime a negação com "*ne... pas*", a oposição, com uma substituição lexical. Esse grupo de transformações já tinha sido assinalado, de forma bem sucinta, por Propp; é ao mesmo tipo de operação a que se refere sobretudo Lévi-Strauss ao falar de transformações ("poderíamos tratar a 'violação' como o inverso da 'proibição', e esta, como uma transformação negativa da 'injunção'");[15] é seguido nessa via por Greimas, o qual se apoia nos modelos lógicos descritos por Brondal e Blanche. Nosso exemplo torna-se: "X não comete um crime".

2. Transformações complexas

1. *Transformações de aparência.* Voltamo-nos agora para o segundo grande tipo de transformações, aquelas que produzem não uma especificação do predicado inicial, mas a adição de uma ação derivada à ação principal. As transformações que chamo "de aparência" indicam a substituição de um predicado por outro, este último podendo se passar pelo primeiro, sem na verdade sê-lo. Em francês, designa-se uma transformação como esta com os verbos *feindre, faire semblant, pretendre, travestir* [fingir, fazer de conta, dar-se ares de, disfarçar] etc.; essas ações baseiam-se, como se vê,

---

15 Lévi-Strauss, op. cit., p.28.

na distinção entre ser e parecer, ausente em certas culturas. Em todos esses casos, a ação do primeiro predicado não é realizada. Nosso exemplo será: "X (ou Y) finge que X comete um crime".

2. *Transformações de conhecimento.* Diante dessas dissimulações, é possível conceber um tipo de transformação que descrevem precisamente a tomada de conhecimento relativa a uma ação denotada por outro predicado. Verbos como *observer, apprendre, deviner, savoir, ignorer* [observar, ficar sabendo, adivinhar, saber, ignorar] descrevem as diferentes fases e modalidades do conhecimento. Propp já havia mencionado a autonomia dessas ações,[16] mas sem lhes atribuir muita importância. Nesse caso, o sujeito dos dois verbos costuma ser diferente. Mas não é impossível manter o sujeito idêntico: isso nos remete a histórias que relatam uma perda da memória, ações inconscientes etc. Nosso exemplo, portanto, transforma-se em: "X (ou Y) fica sabendo que X cometeu um crime".

3. *Transformações de descrição.* Esse grupo se encontra igualmente em uma relação complementar com as transformações de conhecimento; ele reúne as ações destinadas a provocar o conhecimento. Será, em francês, um subconjunto dos "verbos de elocução" que geralmente aparecerá nessa função: os verbos constatativos, os verbos performativos que indicam as ações autônomas. Assim: *raconter, dire, expliquer* [contar, dizer, explicar]. O exemplo será então: "X (ou Y) conta que X cometeu um crime".

4. *Transformações de suposição.* Um subconjunto dos verbos descritivos refere-se a atos que ainda não aconteceram, como *prevoir, pressentir, soupçonner, s'attendre* [prever, pressentir, suspeitar, esperar]: aqui nos defrontamos com a predição: em oposição às outras

---

16 Propp, op. cit., p.80.

transformações, a ação designada pelo predicado principal se situa no futuro, não no presente ou no passado. Observemos que diversas transformações podem denotar elementos de situação comuns. Por exemplo, as transformações de modo, intenção, aparência e suposição implicam, todas, que o evento indicado pela proposição principal não ocorreu; mas a cada vez uma categoria diferente entra em jogo. O exemplo transforma-se em: "X (ou Y) pressente que X cometerá um crime".

5. *Transformações de subjetivação*. Entramos aqui em outra esfera: enquanto as quatro transformações precedentes tratavam da relação entre discurso e objeto do discurso, conhecimento e objeto do conhecimento, as transformações seguintes relacionam-se à atitude do sujeito da proposição. As transformações de subjetivação se referem a ações indicadas pelos verbos *croire, penser, avoir l'impression, considerer* [acreditar, achar, ter a impressão, considerar] etc. Tal transformação não modifica realmente a proposição principal, mas a atribui, como constatação, a um sujeito qualquer: "X (ou Y) acha que X cometeu um crime". Notemos que a proposição inicial pode ser verdadeira ou falsa: posso acreditar em uma coisa que não aconteceu realmente. Somos introduzidos, desse modo, na problemática do "narrador" e do "ponto de vista": enquanto "X cometeu um crime" é uma proposição que não é apresentada em nome de nenhuma pessoa específica (mas do autor – ou do leitor – onisciente), "X (ou Y) acha que X cometeu um crime" é o vestígio deixado pelo mesmo evento em um indivíduo.

6. *Transformações de atitude*. Refiro-me com esse termo às descrições do estado provocado no sujeito pela ação principal, durante sua vigência. Próximas das transformações de maneira, distinguem-se delas porque aqui a informação suplementar concerne

Poética da prosa

ao sujeito, e lá, ao predicado: trata-se, pois, no caso presente, de um novo predicado, e não de um operador que especifica o primeiro. É o que exprimem verbos como *se plaire, repugner, se moquer* [comprazer, repugnar, zombar]. Nosso exemplo torna-se: "X se compraz em cometer um crime" ou "Repugna a Y que X cometa um crime". As transformações de atitude, como as de conhecimento ou de subjetivação, são especialmente frequentes no que convencionalmente se chama "romance psicológico".

Três observações antes de concluir essa enumeração sucinta.

1. É muito frequente observar que as conjunções de várias transformações sejam designadas por um único termo no léxico de uma língua; não se deve concluir daí que a operação em si é indivisível. Por exemplo, as ações de *condenar* ou de *felicitar* etc. podem ser decompostas em um juízo de valor e em um ato de fala (transformações de atitude e de descrição).

2. Todavia, no momento, ainda nos é impossível fundamentar racionalmente a existência dessas transformações, e a ausência de qualquer outra; provavelmente isso nem seja desejável antes que possamos acumular um maior número de observações. As categorias de verdade, de conhecimento, de enunciação, de futuro, de subjetividade e de julgamento, que permitem delimitar os grupos de transformações complexas, com certeza não são independentes umas das outras; restrições suplementares regem, sem dúvida, o funcionamento das "trans-formas": só podemos, aqui, assinalar a existência dessas direções de pesquisa e desejar que sejam seguidas.

3. Um problema metodológico de primeira importância e que deixamos deliberadamente de lado é aquele da passagem entre o texto observado e nossos termos descritivos. Trata-se de um problema particularmente atual em análise literária,

em que a substituição de uma parte do texto presente por um termo que não figura nela sempre foi taxada de sacrílega. Uma clivagem parece se esboçar aqui entre duas tendências na análise da narrativa: uma, a análise proposicional ou sêmica, elabora suas unidades; a outra, a análise léxica, as encontra tais como são no texto. Também aqui apenas as pesquisas futuras provarão a maior utilidade de uma ou outra via.

Aplicação

A aplicação da noção de transformação na descrição dos predicados narrativos me parece dispensar comentários. Outra aplicação evidente é a possibilidade de caracterizar textos pela predominância quantitativa ou qualitativa de tal ou qual tipo de transformação. A análise da narrativa muitas vezes é criticada por ser incapaz de explicar a complexidade dos textos literários. Ora, a noção de transformação permite a um só tempo superar essa objeção e estabelecer as bases de uma tipologia dos textos. Tentei demonstrar, por exemplo, que *A demanda do Santo Graal* se caracterizava pelo papel executado por dois tipos de transformações: por um lado, todos os eventos que ocorrem são anunciados com antecedência; por outro, depois de sucedidos, eles recebem uma nova interpretação, em um código simbólico particular. Em outro exemplo, as novelas de Henry James, tentei indicar o lugar das transformações de conhecimento: elas dominam e determinam o desenvolvimento linear da narrativa. Ao falar de tipologia, é claro que se deve considerar o fato de que uma tipologia dos textos só pode ser pluridimensional, e que as transformações correspondem a uma só dimensão.

Pode-se tomar como outro exemplo de aplicação um problema da teoria da narrativa já discutido antes: o da definição da

Poética da prosa

sequência narrativa. A noção de transformação permite elucidar esse problema ou, inclusive, resolvê-lo.

Vários representantes do formalismo russo tentaram definir a sequência. Chklovski dedica-se a tal em seu estudo sobre "A construção do conto e do romance". Ele afirma de início a existência, em cada um de nós, de uma faculdade de julgamento (ou, como se diz hoje: de uma competência) que nos permite decidir se uma sequência narrativa está completa ou não. "Não basta uma simples imagem, um simples paralelo, nem mesmo a simples descrição de um acontecimento para que tenhamos a impressão de estar diante de um conto".[17] "Está claro que os extratos citados não são contos; essa impressão não depende de suas dimensões".[18] "Tem-se a impressão de que o conto não está terminado"[19] etc. Essa "impressão" é, pois, incontestável, mas Chklovski não é capaz de explicitá-la e declara imediatamente seu fracasso: "Não posso ainda dizer qual qualidade deve caracterizar o motivo, nem como os motivos devem se combinar de modo a se obter um tema".[20] Se, entretanto, retomarmos as análises específicas que ele realiza após essa declaração, veremos que a solução, embora não formulada, já está presente em seu texto.

De fato, depois de cada exemplo analisado, Chklovski formula a regra que parece funcionar no caso específico. Assim: "O conto exige não somente a ação, mas também a reação, exige uma falta de coincidência".[21] "O motivo da falsa impossibilidade também se fundamenta em uma contradição. Em uma predição,

---

17 *TL*, p.170.
18 Ibid., p.175.
19 Ibid., p.176.
20 Ibid., p.170.
21 Ibid., p.172.

por exemplo, essa contradição se estabelece entre as intenções das personagens, que tentam evitar a predição e o fato de ela se realizar (o motivo de Édipo)".[22] "No início, nos apresentam uma situação sem saída, em seguida uma solução espiritual. Os contos em que se propõe e se decifra um enigma referem-se ao mesmo caso [...] Esse gênero de motivos implica a seguinte sucessão: o inocente está sujeito a ser acusado, ele é acusado e, por fim, absolvido".[23] "Esse caráter finalizado provém do fato de que, após termos sido enganados por um falso reconhecimento, é-nos revelada a verdadeira situação. Assim, a fórmula é respeitada".[24] "Esse novo motivo se inscreve paralelamente ao relato anterior e, graças a isso, a novela parece concluída".[25]

Podemos resumir esses seis casos particulares analisados por Chklovski da seguinte maneira: a sequência concluída e completa exige a existência de dois elementos, que podem ser transcritos como se segue:

1) relação entre personagens	— relação entre personagens invertida
2) predição	— realização da predição
3) enigma proposto	— enigma resolvido
4) falsa acusação	— acusação descartada
5) apresentação deformada dos fatos	— apresentação correta dos fatos
6) motivo	— motivo paralelo

Percebemos agora qual é a noção que teria possibilitado a Chklovski unificar esses seis casos particulares em uma "fórmula":

---

22 Ibid., p.172-3.
23 Ibid., p.173.
24 Ibid., p.175.
25 Ibid., p.177.

Poética da prosa

é precisamente a transformação. A sequência implica a existência de duas situações distintas, em que cada uma pode ser descrita com o auxílio de um pequeno número de orações; entre pelo menos uma proposição de cada situação deve existir uma relação de transformação. Podemos de fato reconhecer os grupos de transformações identificados anteriormente. No caso 1), trata-se de uma transformação de estatuto: positivo-negativo; em 2), de uma transformação de suposição: predição-realização; em 3), 4) e 5), de uma transformação de conhecimento: a ignorância ou o erro são substituídos por um saber correto; em 6), enfim, estamos diante de uma transformação de maneira: mais ou menos forte. Acrescentemos que existem também narrativas com transformação zero: aquelas em que o esforço para modificar a situação precedente fracassa (sua presença é, entretanto, necessária para que se possa falar de sequência e de narrativa).

É claro que essa fórmula é muito geral: sua utilidade é estabelecer um quadro para o estudo de qualquer narrativa. Ela possibilita unificar as narrativas, mas não distingui-las; para realizar esta última tarefa, devem-se catalogar os diferentes meios de que a narrativa dispõe para refinar essa fórmula. Sem entrar em detalhes, afirmamos que essa especificação atua de duas maneiras: por adição e por subdivisão. No plano funcional, essa mesma oposição corresponde às proposições *facultativas* e *alternativas*: no primeiro caso, a proposição aparece ou não; no segundo, pelo menos uma das proposições alternativas deve obrigatoriamente estar presente na sequência.[26] Evidentemente, a própria natureza da transformação já especifica o tipo de sequência.

---

26 Todorov, *Grammaire du Décaméron*, p.58-9.

Poderíamos nos perguntar, enfim, se a noção de transformação é um puro artifício descritivo ou se ela nos possibilita, de maneira mais essencial, compreender a própria natureza da narrativa. Inclino-me pela segunda resposta; eis o porquê. A narrativa se constitui na tensão de duas categorias formais, a diferença e a semelhança; a presença exclusiva de uma dentre elas nos conduz a um tipo de discurso que não é narrativa. Se os predicados não mudam, estamos aquém da narrativa, na imobilidade do psitacismo; mas, se eles não se assemelham, estamos além da narrativa, em uma reportagem ideal, toda forjada de diferenças. O simples relato de fatos sucessivos não constitui uma narrativa: é preciso que esses fatos sejam organizados, ou seja, afinal, que eles tenham elementos em comum. Mas, se todos os elementos forem comuns, não há mais narrativa, pois não há mais nada a contar. Ora, a transformação representa justamente uma síntese entre a diferença e a semelhança, ela conecta dois fatos sem que estes sejam capazes de se identificar. Mais do que "duas faces de uma mesma moeda", é uma operação com duplo sentido: afirma a um só tempo a semelhança e a diferença; aciona o tempo e o suspende em um só movimento; permite ao discurso adquirir um sentido sem que este se transforme em pura informação; em suma: ela torna a narrativa possível e nos fornece sua própria definição.

1969

16
Como ler?

Com um gesto que apenas aparentemente contradiz este título, gostaria de questionar aqui as modalidades e os meios da escrita, quando ela toma o texto literário como objeto. Mais do que em uma teoria geral do entendimento e da exegese, é na descrição de uma prática que se faz e se desfaz dia a dia que me concentrarei. Descrição que se organizará seguindo as exigências de uma ordem, como em qualquer outra descrição que, entretanto, prejulga a resposta que só poderei alcançar no final deste texto. A resposta precede assim a questão, e escrever sobre "como ler?" implica renunciar a qualquer recondução a um início absoluto.

Lembremos, para começar, algumas banalidades.

Chamarei de *projeção* uma "primeira" atividade sobre o texto literário (as aspas significam que ela é apenas a primeira na minha ordem), que foi com muita frequência atacada no último século, fora da França sobretudo, mas que continua predominando nas instituições, tanto aqui como em outros lugares. A atitude projetiva define-se por uma concepção do texto literário como transposição feita a partir de uma série original. O autor contribuiu com uma primeira passagem, do original para a obra; cabe ao crítico nos fazer percorrer o caminho inverso, de fechar o círculo, retornando ao original. Haverá tantas projeções quantas acepções sobre o que constitui a origem. Caso se pense que é a vida do autor, obter-se-á uma projeção biográfica ou psicanalítica (primeira maneira): a obra é um meio para se chegar ao "homem". Caso se postule que o original é constituído pela realidade social contemporânea à publicação do livro ou aos acontecimentos representados, encontra-se a crítica (a projeção) sociológica, em todas as suas variedades. Por fim, quando o ponto de partida presumido é o "espírito humano", com suas propriedades intemporais, temos uma projeção filosófica ou antropológica (existe mais de uma!). Mas, seja qual for a ideia que esse leitor faça da natureza do original, ele participa sempre de uma mesma atitude reducionista e instrumentalista em relação ao texto.

Designemos pela palavra *comentário* uma segunda atitude, complementar e oposta. Nascido das dificuldades advindas da compreensão imediata de alguns textos, o comentário se define por sua interioridade relativa à obra comentada: ele procura esclarecer o sentido, não traduzir. O comentador se recusa a omitir o que quer que seja do texto-objeto, assim como exclui qualquer suplemento que poderia nele se inserir; a fidelidade é ao mesmo tempo seu princípio diretor e o critério de seu sucesso. O limite do comentário é a paráfrase (cujo limite é a reiteração), o comentário é infinitamente particular, donde provavelmente a ausência de uma teoria do comentário (nesse sentido da palavra). Sob o nome de "explicação de texto", constituiu o exercício escolar fundamental do ensino literário durante muitos anos. As ambições limitadas que lhe são próprias lhe garantem uma relativa invulnerabilidade; relativa, mas a um custo alto.

Galgamos mais um degrau abordando um terceiro tipo de trabalho sobre o texto, que se pode chamar *poético*. O objeto da poética é constituído pelas propriedades do discurso literário. As obras particulares são as instâncias que exemplificam essas mesmas propriedades. A poética se assemelha – de longe – à projeção. Ambas consideram a obra individual como um produto; mas a semelhança para por aí: no caso da projeção, o texto é produzido por uma série heterogênea (a vida do autor, as condições sociais, as propriedades do espírito humano). Para a poética, em contrapartida, o texto é o produto de um mecanismo fictício e, no entanto, bem real: a literatura. Assim, o objeto da *Poética* de Aristóteles não é tal ou qual poema de Homero ou tal ou qual tragédia de Ésquilo, mas a tragédia ou a epopeia.

O discurso da poética não é mais novo que aquele da projeção ou do comentário. Porém, nosso século viu um renascimento dos estudos de poética, ligado a várias escolas críticas: o Formalismo russo, a escola morfológica alemã, o *New Criticism* anglo-saxão, os estudos estruturais na França (segundo a ordem de surgimento). Essas escolas críticas (sejam quais forem as divergências entre elas) situam-se em um nível qualitativamente diferente do de qualquer outra tendência crítica, na medida em que não procuram nomear o sentido do texto, mas descrever seus elementos constitutivos. Por isso, o método da poética se assemelha ao que um dia se convencionará chamar de "a ciência da literatura". Em 1919, Jakobson resumia em uma breve fórmula o que constitui o ponto de partida da poética: "Se os estudos literários quiserem vir a se tornar uma ciência, devem reconhecer o 'procedimento' como sua personagem única". Bem mais que pelas obras, o objeto da poética será constituído pelos "procedimentos" literários, ou seja, por conceitos que descrevem o funcionamento do discurso literário.

O ponto de chegada de um estudo da poética é sempre o "geral", ou seja, a literatura ou uma de suas subdivisões (os gêneros): quer parta da análise de uma obra particular, quer se mantenha no campo do discurso teórico, e isso independentemente do fato de que o próprio desenvolvimento do estudo consistirá, com mais frequência, em um vaivém contínuo entre o texto analisado e a teoria. Com efeito, vê-se facilmente que um método inverso, do geral ao particular, só pode ter um interesse didático. Recuperando os traços universais da literatura em uma obra individual, apenas vai se ilustrar, ao infinito, as premissas que teriam sido postas. Um estudo de poética, ao contrário, deve desembocar em conclusões que completem ou modifiquem as premissas iniciais.

Pôde-se recriminar a poética pela desatenção à especificidade do texto individual e sua preocupação em definir e estudar os conceitos abstratos que não têm existência perceptível. Essa recriminação faz parte, em termos históricos, de uma atitude que já causou muitos danos à crítica literária e que será designada, na falta de uma expressão melhor, como atitude de "se fazer de avestruz". Negar a legitimidade de uma teoria geral da literatura nunca equivaleu à ausência de tal teoria, mas apenas a uma posição que leva a não tornar essa teoria explícita, a não se interrogar sobre o *status* dos conceitos utilizados. A partir do instante em que se produz um discurso sobre a literatura, baseia-se, querendo ou não, em uma concepção geral do texto literário; a poética é o lugar da elaboração dessa concepção. No plano teórico, essa recriminação nos remete a uma confusão que a história da ciência conhece bem: aquela do objeto real e do objeto do conhecimento.

Mas, caso se queira evitar a objeção de que não sobra mais nenhum lugar para o estudo da obra particular, é preciso apresentar, em contraposição à poética, outra atividade que se convencionará chamar a *leitura*. O objeto da leitura é o texto singular; sua finalidade, desmontar seu sistema. A leitura consiste em relacionar cada elemento do texto com todos os outros, estando estes repertoriados não em sua significação geral, mas com vistas a esse único emprego. Vê-se que, em teoria, ela toca o impossível. Ela quer tomar a obra, com a ajuda da linguagem, como pura diferença, enquanto a própria linguagem repousa sobre a semelhança e nomeia o genérico, não o individual. A expressão "sistema do texto" é um oximoro. Resta possível na exata medida em que a diferença (a especificidade, a singularidade) não é pura. O trabalho de leitura consiste sempre, em maior ou menor grau, não em obliterar a diferença, mas em desmontá-la, a apresentá-la como um *efeito de diferença* do qual se pode conhecer o funcionamento. Sem jamais "alcançar" o texto, a leitura poderá se aproximar dele infinitamente.

Distingamos a leitura dos outros tipos de atividade que acabamos de descrever. A diferença é dupla em relação à projeção: esta aqui rejeita tanto a autonomia da obra como sua particularidade. A relação com o comentário é mais complexa: o comentário é uma leitura atomizada; a leitura, um comentário sistemático. Mas quem busca o sistema deve renunciar ao princípio de fidelidade literal que funda, como se viu, a atividade do comentador. No trabalho de leitura, o crítico será levado a colocar provisoriamente entre parênteses certas partes do texto, reformular outras, completar aquelas nas quais detecta uma ausência significativa. Derrida, que produziu recentemente algumas leituras filosóficas exemplares, diz: "Reciprocamente, não leria nem mesmo aquele cuja 'prudência metodológica', as 'normas de objetividade' e 'salvaguardas do saber' impedissem de pôr algo de seu". Não se tem acesso diretamente à fidelidade, ela tem de ser conquistada; ela implica abandonos frequentes, mas não irresponsáveis.

A relação da leitura com a poética tampouco é simples: uma não é o inverso da outra ou o complemento simétrico da outra. A leitura pressupõe a poética: encontra nela seus conceitos, pois seu objeto é outro: um texto. O aparelho da poética deixa de ser uma finalidade em si para se tornar um instrumento (indispensável) na pesquisa e na descrição do sistema individual.

O quadro assim esboçado permanece ainda demasiado amplo: para especificá-lo, devemos distinguir a leitura de seus parentes mais próximos. Por esse motivo, vou contrapô-la a duas outras atividades que chamarei, restringindo o sentido das palavras, de *interpretação e descrição*.

O termo *interpretação* se refere aqui a toda substituição do texto presente por outro texto, a todo método que procure descobrir, através do tecido textual aparente, um segundo texto mais autêntico. Sabe-se que a interpretação dominou a tradição ocidental, das exegeses alegóricas e teológicas da Idade Média até a hermenêutica contemporânea. A concepção do texto como palimpsesto não é estranha à leitura; mas, em vez de substituir um texto por outro, esta última descreve a relação entre ambos. Para a leitura, o texto nunca é outro, ele é múltiplo.

Essa recusa da substituição é radical, e abrange também as interpretações psicanalíticas. Certa doutrina, hoje ultrapassada, queria que o sistema da obra fosse constituído pelas intenções

Poética da prosa

conscientes do autor; nos dias atuais, em uma inversão demasiadamente simétrica, dizem-nos que são os desejos inconscientes desse mesmo autor que formariam o sistema. A leitura do texto literário não saberia ser "sintomática", ou seja, visando reconstituir um segundo texto que se articula em torno dos lapsos do primeiro; ela não saberia privilegiar o inconsciente (não mais que a consciência) procurando obrigatoriamente um sistema "despercebido" do escritor. A oposição entre inconsciente e consciente nos remete a um fora-do-texto cuja leitura não nos interessa/de nada nos serve.

Dessa recusa em privilegiar os elementos inconscientes (ou conscientes) de um sistema, não se deve concluir uma recusa generalizada de privilegiar uma parte qualquer da obra, uma leitura monótona que atribua a toda frase do texto, a qualquer elemento da frase a mesma importância. Existem pontos de focalização, nós que dominam o resto de maneira estratégica. Mas não se poderia aplicar, para descobrir esses nós, um procedimento que se apoie em critérios exteriores. Eles serão escolhidos em função de seu papel na obra, não de seu lugar na psique do autor. É essa mesma escolha que situa uma leitura em relação a outra, e é essa atenção preferencial que determina a existência de um número indefinido de leituras. Se a leitura não privilegiasse certos pontos do texto, ela poderia se esgotar com rapidez; estaria fixada de uma vez por todas a "boa" leitura de cada obra. A escolha dos nós, que pode variar infinitamente, produz em contrapartida a variedade de leituras que conhecemos; é ela que nos faz falar de uma leitura mais ou menos rica (e não apenas verdadeira ou falsa), de uma estratégia mais ou menos apropriada.

Distingue-se, por outro lado, a leitura da *descrição*, termo com o qual me refiro aos trabalhos de inspiração linguística

Tzvetan Todorov

dedicados essencialmente à análise da poesia. A diferença aqui não está na direção geral do estudo, mas na escolha dos pressupostos metodológicos particulares. Enumeremos os principais:

1) Para a descrição, todas as categorias do discurso literário estão dadas de antemão, de uma vez por todas, e a obra particular situa-se em relação a elas como um novo produto químico em relação à tabela periódica de Mendeleiev, que é intemporal. Somente a combinação é nova, a combinatória permanece sempre a mesma; ou ainda, as regras permanecem as mesmas, só muda a ordem de sua aplicação. Na perspectiva da leitura, o texto é ao mesmo tempo produto de um sistema de categorias literárias preexistentes e transformação desse mesmo sistema; o novo texto modifica a própria combinatória de que ele é produto, ele muda não só a ordem de aplicação das regras, mas sua natureza. A única exceção – que apenas confirma a regra – são as obras pertencentes ao que chamamos "literatura de massa" e que se deixam deduzir inteiramente a partir de seu gênero, tal como ele já se manifestou antes. Não possuindo os meios de descrever como a obra transforma o sistema do qual ela é produto, a descrição afirma implicitamente o pertencimento de todas as obras à "literatura de massa".

2) Para a descrição, as categorias linguísticas de um texto são automaticamente pertinentes no plano literário, na ordem exata segundo a qual elas se organizam na linguagem. Em seu próprio desenvolvimento, a descrição segue a estratificação do objeto linguístico: passa dos traços distintivos aos fonemas, de categorias gramaticais às funções sintáticas, da organização rítmica do verso àquela da estrofe etc. Por isso, todas as categorias gramaticais, por exemplo, logram significar no mesmo plano e umas em relação às outras (como já havia observado

Riffaterre). Quanto à leitura, ela toma para si outro postulado: a obra literária opera um curto-circuito sistemático na autonomia dos níveis linguísticos. Nela, uma forma gramatical é posta em contiguidade com o tema do texto, a constituição fônica ou gráfica de um nome próprio engendrará a sequência da narrativa. A organização do texto literário se faz em torno de uma pertinência que só pertence a ele; aceitar automaticamente aquela da linguagem é submeter o texto, se não a um "fora", pelo menos a um "antes".

3) Para a descrição, a ordem de aparição dos elementos textuais, o desenrolar sintagmático ou temporal não possui nenhuma ou quase nenhuma importância. Como afirma Lévi-Strauss, "a ordem de sucessão cronológica se dissipa na estrutura matricial atemporal". Na prática, a descrição de um poema deve culminar em um diagrama que figure o sistema do texto sob a forma de uma organização espacial. Viu-se que a leitura parte do princípio de que nenhuma parte da obra possa ser declarada *a priori* desprovida de significação, assim como a ordem sintagmática em relação a tal ou qual tema. Qualquer outra posição equivale a um restabelecimento da dicotomia forma-fundo, de um par de termos em que um é essencial, ao passo que o outro, superficial, pode ser descartado sem grande prejuízo.

Essas distinções entre a leitura e seus duplos não devem nos levar a pensar que um abismo os separa, e que nada pode reuni-los. Deve-se precisamente *ler* as interpretações e as descrições, e não rejeitá-las ou aceitá-las em bloco. Sem a prática da descrição, por exemplo, não teríamos sabido como estar atentos aos aspectos fônico e gramatical do texto.

Esse desenho subjacente da leitura já nos familiarizou com certas de suas práticas; tentemos agora detalhá-las um pouco.

O gesto inaugural de toda leitura é uma certa perturbação da ordem aparente do texto. Na linearidade da superfície, a obra se apresenta como uma pura diferença: entre esta obra e as outras, entre uma parte da obra em comparação ao resto; o trabalho de leitura começa pela associação, pela descoberta da semelhança. Nesse sentido, há uma analogia entre a leitura e a tradução, que repousa igualmente sobre a possibilidade de encontrar um equivalente a uma parte do texto. Entretanto, na tradução se orienta o texto em direção de outra série, de um fora-texto, enquanto na leitura se é dirigido para um *in-texto*: trata-se sempre de semelhança intratextual ou intertextual (a palavra "semelhança" é tomada aqui em um sentido geral, próximo daquele de "relação"; esse sentido será especificado em seguida).

Uma *certa* perturbação, dizíamos: pois perturbar não quer dizer ignorar. A ordem aparente não é a única, e nossa tarefa será pôr em evidência *todas* as ordens do texto e de especificar suas inter-relações. A leitura literária não poderá, assim, se modelar à imagem da leitura dos mitos, sobre a qual Lévi-Strauss nos diz: "Considerada em estado bruto, toda cadeia sintagmática deve ser concebida como privada de sentido; quer porque nenhuma significação aparece em um primeiro momento, quer porque se acredita perceber um sentido, mas sem saber se é o bom". Um mesmo gesto, que é a recusa de se contentar com a organização perceptível de um texto, ganha aqui e lá significações diferentes: na perspectiva da leitura, cada camada do texto tem um sentido.

Para simplificar, reduzirei as operações constitutivas da leitura a apenas duas, que chamarei de superposição e figuração, e que examinarei brevemente em dois níveis, contíguos porém distintos, o intratextual e o intertextual.

Poética da prosa

A *superposição intratextual* repousa sobre um princípio que havíamos enunciado anteriormente: a ausência de caráter estanque entre os níveis linguísticos da obra, a possibilidade de passagem imediata de um nível a outro. A superposição terá, pois, como finalidade o estabelecimento não apenas de classes de equivalência, mas de qualquer relação descritível: seja ela de semelhança (no sentido estrito), de oposição, de gradação, ou ainda de causalidade, de conjunção, de disjunção, de exclusão. Um exemplo notável de tal trabalho é o estudo de Boris Eikhenbaum consagrado, há cinquenta anos, à construção do *Capote* de Gogol. Uma análise fônica dos nomes próprios e comuns permite a Eikhenbaum desvendar a organização da narrativa; considerações sobre o ritmo das frases encontram um eco imediato na análise dos temas. Em um estudo publicado recentemente na *Poétique*, Christiane Veschambre mostra o engendramento da narrativa rousseliana a partir de uma análise anagramática dos nomes dos personagens. Esses exemplos, destacando ambos a constituição gráfica ou fônica das palavras, não devem ser tomados como a afirmação de uma predominância legítima e universal da camada significante primeira sobre todas as outras. Supô-lo seria novamente privilegiar de direito uma parte do texto em relação às outras (e, assim, restabelecer a oposição forma-fundo com tudo o que ela implica); seria esquecer que todos os níveis da obra são significantes, embora de uma maneira diferente. Essas análises anagramáticas têm valor mais de exemplo do que de lei universal sobre a estrutura dos textos.

Tomarei como exemplo da segunda operação, que chamarei de *figuração*, outro trabalho do mesmo Eikhenbaum (permanecendo sempre no nível *intratextual*). Em seu estudo consagrado à poetisa russa Anna Akhmatova, ele destaca primeiro a frequência das construções em oximoro, do tipo: "Ela se entristece alegremente paramentada em sua nudez" ou ainda "o outono primaveril", para em seguida emitir sua hipótese de que, em todos os níveis, essa obra obedece à figura de oximoro, que nela se encontra "um estilo particular cuja base é o oximorismo, a surpresa dos encadeamentos; isso se reflete não somente nos detalhes estilísticos, mas também no tema". Assim, no plano da composição: "A estrofe com frequência se subdivide em duas partes entre as quais não há nenhuma ligação semântica". "Um poema se move sem cessar sobre duas paralelas, de modo que é possível dividi-lo em dois, juntando todas as primeiras e todas as segundas metades das estrofes." O mesmo vale para o elemento temático organizador do conjunto, o "eu lírico" na poesia de Akhmatova: "Aqui já começa a se formar a imagem da heroína, paradoxal em sua duplicidade (mais exatamente em seu oximoro): ora pecadora de paixões fogosas, ora irmã dos pobres que pode obter o perdão de Deus".

> A heroína de Akhmatova, que reúne em si toda a cadeia de acontecimentos, de cenas ou de sensações é um oximoro encarnado, a narrativa lírica, cujo centro ela ocupa, move-se por antíteses, paradoxos, esquiva-se de formulações psicológicas; torna-se estranha pela incoerência dos estados da alma. A imagem torna-se enigmática, inquietante, se desdobra, se multiplica. O comovente e o sublime encontram-se ao lado do temível, do terrestre; a simplicidade ladeia a complexidade; a sinceridade, a astúcia e a sedução; a bondade, a ira; a humildade, a paixão e a inveja.

Ainda uma vez, não se pode tomar o exemplo como regra universal, a figura descrita por Eikhenbaum prova ser um oximoro, que é uma figura de retórica bem conhecida; mas deve-se dar ao termo de figura uma maior extensão, tanto mais que as

Poética da prosa

figuras são apenas relações linguísticas que sabemos perceber e dominar: é o ato denominativo que dá origem à figura. A figura que se lerá nos diferentes níveis da obra pode muito bem não se encontrar no repertório das retóricas clássicas. Estudando as novelas de Henry James, deparei-me com uma tal "imagem no tapete"; esquematizando, seria possível resumi-la nesta fórmula: "a essência é ausência, a presença não essencial". Essa mesma "imagem" organiza tão bem os temas quanto a sintaxe de James, a composição da história tanto quanto os "pontos de vista" na narrativa. Não se saberia atribuir *a priori* um estatuto de "principal", de "original" a nenhum desses níveis (os outros sendo a expressão ou a manifestação); em contrapartida, no interior de um texto particular, pode-se descobrir uma hierarquia desse gênero. Vê-se, ademais, que não há ruptura entre a superposição e a figuração: esta prolonga e elabora aquela.

Da mesma forma que o sentido de uma parte da obra não se esgota nela mesma, mas se revela nas relações com as outras partes, uma obra inteira não poderá jamais ser lida de maneira satisfatória e esclarecedora se não for colocada em relação a outras obras, anteriores e contemporâneas. Em um certo sentido, todos os textos podem ser considerados como partes de um só texto que se escreve desde que o tempo existe. Sem ignorar a diferença entre as relações que se estabelecem *in praesentia* (intratextuais) e *in absentia* (intertextuais), não se deve tampouco subestimar a presença de outros textos no texto.

Encontramos nesse nível as duas operações precedentes, embora modificadas. A *figuração* pode operar de uma obra a outra do mesmo autor. É aqui que a noção problemática de "obra de um escritor" pode adquirir pertinência. Os diferentes textos de um autor aparecem como variações uns dos outros, eles se comentam e se esclarecem mutuamente. De maneira não sistemática, esse modo de leitura aparece na crítica desde suas origens; os formalistas russos (Eikhenbaum, Jakobson) souberam dar à figura intertextual muito mais nitidez. Na França, é no trabalho de Charles Mauron que se encontra pela primeira vez uma tendência a ler sistematicamente o texto em palimpsesto, como transformação e comentário de um texto precedente do mesmo autor: a figura torna-se aqui uma "metáfora obsedante". Nem por isso é necessário seguir Mauron quando ele extrapola das obras uma entidade ideal, que lhe seria anterior de direito e de fato, "o mito pessoal": não é necessário postular a existência de um original para considerar os textos particulares como suas transformações; o texto é sempre a transformação de outra transformação.

A figuração é apenas uma das relações possíveis entre textos; só se pode observá-la no interior de uma obra individual. Entre textos de autores diferentes, falar-se-ia de plágio, atividade condenada por nossa cultura. Mas as relações das obras entre si (mesmo as obras de um só autor) podem ser outras, e nesse momento nos voltamos para a operação de *superposição*. Distingamos primeiro, no interior destas, as relações de tipo paradigmático (em que o outro texto está ausente e não reage em retorno) das relações sintagmáticas, em que o segundo texto reage ativamente. No primeiro caso, conforme a nova obra confirme ou infirme as propriedades da precedente, tratar-se-á de fenômenos de estilização ou de paródia. Tynianov, que foi o primeiro a teorizar essa problemática, já comenta em 1921:

A estilização é próxima da paródia. Ambas vivem uma dupla vida: para além da obra, há um segundo plano, parodiado ou estilizado. Mas, na paródia, os dois planos devem ser necessariamente

Poética da prosa

discordantes, defasados; a paródia de uma tragédia será uma comédia (pouco importa que seja exagerando o trágico ou substituindo cada um de seus elementos pelo cômico); a paródia de uma comédia pode ser uma tragédia. Porém, quando há estilização, não existe mais essa mesma discordância, mas, bem ao contrário, concordância dos dois planos: aquele do *estilizante* e o do *estilizado* que transparece através dele.

No caso das relações sintagmáticas, o texto estrangeiro não é um simples modelo que se deixa imitar ou ridicularizar; ele provoca ou modifica o discurso presente; a fórmula é aquela do par pergunta-resposta e designa-se habitualmente essa relação como uma polêmica oculta. É um dos últimos formalistas, Mikhail Bakhtin, que a um só tempo descreve em detalhe esse fenômeno em Dostoiévski, e apresenta uma primeira – e, por ora, a única – teoria das relações intertextuais. Seu mérito é de ter reconhecido a importância de um aspecto da obra que havia sido tratado até então com condescendência. Ora, como escreve Bakhtin, "todo discurso literário percebe, de maneira mais ou menos aguda, seu ouvinte, leitor, crítico e reflete em si mesmo suas eventuais objeções, apreciações, pontos de vista". Assim, o que se julgava ser até então um traço secundário, que afetava uma quantidade limitada de obras, é reavaliado por completo; ao mesmo tempo, afirma-se que o texto se refere sempre, positiva ou negativamente, à tradição literária reinante: "Todo estilo possui um elemento de polêmica interna, a diferença é só de grau ou de espécie".

Como ler: tentando responder a essa questão, fomos levados a caracterizar sucessivamente vários tipos de discurso crítico – a projeção, o comentário, a poética, a leitura. Diferentes entre si, esses discursos possuem também um traço em comum: são todos heterogêneos ao próprio discurso literário. Qual é o preço dessa escolha – ler uma linguagem através de outra, um sistema simbólico por intermédio de outro? Freud havia observado que o sonho não sabe dizer "não"; a literatura não teria, por sua vez, alguns elementos que a linguagem comum não sabe dizer?

Há, sem dúvida, uma parte *interiorizável* da literatura (para retomar uma palavra de Michel Deguy) se a teoria pressupõe a linguagem científica. Uma função da literatura é a subversão dessa mesma linguagem; é então extremamente temerário pretender que se pode lê-la de modo exaustivo com a ajuda dessa mesma linguagem que ela coloca em questão. Fazê-lo equivale a postular o fracasso da literatura. Ao mesmo tempo, esse dilema é demasiado abrangente para que se possa escapar dele. Colocados diante de um poema, só podemos nos resignar com o empobrecimento provocado por uma linguagem diferente, ou então, solução falsa, escrever um outro poema. Falsa, pois esse segundo texto será uma nova obra que sempre espera sua leitura: a autonomia inteira retira da crítica sua razão de ser, assim como sua submissão à linguagem cotidiana lhe imprime certa esterilidade. Resta, bem entendido, uma terceira solução que é o silêncio: não se saberia falar dela.

A metáfora do itinerário estando particularmente corrente em toda descrição da leitura, digamos que um dos caminhos possíveis nos leva além do texto; o outro nos deixa aquém dele (a terceira solução consiste em não partir). Aproximá-los o máximo um do outro: não é se dar desde já a esperança de que eles se reencontrem um dia?

1969

Referências bibliográficas

Capítulo I

I. Textos dos formalistas russos em tradução francesa

Théorie de la littérature: textes des formalistes russes. Paris: Seuil, 1965. Col. Telquel.

BAKHTIN, M. *La poétique de Dostoievski*. Paris: Seuil, 1970. Col. Pierres Vives. [Ed. bras.: *Problema da poética de Dostoiévski*: Rio de Janeiro: Forense Universitária, 2010.]

BRIK, O. Nous autres futuristes, La commande sociale, Sur Khlebnikov. *La mode, l'Invention*. Paris: Seuil, 1969. Col. Change, 4.

EIKHENBAUM, B. Problèmes de la ciné-stylistique, *Cahiers du Cinéma*, n.220-1, p.70-8. 1970.

_____. La vie littéraire. *Manteia*, n.9-10, p.91-100, 1970.

PROPP, V. *Morphologie du conte*. Paris: Seuil, 1970. Col. Poetique/Points.

TYNIANOV, J. Destruction, parodie. *La Destruction*. Paris: Seuil, 1969. Col. Change, 2.

_____. Des fondements du cinema. *Cahiers du Cinéma*, n.220-1, p.59-68, 1970.

_____. Le fait littéraire, *Manteia*, n.9-10, p.67-87, 1970.

Entre as traduções para outras línguas ocidentais, indicamos principalmente:

Texte der russischen Formalisten. Ed. bilíngue. Munique: W. Finck Verlag, 1969. Tomo I.

TYNIANOV, J. *Il problema del linguaggio poetico.* Milão: Il Saggiatore, 1968.

II. Obras dos formalistas citadas no original

BERNSTEIN, S. Stikh i deklamacija, *Russkaja rech´*. Novaja serija, I, 1927.

BOGATYREV, P.; JAKOBSON, R. Die Folklore als eine besondere Form des Schaffens. *Donum Natalicium Schrijnen.* Chartres, 1929.

BRIK, O. Zvukovye povtory. *Poetika.* Petrogrado, 1919.

CHKLOVSKI, V. *Tretja fabrika.* Moscou, 1926.

EIKHENBAUM, B. *Literatura.* Leningrado, 1927.

JAKOBSON, R. *Novejshaja russkaja poezija.* Praga, 1921.

_____. *O cheshskom stikhe.* Berlim, 1923.

JAKUBINSKI, L. O zvukakh stikhotvornogo jazyka. *Sborniki po teorii poeticheskogo jazyka,* I. Petersburgo, 1916.

_____. *Russkaja proza.* Leningrado, 1926.

SKAFTYMOV, A. *Poetika i genezis bylin.* Moscou-Saratov, 1924.

TOMACHEVSKI, B. *O stikhe.* Leningrado, 1929.

TYNIANOV, J. *Problema stikhotvornogo jazyka.* Leningrado, 1924.

_____. *Arkhaisty i novatory.* Leningrado, 1929.

VINOGRADOV, V. *Evoljucija russkogo naturalizma.* Leningrado, 1929.

III. Outras obras citadas

HJELMSLEV, L. *Essais linguistiques.* Copenhague: Ejnar Munskgaard, 1959.

HOCKETT, Ch. *A Course in Moderm Linguistics.* Nova York: The Macmillan Company, 1958.

Poética da prosa

JAKOBSON, R. *Essais de linguistique générale*. Paris: Minuit, 1963.

MUKAŘOVSKY, J. Litterature et semiologie. *Poétique* 1, 1970, n.3.

PETERSEN, J. *Die Wissenschaft von der Dichtung*. Berlim: Junker und Dünnhaupt Verlag, 1939. Tomo I.

Capítulo 3

COHEN, J. *Structure du langage poétique*. Paris: Flammarion, 1966. [Ed. bras.: *Estrutura da linguagem poética*. São Paulo: Cultrix, 1974.]

GENETTE, G. *Figures*. Paris: Seuil, 1966.

Capítulo 4

BOILEAU, P.; NARCEJAC, T. *Le Roman policier*. Paris: Payot, 1964.

VAN DINE, S. S. *A morte da Canária*. Lisboa: Livros do Brasil. 2016.

Capítulo 5

BÉRARD, V. *Introduction à l'Odyssée*, I. Paris: Les Belles Lettres, 1921.

Capítulo 6

Mil e uma noites. Trad. René Khawam. Paris: Albin Michel, 1965-1966.

_____. Trad. Galland. Paris: Garnier-Flammarion, 1965. Tomos I-III.

POTOCKI, J. *Manuscrit trouvé à Saragoçe*. Paris: Gallimard, 1958, 1967.

_____. *Avadoro, histoire espagnole*. Paris, 1813. Tomos I-IV.

Capítulo 8

CONSTANT, Benjamin. *Adolphe*. Paris: Garnier-Flammarion, 1965.

_____. *Oeuvres*. Paris: Pléiade, 1957.

Capítulo 9

BOAS, F. *Handbook of American Indian Languages*, I. Washington: Bureau of American Ethnology, 1911, p.71.

PAUL, H. *Prinzipien der Sprachgeschichte*. Halle/Tübingen: Niemeyer, 1880. § 251.

TODOROV, T. *Grammaire du Décaméron*. Haia: Mouton, 1969.

WALLERAND, G. *Les oeuvres de Siger de Courtray*. Louvain: Institut Supérieur de Philosophie de l'Université, 1913. Les philosophes belges, VIII.

Capítulo 10

PAUPHILET, A. *Études sur la Queste del Saint Graal*. Paris: H. Champion, 1921.

Capítulo 11

JAMES, H. *Maude Evelyn* e *La mort du lion*. Paris: Aubier-Flammarion, 1969.

Capítulo 12

ARTAUD, A. *Le théâtre et son double*. Paris: Gallimard, 1938. [Ed. bras.: *O teatro e seu duplo*. São Paulo: Martins Fontes, 2006.]

_____. *Oeuvres complètes*. Paris: Gallimard, 1956.

Capítulo 15

BARTHES, R. Introduction à l'analyse structurale des récits. *Communications*, 8, 1966.

BREMOND, C. La logique des possibles narratifs. *Communications*, 8, 1966.

Poética da prosa

BREMOND, C. Postérité américaine de Propp. *Communications*, 11, 1968.

GREIMAS, A.-J. *Sémantique structurale*. Paris: Larousse, 1966.

LÉVI-STRAUSS, Cl. La structure et la forme. *Cahiers de l'Institut de Science Economique Appliquée*, 99, 1960, série M, n.7.

PROPP, V. *Morfologija skazki*. Leningrado, 1928.

_____. *Théorie de la littérature*: textes des formalistes russes. Paris: Seuil, 1965.

TODOROV, T. *Grammaire du Décaméron*. Haia: Mouton, 1969.

SOBRE O LIVRO

Formato: 14 x 21 cm
Mancha: 23 x 44 paicas
Tipologia: Venetian 301 12,5/16
Papel: Off-white 80 g/m² (miolo)
Cartão Supremo 250 g/m² (capa)
1ª edição Editora Unesp: 2019

EQUIPE DE REALIZAÇÃO

Edição de texto
Silvia Massimini Felix (Copidesque)
Tulio Kawata (Revisão)

Capa
Estúdio Bogari

Editoração eletrônica
Sergio Gzeschnik

Assistência editorial
Alberto Bononi

Impresso por :

Graphium
gráfica e editora

Tel.:11 2769-9056